作者简介

胡戈·辛茨海默（Hugo Sinzheimer, 1875-1945），德国近代著名政治家、法学家，社会民主党人。德国海德堡大学法学博士，历任德国法兰克福大学荣誉教授、"魏玛共和国"国民大会成员、法兰克福市议会议员等职，是《魏玛帝国宪法》第159条团体协约条款的缔造者。著有《社团性劳动规范合同》《劳动团体协约法》等多部富有影响力的法学著作，对于德国劳动法学具有开创性的贡献，直接影响了"二战"后德国劳动法的立法和理论发展，被誉为"德国劳动法之父"。他主张采用跨学科方法，将法律实证主义与社会学分析相结合。他的思想对欧洲和其他国家（如日本）的集体劳动法产生了巨大影响。

—— 译者 简介 ——

胡川宁，生于辽宁省大连市，祖籍四川省渠县，现为西南政法大学经济法学院副教授，硕士生导师，西南政法大学博士后流动站与四川省社会科学院博士后工作站联合培养博士后，德国耶拿大学法学博士，西南政法大学法学博士，中国法学会会员，中国社会法学研究会理事，兼职律师，重庆仲裁委员会仲裁员，重庆临空政策法律服务国际中心专家库成员，曾作为客座教授赴德国哈勒大学访问讲学。其长期致力于民法学、社会法学的教学、科研和实践等工作，在国内外核心期刊公开发表论文多篇，文章曾被《人大复印报刊资料》等全文转载，于国内外出版学术著作多部，主持国家级、省部级项目多项。

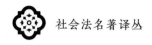

社会法名著译丛

田思路 主编

劳动团体协约法
法中的社会自决理念

〔德〕胡戈·辛茨海默 著

胡川宁 译

商务印书馆
The Commercial Press
创于1897

Hugo Sinzheimer

EIN ARBEITSTARIFGESETZ

Die Idee der sozialen Selbstbestimmung im Recht

Zweite Auflage

根据 Duncker & Humblot 出版社 1977 年版译出

"社会法名著译丛"

总序

在法律缘起与建构的历史进程中，与民法等传统学科相比，社会法无疑是后来者。然而，社会法从产生之日起，就以昂扬的姿态和蓬勃的生命力独树一帜。因为她与工业革命共生，与人类价值共存，与社会发展共进。她见证着文明的枯荣，彰显着人格的尊严，保障着公平的底线。

就学术研究而言，几百年来，社会法从未停止艰辛探索的脚步。在每一次世界历史巨变中，社会法都成为各国重要的研究领域，一大批绩学之士，循是以论，鸿篇巨帙，奠定了社会法的理论基础和学科地位，极大地丰富了人类法学思想宝库，光辉薄星辰。

我国社会法研究起步较晚，特别是一直以来囿于相关专业人才的匮乏，在有效组织和系统翻译世界社会法经典著作方面有些滞后。然而可喜的是，近年来，我国社会法研究呈现开放繁荣、蓬勃发展的局面，在比较社会法领域亦新人辈出，成果斐然，由此，译介社会法经典著作的工作终于提上了日程。

2019年，正值国际劳工组织（ILO）成立100周年，商务印书馆以卓越的学术洞见和高远的人文品格，决定组织出版"社会法名著译丛"，可谓应际而生，与时合契，对我国社会法学术研究无疑将起到重要的影响和推动作用。

为此，我们组建了优秀的研究团队，系统梳理了社会法百年学术发展史，特别关注和遴选在社会法基础理论、社会法史、比较社会法等方面具有世界影响力的著作，并分头进行翻译。这是一次发掘经典、呈现经典、致敬经典的学术传承，同时也内化和滋养着我们的学识、涵养、修功和境界。也许正是那遥远的跨越时空的点点烛火，使我们有勇气一步步走进大师们的世界。

在谦逊中学习，在包容中互鉴，在比较中创新。

如果本译丛能对我国社会法的学术发展有所贡献，那将是我们所有参与者的深愿。

错谬之处，恳请指正。

田思路

2022 年 12 月 14 日

译者序

一、引言

劳动团体协约这个概念对于我们中国法学界，可以说是一个既熟悉又陌生的概念。说它熟悉是因为，它的另外一个称呼"集体合同"，早已成为我国劳动法理论和立法[①]的常用概念；然而，说它陌生则是因为，我们对劳动团体协约（集体合同）的历史由来、概念内涵以及制度目的等，似乎又是那么的懵懂无知、莫衷一是。比如我们就以 2004 年我国原劳动和社会保障部所颁行的《集体合同规定》（劳动和社会保障部令第 22 号）为例。该规章虽在第 3 条第 1 句规定了："本规定所称集体合同，是指用人单位与本单位职工根据法律、法规、规章的规定，就劳动报酬、工作时间、休息休假、劳动安全卫生、职业培训、保险福利等事项，通过集体协商签订的书面协议。"可是，按照这个定义，我国的集体合同与以劳动权利和义务为内容的劳动合同（《劳动法》第 16 条第 1 款），在内容上貌似也无明显分别。加之 2008 年施行的《劳动合同法》在"特别规定"一章中直接规定了集体合同，以至于集体合同在我国难免给人一种属于劳动合同的印象。但我们不禁要问，如果真的是这样的话，集体合同这一概念单独存在的意义何在？而本书则为我们揭开了集体合同，亦

[①] 参见我国 1995 年施行的《劳动法》第 33 条至第 35 条，以及 2008 年施行的《劳动合同法》第 51 条至第 56 条，以及 2004 年施行的《集体合同规定》的规定等。

即劳动团体协约的真面目，使我们拨云见日。

　　劳动团体协约的这种"陌生性"，也给本人的翻译工作带来了许多挑战。这尤其表现在本书所涉及的很多概念或理念，是中文法学之前鲜有触及的。此外，本书成书于 20 世纪初，很多文法和用词也已非当代所常用。而这也极大考验了译者的知识储备和学术创造力。当然，这一切除了意味着挑战，也意味着收获。一方面本书的翻译对译者而言，是一次非常好的学习和提升的过程；另一方面对各位读者来说，本书所译介的诸多新概念，例如立法法学、合同自治、团体协约参加人、团体协约当事人以及团体协约成员等，相信也会给大家带来新的启发，并有助于大家深化对劳动团体协约乃至整个集体劳动法的理解。可是，这样也导致，对本书的阅读将不会是那么容易的事。为此，本译者一方面在译文中加入了大量的译者注，以尽力就一些难以理解的译文的制度或者历史背景有所交代，另一方面也希望借由本译者序对本书原作者辛茨海默生平的介绍，以及有关核心概念的解读，助益读者真正理解本书的论证理路和核心观点。

二、辛茨海默是谁?

　　辛茨海默全名胡戈·丹尼尔·辛茨海默（Hugo Daniel Sinzheimer），犹太人，1875 年 4 月 12 日出生于德国沃尔姆斯（Worms）一个纺织企业主家庭，是家中五个子女当中最小的一个。1894 年文理高中毕业后，辛茨海默分别在慕尼黑、柏林、弗莱堡、马尔堡以及哈勒学习法学和国民经济学，并于 1902 年以博士论文《工资与抵销》（Lohn und Aufrechnung），取得德国海德堡大学的法学博士学位。之后，他于 1903 年开始以律师身份在德国法兰克福市执业，并长期以法兰克福市作为其生活和事业的中心。作为律师，辛茨海默将他的业务重点，放在了劳动法和刑事辩护上，积累了丰富的执业经验和良好的业绩口碑，并兼任了当时德国影响力最大的工会——德意志冶金工人联合会 [①]（Deutschen Metallarbeiterverband）的法律顾问。

与此同时，辛茨海默也开始了他的学术创作生涯，并在学术视野上横跨公法与私法，尤其在劳动法方面，做出了创造性的贡献。早在1907—1908年，辛茨海默就出版了两卷本的《社团性劳动规范合同》（Der korporative Arbeitsnormenvertrag）一书，系统阐释了社团性劳动规范合同的基本理论问题，并初步提出了他的团体协约法理论。**根据这个理论，团体协约并非一种单纯的具有双方拘束力的合同，而是一种对第三人能产生客观法规范效力的，且不容第三人之意思排除其适用的合同。** 在此基础上，1916年出版的《劳动团体协约法——法中的社会自决理念》，也就是本书，进一步提出了"**只有同业社团，方能享有团体协约的协约当事人之地位**"的观点，**从而在根本上将团体协约从传统私法的单纯个体合同的制度理念中解放了出来。** 这毫无疑问标志着辛茨海默的团体协约法，乃至集体劳动法理论走向了成熟。此外，辛茨海默在本书中还提出了一份《〈劳动团体协约法〉草案》，**并深刻影响了德国 1918 年《团体协约令》**（Tarifvertragsverordnung）**和 1949 年《团体协约法》**（Tarifvertragsgesetz）的立法。正是基于这些重大贡献，辛茨海默得以被赞誉为"德国集体劳动法的创立者" [②]，乃至"德国劳动法之父" [③]。

另外，辛茨海默在从事法律实务和研究工作的同时，还积极投身政治活动。早在 1914 年第一次世界大战爆发伊始，他就加入了德国社会

[①] 参见 Marco Swiniartzki: Der Deutsche Metallarbeiter-Verband 1891–1933. Eine Gewerkschaft im Spannungsfeld zwischen Arbeitern, Betrieb und Politik, Köln/Weimar: Böhlau-Verlag, 2017。

[②] 参见 Otto Ernst Kempen: Hugo Sinzheimer – Schöpfer des kollektiven Arbeitsrechts in Deutschland, Arbeit und Recht (AuR) 2015, S. G13–G16。

[③] 参见 Keiji Kubo: Hugo Sinzheimer – Vater des deutschen Arbeitsrechts: Eine Biographie, Köln: Bund – Verlag, 1995。

民主党（SPD）。1917 年他更是作为德国社会民主党的代表，被选为法兰克福市议会的议员。1918 年 11 月 19 日基尔市爆发了水兵大起义，德国皇帝威廉二世被迫退位。辛茨海默第一时间就积极响应，并于法兰克福市积极推动成立了"工人和士兵参议会"（Arbeiter- und Soldatenrat），主张建立共和国体，并经该参议会选举任命为法兰克福市的临时警察局长（provisorischen Polizeipräsidenten）。随后 1919 年 1 月，辛茨海默又以德国社会民主党党员的身份，被成功选为"魏玛共和国"立宪机关的国民大会（Nationalversammlung）的成员，并由此直接参与了《魏玛帝国宪法》（Weimarer Reichsverfassung）①的制定。

　　在此期间，辛茨海默作为《魏玛帝国宪法》的实际起草者之一，特别贡献了《魏玛帝国宪法》第 159 条。该条文为团体协约制度第一次提供了宪法上的规范基础。根据此条文之规定，"任何人及任何职业人士都应被保障享有为保护并促进劳动和经济条件而结社的自由。凡以限制或妨碍此项自由为目的之约定和措施，均属违法"。此即明文规定同盟组织自由（Koalitionsfreiheit）之滥觞。并且，前述法律条文的内容亦基本上被德国现行《基本法》（Grundgesetz）第 9 条第 3 款第 1 句和第 2 句的规定所承继。这也从侧面反映了辛茨海默对于当代德国法治的持续影响力。②之后，辛茨海默还曾于 1919 年 6 月经德国社会民主党提名，角逐过当时德国的帝国劳动部长一职，但可惜最后败给了资深工会活动家亚历山

---

① "魏玛共和国"（Weimarer Republik）实际上只是后世历史学家对于这一时期德国政权性质的学理称谓。而当时"魏玛共和国"在法律上的正式国名，仍然还是德意志帝国（Deutsches Reich）。当然这是一个没有皇帝的"帝国"，因而在学理上可被视为共和国。同时，这里称谓上的"挂羊头卖狗肉"，也凸显了当时德国在走向共和的道路上所表现出来的不成熟性和曲折性。事实上，这一切也都自然而然地反映在了"魏玛宪法"的正式称谓上——《德意志帝国宪法》（Die Verfassung des Deutschen Reichs），亦即《魏玛帝国宪法》。

② 参见 Otto Ernst Kempen: Hugo Sinzheimer – Schöpfer des kollektiven Arbeitsrechts in Deutschland, Arbeit und Recht (AuR) 2015, S. G13-G16。

大·施里科（Alexander Schlicke）。此后，辛茨海默回到法兰克福市，并一直担任该市市议员至 1933 年。

随后的 1921 年，辛茨海默还出版了他的《劳动法基要》（Die Grundzüge des Arbeitsrechts）一书。该书从从属性劳动的概念出发，结合劳动者的定义，系统论证了以社会规定（Sozialbestimmung）为内容的劳动法基础关系，并在此基础上创造性地提出了劳动团体关系说，并以之形成了劳动关系与劳动组织关系的区分理论。这深刻影响了后世个体劳动关系与集体劳动关系的理论架构，标志着辛茨海默劳动法思想理论的定型。与此同时，辛茨海默还自 1922 年起兼任了德国法兰克福大学劳动法荣誉教授一职，并在法兰克福大学创立了迄今仍在运作的劳动研究院[①]（Akademie der Arbeit，AdA）。该研究院致力于培养具备学术能力的劳动者，以提升整个劳动阶级的素质，以为有效的劳动斗争和集体协商提供智力上的准备。

1933 年 1 月 30 日纳粹党的上台，则彻底改变了辛茨海默的命运。由于他不仅是犹太人，而且还是社会民主党人和活跃的工会活动家，从而在第一时间就被纳粹政权所盯上。同年 2 月，法兰克福市当局就将辛茨海默处以"保护性监禁"。同年 4 月获释后，辛茨海默不得已经当时处于国际联盟托管而尚未被纳粹党控制的萨尔州，由陆路辗转流亡到荷兰，并于同年 10 月获得荷兰阿姆斯特丹大学的法社会学编外教授一职，后又于 1936 年转任荷兰的莱顿大学。

可是，纳粹政权对辛茨海默的迫害，却并没有因为其流亡而停止。1933 年 7 月，在纳粹德国帝国劳动部的压力下，他主编的《劳动法》（Arbeitsrecht）杂志被迫停刊。1933 年 9 月，纳粹政权正式剥夺了他在德意志帝国境内的教师资格。1937 年 4 月，纳粹政权更是褫夺了他的德国

---

① 　现已更名为欧洲劳动研究院（Europäische Akademie der Arbeit）。

国籍。紧接着，同年 5 月，海德堡大学甚至撤销了他的博士学位。

1940 年 5 月，随着荷兰全境被纳粹德国军队所占领，辛茨海默曾无奈地寻求过申请到英国避难，然而不幸未能获得英国当局的批准，不久被捕，并在北德意志地区某处被关押了两个月。被释放后，他又返回阿姆斯特丹。可是，1941 年 2 月，不幸被莱顿大学开除。1942 年 8 月，辛茨海默及夫人又再次遭到逮捕，并被关押在阿姆斯特丹的纳粹党卫队保安部（SD）总部拘留所。最后，在友人的帮助下，辛茨海默得以被释放，并免于被驱除出境。之后的几年中，他在荷兰友人的帮助下辗转多地居住，并时常住在地下室。到战争结束时，辛茨海默已经被多年的流亡生活和贫病交加折磨得心力交瘁，并在战争结束后不久，即 1945 年 9 月 16 日，于荷兰的布罗门代尔（Bloemendaal）与世长辞。①

三、实定法学与立法法学

辛茨海默说道："在这个时代，有关法律思想形式的种种方法论争议将步入终结。取而代之的是，建立在鲜活的人类生活实践基础之上的具有全新内容的法律思想。"② 他主张，法学应当在关注实定法的适用问题的同时，还要关注法的实现问题。为此，法学不仅应包括以法之适用为研究内容的实定法学，而且也应包括以社会实践活动的法形式为研究内容的立法法学。具言之，**辛茨海默的立法法学认为，法学应当勇于对人类的社会实践活动作出积极反映，但它并非旨在就此做任何的价值判断，而在于利用一切可能的法形式，为其披上合法的外衣，并最终为社会进**

---

① 参见 Susanne Knorre: Soziale Selbstbestimmung und individuelle Verantwortung, Frankfurt am Main: Peter Lang GmbH, 1991, SS. 12−22; Felix Blömeke/Sabine Hock: Sinzheimer, Hugo. In: Frankfurter Personenlexikon (Onlineausgabe), https://frankfurter-personenlexikon.de/node/1250。

② 参见本书前言。

步提供必要的法治保障。与此同时，辛茨海默也毫不客气地就德国当时片面追捧实定法学的现象进行了批判。他指出："科学的研究对象不仅包括实然问题（das Sein），也涵盖应然问题（das Sollen）。"[①] 在此基础上，辛茨海默对作为实定法学之大前提的实定法本身的正当性提出了疑问。**他认为，相较于传统的实定法学，我们需要一种不以现行实定法作为绝对合法性前提，而是能为现有的社会实践寻找到其可能的合法形式的法学，即立法法学。**

当然，这里需要注意的是，虽然辛茨海默强调，不要囿于既有的实定法的牢笼，但这并不意味着，他要完全摒弃既有的法教义学的体系和分析路径，而完全醉心于所谓的社会科学化的分析。对此，辛茨海默特别指出：法学"不会如一般的社会科学那样，醉心于发掘认识社会现象的全部内容、产生原因、发展后果以及社会现象与其发展目标之间的因果律和神学上的必然性关系。相反，法学会把这样的问题作为法的问题（Rechtsfrage）来看待。具体的方法是，法学会从理论层面将作为社会实践活动存在可能性前提的合法条件予以解构，并再遵从法学方法将它们按照法学自身的要求予以加工"[②]。这就是说，**立法法学并不等同于法学的社会科学化，相反它更多的是利用既有的法律概念和教义体系，将社会实践生活中所提出的制度要求，用法律的语言予以翻译出来。**而从本书有关团体协约法律问题的论证中，我们也可以看到，辛茨海默本人广泛而娴熟地运用既有的法教义学方法，对团体协约相关的具体法律适用问题，进行了细致的剖析，并在此基础上才给出了立法法学意义上的新的解决方案。总之，在辛茨海默的语境下，立法法学与实定法学之间并不是相互排斥、非此即彼的关系。相反，我们应将立法法学看成实定法

---

① 参见本书页边码第 5 页。

② 同上。

下既有的法之适用概念体系在立法上的一种客观化的重新整合。也正因如此，辛茨海默自认为，相较于实定法学，立法法学得以具有当然的价值中立性，并由此获得最大的客观性和科学性。

可是，我们是否有必要发出这样的疑问：法是否只具有形式意义？与正义相悖的社会生活实践，难道也能被披上合法的外衣？如果真的都是这样的话，这样的法学难道不是充满了一种机会主义的色彩吗？它难道不会丧失对社会现实的批判力吗？而没有了社会批判力的法学，不仅无法发挥其应有的社会价值，甚至不免会沦为助纣为虐的工具。反观纳粹上台后辛茨海默个人的遭遇，虽然鉴于史料有限，我们也并不知道，这是否促使他对自己的立法法学理论有所反思，即开始质疑，一个价值中立的立法法学是否真的可能存在？我们不禁要对辛茨海默提出这样的问题：难道对于纳粹主义这样反人类的社会政治现实，立法法学也能为其提供所谓的合法外衣吗？如果辛茨海默这时依然坚持他的这种"科学主义"的立法法学立场的话，那么我们也只能说，这将是对他自身命运的最大讽刺。

四、社会意志与个人意志

辛茨海默的劳动团体协约法理论，是建立在这样一个观点基础上的，那就是，团体协约法必须"充分自觉地承认社会意志优先于个人意志（Einzelwillen），即便团体协约法因此需要放弃现行法所规定的基本教义（Grunddogma）"[①]。他指出："个人的权利自决原则，就它自身意义而言确实应服务于个人的自由和利益。……但是人们的这种信念是否可真正地实现，还要取决于权利自决原则所处的社会环境。"[②] 换言之，辛茨海

[①] 参见本书页边码第 25 页。

[②] 参见本书页边码第 26 页。

默认为，这个世界本质上并不存在真正的"私权利"，相反它只有在不违反社会公共利益的情况下方能存在。他进一步指出，相较于公法，私法更喜欢把自己的本质掩藏在个人自由的"面具"之后。而事实上，与共同体利益相违背的个人自由或私法，从来都是不可能真正存在的。①

　　另外，辛茨海默也强调："社会意志对个人意志在权利上所享有的优势地位，其实并不与个人的自由和利益相矛盾。"② 他举例说，虽然受团体协约拘束的企业主和工人的个人意志，受到了来自于组织的社会意志的约束，但是他们的个人意志和利益，也得到了来自组织的更好的保障。用他的话说："个体作为一个个体融入一个整体，却没有因此而失去自由。相反，他的自由只不过是改变了自身的表现形式而已。"③ 换言之，个体的自由不仅会通过社会团体的整体意志得到保护，而且社会团体本身也会成为个人自由的有效表达形式。在这个意义上，我们也完全可以说，辛茨海默是向启蒙运动以来，以单纯个体自由为基础的个人主义法律思想发起了挑战。具体到团体协约法，辛茨海默一改以往从单纯的个体权利合同的角度来理解团体协约，而是从整体客观法秩序的角度来重塑团体协约。具言之，辛茨海默视野下的团体协约作为一种合同，不仅具有相对效力，更具备针对不特定第三人的绝对效力，即拥有了一种

---

① 纳粹德国时期的德意志劳工阵线领袖罗伯特·莱伊（Robert Ley）也说过："新的帝国不再承认与国家相对的人民成员（Volksgenosse）的个人自由空间，相反帝国本身囊括了所有与作为形成人民成员个体先决条件之人民整体之存在目的相一致的生活领域。同时，人民成员个体的所有行为也不应与共同体有所割裂，不应与共同体的需求有任何违背，他们的行为只有在符合全体利益的条件下才能成立。"（参见 Edmund Jeß, Die Körperschaften des öffentlichen Rechts im heutigen Staat, Diss. Dresden, 1935, S. 30）可见，辛茨海默有关个人权利的观点与纳粹法学的观点似乎也有着某种深层次的暗合，而这未免是一种莫大的讽刺。

② 参见本书页边码第 29 页。

③ 参见本书页边码第 30 页。

客观秩序的输出能力。这一观点的提出，乃至被誉为一场欧洲大陆劳动法理论的哥白尼式革命。①

　　然而，从今天的观点看，辛茨海默这种社会意志优先于私人意志，以及在此基础上的团体协约效力客观法化的解释进程，则不免有值得商榷的余地。首先，作为启蒙思想之精华的法国1789年《人权宣言》就已明确规定，包括主权国家在内的任何团体所存在的根本目的，乃在于对个人权利之维护，以至于任何团体"皆不得行使国民所未明白授予的权力"。因而，从这个意义上看，所谓的社会意志优先于私人意志不应是毫无前提的，即它必须要有利于个人权利的维护。辛茨海默虽也强调了共同体对于个人权益的保护作用，但具体到社会团体意志本身，它的这种优先性却又是无条件的。由此，辛茨海默所提出的团体协约客观法效力的理论也是值得拷问的。具体来说，它的核心问题是，如何能够保证团体协约不会成为侵害作为协约当事人以外第三人的团体协约成员的工具，因为毕竟这里成立团体协约并没有这些团体协约成员自由意志的参与。

　　对此，当代劳动法学说实际上已经作出了回答。**那就是，我们不可能牺牲团体协约私人意志的优先性。在这里，社会或者团体（集体）的意志本身，永远不应是目的之所在，相反它只应是维护个人意志和利益的工具而已。**②也正因如此，现在的德国劳动法院强调，团体协约法并不是所谓的公法，而是一种"集体私法"（kollektives Privatrecht）。因之，团体协约在本质上应被理解为一种当事人意思表示的一致。另外，为了保证团体协约不被用作侵害其成员的工具，德国劳动法院还强调，作为团

① 参见 Otto Ernst Kempen: Hugo Sinzheimer – Schöpfer des kollektiven Arbeitsrechts in Deutschland, Arbeit und Recht (AuR) 2015, S. G13-G16。

② 参见 Wolfgang Hromadka/Frank Maschmann: Arbeitsrecht Band 2 Kollektivarbeitsrecht + Arbeitsstreitigkeiten, 7. Auflage, Heidelberg: Springer, 2016, S. 4 ff。

体协约当事人的团体，在组织上还必须符合民主原则，必须真正代表和反映其团体成员的自由意志 ①。而这些却是本书所未能充分顾及的。本书在论及相关问题时，总是给人一种同业社团当然是其成员利益代表者的印象。殊不知，无论是从历史教训，还是从现实经验上看，在缺乏有效民主组织架构的情况下，团体沦落成为拥有自身独特利益，甚至成为其成员权益的侵害者，这样的事例是屡见不鲜的。

五、合同自治与合同自由

辛茨海默在本书中还通过回顾中世纪的庄园法指出，当时各类封建等级之间所订立的赎罪合同，即领地和平协议所创设的领地和平状态，无疑具有客观法之属性。这就是说，不仅协议当事人，而且任何第三人也都有遵守该协议的义务。**在此基础上，辛茨海默强调，自古以来合同制度的效力，就非仅限于当事人个人之间的相对效力，而是本身就涵盖对社会客观秩序的法的规制效力。这也就是说，以相对效力为核心内容的合同自由，并非合同制度的全部内容；相反，实际上，合同本身就具有针对不特定第三人的造法效力。**辛茨海默将合同的此一造法属性称之为"合同自治"。

无疑，合同自治的性质，是辛茨海默的一个重大的创新性发现。它一举解决了传统利益第三人合同制度在适用于团体协约制度时，因协约成员对团体协约享有独立的处分权，所带来的诸多有碍于团体协约发挥其功能的弊病。这些弊病尤其表现在，在利益第三人合同的制度背景下，团体协约成员也是有权决定团体协约之命运的，而这无疑会导致，团体

---

① 参见 BAG 14.10.1997, AP Nr. 155 zu § 1 TVG – Tarifverträge: Metallindustrie; 23.3.2011, AP Nr. 147 zu Art. 9 GG; Wolfgang Hromadka/Frank Maschmann: Arbeitsrecht Band 2 Kollektivarbeitsrecht + Arbeitsstreitigkeiten, 7. Auflage, Heidelberg: Springer, 2016, S. 20。

协约所要达成之劳资团体的共同利益，将会系于个别成员之好恶。**而在引入合同自治的情况下，由于团体协约在效力上可直接作用于协约成员，从而排除了个人处分团体协约之可能。**因而，这在最大限度上保证了团体协约能够维护劳资团体的整体利益，即团体协约利益，亦直接实现了社会意志优先于个人意志的立法目的。

今天，辛茨海默这种区分合同自由与合同自治的思想，也在一定程度上体现在团体协约的债权性效力与法规性效力的区分理论①之中。可以说，仅凭对合同自治理论的贡献，辛茨海默得到"德国劳动法之父"的称号，就可谓当之无愧。然而，我们也要看到，现代德国劳动法理论和实践，并没有完全接纳辛茨海默的这种合同自治理论②。**这主要是因为，托生于封建时代的这种以客观法效力为内容的合同自治理论，在很大程度上是与现代社会所秉持的个人权利理念背道而驰的。**众所周知，现代个人权利理念要求，任何人原则上不受制于他人意志之干涉。而合同自治理论不但使团体协约当事人之间的合意，能够不以作为第三人的雇主或者劳动者的意思为必要，而赋予他们以相应的权利，而且还能使他们由此而承担义务。但个人权利理念告诉我们，现代社会中个人义务的产生，基本上只能来源于两者，一个是国家的法律，另一个是自己的决定。并且，前者还要以人民主权原则作为合法化的基础。由此可见，合同自治下所催生的个人义务，是很难获得个人权利上的合法性的。因之，现代集体劳动法理论更多的是从个人私法自治，而非辛茨海默的合同自治的角度，来解释团体协约自治以及建构团体协约制度的。**具体来说，现代团体协约成员受制于相关团体协约的法规性效力，并不是因为团体协**

---

① 参见 Wolfgang Hromadka/Frank Maschmann: Arbeitsrecht Band 2 Kollektivarbeitsrecht + Arbeitsstreitigkeiten, 7. Auflage, Heidelberg: Springer, 2016, S. 41 ff。

② Ibid., S. 44.

约本身的合同效力，而是基于该成员加入相关团体行为上的自愿性[①]。

六、结语

综上所述，**辛茨海默的劳动团体协约理论的精髓就在于，它一改启蒙运动以来个体权利主义的合同观，借由中世纪封建庄园法契约理论，重新赋予了劳动团体协约以团体法属性**。显然，这种概念的"重新发现"，是革命性的，并直接冲击了劳动法整体的私法属性。当然，正如译者前述所指出的，辛茨海默这种表面上"价值中立"，实际上是通过有选择地合法化来选定"社会现实"的路径，这是有问题的。这些问题归根结底，是来源于辛茨海默这种立法法学所固有的逻辑上的谬误，即它事实上假定了这些"社会现实"本身的合法性，再以之作为大前提，来证成所谓"社会现实"的合法性，也就是"循环论证"。而这无疑会在根本上腐蚀作者所追求的客观性和科学性。尽管如此，本书所具有的高度的学术价值，是不可抹杀的。这不仅是因为它所承载的劳动团体协约理论，毕竟开启了现代集体劳动法时代，更是因为，它背后的立法法学方法论，实际上与我国当今所流行的"社科法学"，有着精神上的承继关系。总之，我们相信，本书的出版将不仅会有助于我国法学界重新正确认识集体合同，而且对于反思社科法学的方法论也能有所裨益。

最后的最后，本书能够顺利出版，无疑是多方帮助和教导的结果。首先正是在华东政法大学的田思路教授的信任和推荐下，本人才有机会从事本书的翻译工作。与此同时，田老师还就本译者所提出的相关背景知识问题，给予了认真详尽的解答，并提出了很多诚恳且富有建设性的意见和建议；其次是西南政法大学的李满奎教授的积极引荐，才使译者

[①] 参见 Wolfgang Hromadka/Frank Maschmann: Arbeitsrecht Band 2 Kollektivarbeitsrecht + Arbeitsstreitigkeiten, 7. Auflage, Heidelberg: Springer, 2016, S. 4。

能够与田思路教授建立联系，并由此开启了本书的翻译之路；最后，商务印书馆的高媛编辑作为本书的责任编辑，亦不辞辛苦地认真审读了译文，并提出了诸多优化建议。在此，谨向以上师长、学人，致以崇高的敬意和衷心的感谢。

当然，鉴于本人学识有限，译作难免有些许争议乃至错误之处。在此，亦请各位读者能够对此予以批评指正。相关的意见和建议可发至本人电子邮箱：chuanninghu2017@126.com。在此先表达感谢之意。

胡川宁

2024 年 1 月 14 日于重庆寓所

献给我的夫人

目　录

第一编　导论

第二编　团体协约法新架构的基本形式

第三编 法中的社会自决理念

缩略语

"法律"（Gesetz）：Sinzheimer, H., Brauchen wir ein Arbeitstarifgesetz?, Schriften der Gesellschaft für soziale Reform, Heft 44, 1913.

"报告"（Referat）：Sinzheimer, H., Referat über Rechtsfragen des Arbeitstarifvertrags (Haftung-Abdingbarst), Verhandlungen der Gesellschaft für soziale Reform in Düsseldorf 1913, Schriften der Gesellschaft, Heft 45/46, 1914, S. 18 ff.

"合同"（Vertrag）：Sinzheimer, H., Der korporative Arbeitsnormenvertrag, Eine privatrechtliche Untersuchung, zwei Teile, 1907, 1908.

除上述之外的缩略语则使用德意志法律人大会（Deutschen Juristentag）的建议版本。

本书的文献和司法资料版本截至 1915 年 10 月 1 日。

前　言

　　本书的基本内容实际上早在大战爆发伊始就已经完成了。而就在笔者写本书前言之时，这场大战却仍在激烈进行中，而它的终结是那样的遥遥无期。在此背景下，笔者只有满怀对和平的憧憬，致力于本书之完成，因为笔者将本书视为一部献给世人所日夜期盼的伟大和平的礼物。也正因如此，笔者在写作过程中不知疲倦地思考着关于和平的一切课题。

　　本书主要旨在为解决《劳动团体协约法》①（Arbeitstarifgesetz）制定过程中出现的问题，提供相应的法学解决方案。而这些问题相信在战后一定会以新的面目再次浮出水面。因为造成这些问题的诸种社会力量，依然以旧有的模式发挥着作用，甚至这种作用力还得到了强化。而战争的

---

① 德语 Tarif 本来就有以"价目表"为内容的合同的意思。而在本书主要是指以"工资价目表"为内容的合同，所以若按照直译的话，Tarif 似应翻译成"工资价目表合同"，然这样的翻译明显有生硬之感，且无法完全表达 Tarif 在集体劳动法中的团体法属性。鉴于此，本人参考日本及我国台湾地区的汉译，将 Tarif 统一翻译成"团体协约"。这一方面是考虑到"协"字本身所蕴含的"共同"之意思，可以较好地反映 Tarif 的团体法属性，另一方面"约"字所涉"合意"之内涵，也能准确表达"团体协约"的合同本质。

　　另外，在德国集体劳动法中，还有 Tarifvereinbarung 或 Tarifvertrag 的表述。相比于 Tarif，它们更多只是强调了合意或合同的性质。而这在中文意思上，似无进行严格区分的必要和可能。故本译作除非有必要，原则上系将三者统一翻译成"团体协约"。最后，Tarifrecht 或 Tarifgesetz 相应也被统一翻译成"团体协约法"。当然这里需要注意的是，Gesetz 在德语中一般特指实定法即"法律"，而 Recht 则倾向更广义的"法"或"权利"的意思。——译者

后果或许会导致国家主导的以物质扶助（der materiellen Fürsorge）为内容的社会政策理论，在很长的一个时期内，其研究方向将只能局限于战争伤残者扶助（Kriegsbeschädigtenfürsorge）问题。因之，一种以寻求企业主阶级（Unternehmertum）与工人阶级（Arbeiterschaft）双方意思关系（Willensbeziehungen）的新形式为内容的社会政策思潮，无疑会获得越来越多的影响力。

　　此外，本书还将致力于对德意志的法学进行革新。此次大战给我们精神生活所带来的震撼，势必要反映到法学思想上。由此，正如我们所期望的那样，这场大战将推动更多具有创新意识的法学研究成果的产出。于是，一个时代降临了。在这个时代，有关法律思想形式的种种方法论争议将步入终结。取而代之的是，建立在鲜活的人类生活实践基础之上　viii
的具有全新内容的法律思想。另外，前述的革新也使我看到了一条与居于独霸地位的实定法学（der positiven Jurisprudenz）相决裂的道路。这将是一条将法学引领到以解决社会生活问题为己任的新路。而也只有这种新的使命方向，才能够将我们的法学院，从文官学校的桎梏当中解放出来，并得以重获科学殿堂的身份。也只有如此，我们新一代正在成长中的法律人，才能对法律工作所蕴含的真正价值，充满喜乐。当然，这一切须以法学对此新使命的自我觉醒为前提。所以，这也是笔者为什么会在本书中花费大量的精力，去重点讨论团体协约与法学理论之间的一般关联性问题的原因。但愿这些努力能够将笔者所觉察到的诸种理论疑问一扫而光。

　　需要顺便说明的是，笔者不希望本书的主张，像某些"社会问题的法学解决方案"那样，被宣扬成一种包治百病的灵丹妙药。同时，也不希望本书的主张，使读者萌生出这样一种信念，即仿佛本书发现了一条通向"社会和平"的法治大道。本书所要主张的观点实际上是那么的朴实无华，即仅是想使实践发展中所提出的问题，能够在其发展过程中达致立法上的成熟。而为了达到这种立法上的成熟，本书将为这些实践发展的未来趋势，以及它所会提出的其他一些问题，提供法学知识上的理论基础。

再者需要提示的是，本书实际上是在笔者之前就劳动团体协约所发表的诸多成果的基础上完成的。由此，这些前期成果所奠定的观点，也成为了本书写作的前提。同时，本书也将是这一系列有关劳动团体协约（Arbeitstarifvertrag）的前期成果的终结之作。而迄今笔者已经就此课题持续研究了十年之久了。最后，但凡领略过劳动团体协约这个研究领域特质的人，相信都已知道它所涉及的理论视域，是有多么广阔无垠。如此，他们当然也就知道，这里所谓的终结，其实也意味着新的问题的产生。

胡戈·辛茨海默

美茵河畔的法兰克福

1915 年 12 月 17 日

第一编 导论

第一章　团体协约法的问题与立法法学

一、法学的双重使命

当我们回顾过去几十年德国社会立法的发展历程，会惊讶地发现，**法学**对于社会政策立法的关注和参与，是那么微不足道。法学几乎没有投入任何一场自 19 世纪 70 年代以来就在我们中间发生的有关国家与个人关系的斗争当中。它只是把这些斗争所涉的理论问题，留待那些以新的社会发展和社会思潮变化中的根本问题和形式为研究志业的其他科学去思考。

在笔者看来，法学的这种自我克制的学科态度，显然缘于法学对自己使命观的定位。这种使命观直到今天几乎仍是现代法学的唯一灵魂所在。它深深地囿于这样一种理论观念，即只有法之适用(Rechtsanwendung) 才是法律工作的唯一内容。正如路德维希·克纳普(Ludwig Knapp) 对法制史或法哲学以外的现代法学所作的特征性刻画："只有对法官有用的，对法律才有用，而对法官工作没用的，对法学研究也就没用。"[①]这话直接回应了实证主义(Positivismus) 在现代法学中之所以占绝对统治地位的缘由。换言之，他们认为，只有对现行有效之法的解读工作，才是法学研究的要旨。而这也就解释了，为什么我们当代法学都把主要精力，放在对现行有效之法的研究上。由此，只有能在法律文本上找到相应依据的社会实践活动和法治理念(Rechtsanschauungen)，才能获得法学研究的价值。由此，也

[①]　System der Rechtsphilosophie, 1857, S. 228, § 157.

只有以法律文本的内容解读和注释为目的的法律文本研究，才被认为是法学研究之正途。另外，当前法学对自身使命的实证主义基本理念（Grundanschauung）的强大主导地位，还极突出地反映在近些年于法律人圈子中所兴起的一场改革运动当中。而这场改革运动所关心的，并不是如何摆脱法学旧有的使命观，相反它以获取更好的法之适用方法（Rechtsanwendungsmethode）为自身使命。这可以说是完全屈从于实证主义的法学使命观了。同时，改革运动也并不主张建立一种超越实定法（das positive Recht）的法学思想，而只是一味地追求对实定法的另外的理解。因之，当改革运动向前推进一步至立法论时，他们想的并不是制定出具有新内涵的法律规则，相反只是囿于对一些诸如空白法律条文（freier Rechtssatz）等立法技术类问题的探讨。因此，这也难怪，新近出现的法学方法论，业已将法学研究应限于实定法这一见解，上升到了方法论原则的高度①。如此，法律人的世界就完全成为一张由现行法（das bestehende Recht）所勾勒出的图景。在此，我们或许会对这幅图景的立场或观点有所不同，然它的对象和形式却不会有所改变。于是，从这样的观点出发，我们用自己的思路所要解决的问题，就不再是所谓来自社会生活的问题，而只是在现行秩序下所能找到的答案。而法学唯一的使

---

① Vgl. **Hans Kelsen**, Grenzen zwischen juristischer und soziologischer Methode, 1911, S. 12/13：
"如果我们还将法学归为规范学科的话，我们就不能否认，法学的使命并不在于就任意一种事实现象，给出符合因果律的解答。同时，法学的使命也不在于，如自然法学家（Naturrechtslehrer）所做的那样，从事物的本质或先天的理性出发，去发掘那些规范或应然性的东西。相反，对于法学来说，这些规范或应然性的东西，**只应基于实定的法律，才能得出**。"同样参见 **Radbruch**, Grundzüge der Rechtsphilosophie, 1914, S. 206："对法学的……研究工作虽应是自由自在的，但法学却不能说是不受任何拘束的——对法学首要的拘束就来自于，它须以法律的可靠查明为前提。法学也只有在法律就其意义上所能判断的范围内，或至少在前述判断无所阻碍的情况下，才能就何谓正当的法作出判断。"

命，也就仅在能够识别出此种答案而已。

在笔者看来，上述的法学使命观，并非唯一的可能性。我们知道，科学的研究对象不仅包括实然问题（das Sein），也涵盖应然问题（das Sollen）。于是，我们不仅要问道：难道现行的法就一定是正当的法吗？而法学之所以要面对这样问题[①]的拷问，不仅是因为法学与人文科学（Geisteswissenschaft）作为同等意义上的实然–价值科学（Seins- und Wertwissenschaften），相互之间存在着一种一般性的内在互动关系，而且这也是因应社会实践之现实要求的产物。与此同时，社会实践还激发出这样一个理论问题：何种合法条件对于社会实践活动的发展，才是恰当合适的？也可以说，哪一些合法条件对于社会实践活动原本才是恰当合适的？当法学面对这样的问题时，它不会如一般的社会科学那样，醉心于发掘认识社会现象的全部内容、产生原因、发展后果以及社会现象与其发展目标之间的因果律和神学上的必然性关系。相反，法学会把这样的问题作为法的问题（Rechtsfrage）来看待。具体的方法是，法学会从理论层面将作为社会实践活动存在可能性前提的合法条件予以解构，并再遵从法学方法将它们按照法学自身的要求予以加工。[②] 由此可见，法学完成了一项其他科学所未能在同等精确之程度上所能完成的任务。这意味着，对于法学来说，除了要以法之适用作为其理念内容以外，还要**以法之实现（Rechtsvollendung）**作为其理念内容。在充满创造力的法学精英的脑海中，想必也一定时时刻刻充盈着同样的理念。是以，法学精

---

① 这些问题的发现，要归功于**施塔姆勒（Stammler）**。是他从新的角度证成了这些问题对于法学的必然性意义。相关的基本问题可参见施塔姆勒的一篇精妙的论文："Über die Methode der geschichtlichen Rechtstheorie"，Hallenser Festgabe für Windscheid, 1888。

② **施塔姆勒**在他的专著《经济与法》（„Wirtschaft und Recht", 1896, S. 83 ff.）中，阐述了所有社会活动系由合法条件所决定的理论。据此，当法学的思考目的有意识地停留在，认识社会活动的外在法形式之时，这样的问题在方法论上就会被自然证成，即法学的思考确实只能从作为法学研究对象的社会实践活动中而来。

英作为法律人，自然也会超越现行有效之法，而借由阐述某些新的法形式（Rechtsformen），以寻找到那些有助于立法的新思路。对此，我们需要回味**奥托·巴尔**①（Otto Bahr）的名言："法学不应仅从法律的立场出发，去单纯揭示那些已有可实现形式的既有之法理论。它应该还有更高级的使命。这种更高级的使命就是，将那些还潜藏在时代意识背后，而尚未被实现和表达的法理论，予以表达出来，并形成相应的理论形态，以供立法做准备之用。"这样，法学研究唯有与立法机关的方向保持一致，才能实现其自身所应有的使命。②正如**施塔姆勒**③所称，法学在本质上是一种目的科学（Zweckwissenschaft）。也就是说，它的任务在于通过研究各种合法手段（die rechtlichen Mittel），以达成某种特定之目的。一方面，这些合法手段可能是有相应的现行有效之法为依据的。此时，法学的使命就在于发现并认识这些合法手段。当然，另一方面，现行有效之法也可能，未就这些合法手段作出任何规定。此时，法学理论为了达至其周延，就需要从事有关法之实现的理论活动。而这种理论活动则会赋予法学以一种新的生命。具言之，法学将不再满足于描绘一幅以僵化的社会生活为内容的终极图景，相反它会用自己的手段去创造属于自己的鸿篇巨制。在此，那些被实定法学视为既成事实的社会生活，相反会成为立法法学（die legislative Rechtswissenschaft）永远的研究对象。因之，法学将从实证 7
主义所强求给它的封闭巢穴当中解放出来，并在新的社会形式的构建过程中获得其应有的地位。

① Der Rechtsstaat, 1864, S. 193/94.

② **Anton Menger**, Über die sozialen Aufgaben der Rechtswissenschaft, 1895.

③ Theorie der Rechtswissenschaft, 1911, S. 55 ff.

二、立法法学的任务

立法法学（Legislative Rechtswissenschaft）如何可能？何谓立法法学？

立法法学的任务并不在于审查社会实践活动的合法性，以及为社会活动的形式提供原则性指导。解答这类社会意愿（soziales Wollen）的正当性问题，是社会哲学（Sozialphilosophie）的专属任务。而对于社会哲学而言，它的任务恰在于，尽可能地通过科学手段，探究出社会实践活动背后的价值，并在此基础上，为社会的发展提供最高的指导目标。

然在立法法学看来，社会实践活动应为一种既成事实。而这里社会实践活动，则包括了人类所能赋予其价值的一切活动。故在此，立法法学与历史学具有相当的亲缘关系。如立法法学，历史学也以搜集不加价值判断的客观原始材料为己任。[①] 当然，在面对现实的社会实践活动时，法学的任务还在于，**使受制于合法条件的社会实践活动，能与其自身相协调统一**。为此，立法法学还要专门回答这个问题：哪些法形式，对于特定社会目的无矛盾且无阻碍地实现，是绝对必要的？当然，需要指出的是，立法法学并不旨在就此问题进行任何价值判断。与此相对，它所期望的，只是对它们予以客观组织而已。这样的立法法学才是众望所归的。譬如，当立法法学去研究作为它当然的研究对象的各类卡特尔（Kartelle）或同业社团[②]（Berufsvereine）的时候，它是不会把研究的重点放

---

① Vgl. dazu **Rickert**, Kulturwissenschaft und Naturwissenschaft, 3. Aufl., 1915, S. 86 ff.

② 德语 Berufsvereine 是由 Beruf 与 Verein 所组成的合成词，这里显示的是它的复数形态。其中，Beruf 在意思上具有相当的多义性：在具体层面它可指具体的"职业""专业"，在集合意义上，它也可以指"行业""同业"等团体性概念，而在抽象意义上 Beruf 它更有"天职""使命"的意涵。与此相对，Verein 的意义则相对稳定，指"协会""联合会"或"社团"等人合性团体。在这里，译者一方面选择"同业"作为这里 Beruf 的译文，以强调该团体的组成成员在职业上的同质性；另一方面考量到汉语法学界大多将 Verein 翻译成"社团"，故本书从之，以保证法学专业术语体系上的稳定性。综上，本书原则上将

在阐述这些制度是合法还是非法，而是放在阐释哪些法形式，才有利于　　8
实现既定目的这个问题上。同样，我们的立法法学也会去探求，那些能
够在最大程度上对前述这些制度的产生起到阻碍，或妨碍它们发挥有效
功能的法形式。当然，这并不意味着我们的立法法学具有一种首鼠两端
的品行。因为它并不主张将它所描绘的法的意思形式，作为唯一符合最
高原则意义上的实定法的意思形式。诚然，我们对于作为法学阐释对象
的社会活动的选择，往往系取决于这样一种认识前提，即这种社会活动
本身应是正当的。对此，我们要说的是，这种将法学阐释与社会哲学的
基本信念相互联系的思路，实际上是将对研究对象的爱，注入了科学阐
述当中。故这在感情上虽是令人心驰神往的，但是这种思路上的相互联
系，却并非在任何时候都系必要。

　　可见，我们这里的立法法学与任何一种自然法（Naturrecht）立场
都不搭界。因此，当我们再看凯尔森（Kelsen）的相关表述时，就会发
现其实他也发现了自然法学说（Naturrechtslehre）与实定法学之间实际
上存在着某种矛盾之处（参见页边码第 4 页注释 1 的相关内容）。但
在我们看来，凯尔森除此之外在这里好像还混淆了社会哲学与立法法
学的不同使命。事实上，以追求最高的指导目标为己任的社会哲学，
常会陷入这样的错误当中，即主张某些规范的内容具有普遍有效性
（Allgemeingültigkeit）。直到如今，社会哲学也仍旧没有从前述错误当中
自我解放出来。甚至对这种错误的存在，社会哲学界也从来没有承认
过。对此，我们需要指出，这种观点之所以存在，正在于他们没有认识
到，立法法学的使命与社会哲学绝然不同。**对于立法法学而言，它所要**
追求的是，为变化不定的社会实践活动，找到适合的法形式。至于此种

Berufsverein 翻译为"同业社团"（参见 Hengxiang Zhou: Deutsch-Chinesisches Rechtswör-
terbuch, Berlin: Duncker & Humblot GmbH, 2017, S. 44-45, S. 198；台湾大学法律学院、台大
法学基金会编译：《德国民法典》，北京大学出版社 2017 年版，第 12 页以下）——译者

法形式背后所追求的价值，立法法学则持一种相对主义的立场。在此，立法法学不仅站在了实定法学的对立面上，而且也远离了自然法的观念领域。同样，立法法学也很少去思考如何用它的思想，去取代法发展（Rechtsentwicklung）过程中的各种社会力量。"无论是处于压抑生活状态的人，还是正在享受自由生活状态的人，都不会将他们对权利的渴求寄托于法学；相反他们中的任何一个人都知道，权利必须自己去争取。他们也都知道，正如土地登记簿需要物权取得人自己去填写一样，法律登记簿（juristische Registratur）也要权利人自己去填写。是故，有则改之，无则加勉。我们要做权利的斗士，不要做权利的乞丐！而法律人自然就是留给权利斗士的千军万马。"这里路德维希·克纳普①的告诫，可谓至理名言，即只有社会的意志力量，才是新法诞生的原动力。但是，克纳普的这段话所反映的这样一种基本观点，即法学无法参与法的形成过程，却又是错误的。原因在于，尽管那些社会意志力量，确实是法之形成（Rechtsbildung）的渊源，但是它们也要经由立法法学的努力，才能获得法所必要的明确性和统一性。且这种明确性和统一性，不只是一般目的意义上的需要，而且也是合法的目的形式意义上的要求。在此，立法法学将为其揭示它们在法上所应呈现的面貌，并解释之所以如此的道理。而这一切都将促使成熟理论的产生，并由此避免我们的生命陷入歧途，且能在目的论意义上保证，对此种理论的论述，能在法形式的框架范围内予以实现。而伴随着这样的论述，立法法学的使命才能得以成就。然而，前述理论是否在现实层面上也能实现，则绝非任何科学所能左右。显然对于"如何以及何时根据理论模型，所采取的措施会取得成功"②这样的问题，自然会有那些握有权柄且有行动力之能人去操心。

---

① A. a. O. S. 240.

② **R. v. Mohl**, Gesellschaftswissenschaft und Staatswissenschaft, ZStaatsW. VII S. 27.

三、立法法学的方法

在明晰立法法学的使命任务之后，我们还要探讨一下立法法学的方法论问题。

立法法学在研究时首先要确定的一个问题就是，相关社会目的与实 10
现它所要采取的合法手段之间，是否存在矛盾。这种矛盾往往只有在现行合法手段失灵之时才会表现出来。而现行合法手段失灵则表现在，无论是通过对现行有效之法秩序（Rechtsordnung），进行适当的解释和适用，还是寻求选择其他可用之手段，都已无法使社会目的与法形式之间协调一致。这样，例如客观法① （objektiven Rechts）本身虽存在不足，然当社会关系的参加人（den Beteiligten）完全可期待，经由他们自己的行为，如自由的合意（freie Vereinbarung），就足以排除此种存在不足之客观法的效力（Wirkung）时，我们就应认为，合法手段还尚不存在失灵问题，进而也就无须进行修法。换言之，只有当存在立法问题时，前述意义上的制定新法才是必要的。这里所谓的立法问题，就是指那种只有通过立法行为，才能予以解决的问题。而我们之所以要对立法干涉的要求，保持如此的克制态度，也正因我们，不仅要顾及立法者的修法行为，在事

---

① 考量到权利 / 法（Recht）一词在德语上的多义性，而将其区分为主观权利（subjektives Recht）和客观权利（objektives Recht）两个面向，是德国法学尤其是公法学的传统通说。所谓客观权利是指所有可依据国家的强制力予以贯彻之行为规范的总和，又称"客观的价值秩序"（objektive Wertordnung）、客观的宪法规范（objektive Verfassungsnorm）；而主观权利则是指个别权利主体可得向其他权利主体请求为特定行为之权利，又称"请求权"（Anspruch）。依据当今的德国公法通说观点，只有基于主观权利，当事人才能请求宪法法院支持其宪法诉愿。而客观权利只是强调各个国家机关（司法机关、立法机关以及行政机关）所需要贯彻执行的国家目的。（参见 Susanne Hähnchen/ Friedrich Ebel/ Georg Thielmann: Rechtsgeschichte von der Römischen Antike bis zur Neuzeit, 4. Auflage, Heidelberg: C. F. Müller, 2012, S. 6-7; Christoph Gröpl: Staatsrecht I: Staatsgrundlagen, Staatsorganisation, Verfassungsprozess, 3. Auflage, München: C.H.Beck Verlag, 2011, S. 17-18）——译者

实上的困难性，而且也要考虑到大量既有的现行法律存在的事实。

当合法手段失灵矛盾确实存在时，立法法学下一步的任务就是要探求何种法形式，能够使社会目的与其合法条件之间能够达成一致。为了找到这样的法形式，法学绝不能囿于任何既成的法律"原则"。法学在此应是自由自在的，富有创造力的。它的思考只应服从适用于它的认知形式，以及它所要助力实现的诸种目的理论（Zweckgedanken）。是以，除了必须要以现行有效之法作为地基，以构建新的法制大厦以外，现行有效之法不应在此再作为立法法学所要考量的问题。因之，立法法学必须时刻关注新的立法作品与现行法秩序整体之间的关系问题。因为即便是新法，也难免会与现行法秩序间，存在着千丝万缕的联系，乃至或也要放眼现行法秩序中的一些现成制度。因为这是节省人力物力成本，以及发挥新法对于现行法秩序调整作用的必然要求。我们相信，只要有需要，现行法秩序是会做好通往新思路之准备的。然而，我们也不能否认的是，当对旧有的现成制度的利用和改进也能达到同样目的时，现行法秩序是不会仅仅为了通往新思路，而完全放弃这些旧制度的。或者说，这个世界上不存在通往新的法形式的确定道路。其既可以是在前人基础上的发现之路，也可以是完全自主创新的发明之路。首先对于发现之路，我们要说的是，法律思想以及历史上的各种法律制度和法治理念，都是新思路的探险者们可利用的宝藏。而只要这些宝藏的发现，有助于实现探险者们的目的，则不论是以旧有的形式，还是新创的形式，都可为他们所用。另外，这些宝藏在立法法学的加持下，还会获得新的价值。而至于发明之路，若要在此有所成就，则非有对社会目的意义之思考，葆有矢志不渝之决心者不可。在这条新法的发明之路上，社会科学与法学之间无疑会紧密地联系在一起。须知任何一种法观念（rechtliche Vorstellung）的形成，都要取决于两个方面的合力，即该观念所要作用于的社会事实与它所会产生的社会效果。而这一切也都将同时决定，相关针对法观念的研究是否会富有成效。反之，矫揉造作的辩证法式研究，是定然没有任何存在价值的。也就是说，只有能够完全深入接触真正的社会生活材料，且能从中总结出真知的研究，才是有真正存在价值的研究。而没有对社会生活材料进行最精确的调查研究和真心实意的遵循，立法法学的研究就是不可想象的。诚然，立法法学的研究结论或许并非都是无可争辩的。社会生活实践也并非那样的整齐划一，相反在它的中间充满着相互对立的利益交锋。并且这些相互对立的利益，又是那么多种多样。当然，在绝大多数情况下，社会目的是可以有多种可能的合法表达模式的。一种合法手段形式仅为一种社会目的而存在的情况，则反而是罕见的。最后，至于法观念是如何能与社会万象交织在一起，则向来是众说纷纭的。这其中，往往一方主张，这种交织见证于法观念在社会中的实现过程，就总会有另外一方马上予以否定。然而，无论是哪一方都会明白承认，法学研究工作中会掺杂有人格（Persönlichkeit）性因素。且人们 12 做任何决定也都要取决于这种人格性因素。于是，人们自然会去否定法学乃至其他价值科学的科学性。因为人们无法理解为什么自称为科学的价值科学，仍然要依靠人类睁开眼睛。同理，立法法学的科学性也一样会受到质疑。可是，我们不禁要问，难道实定法学就能免于意思决定（Willensentscheidungen）和价值判断吗？[①] 在笔者看来，作为科学所应当做的正在于阐明和表达那些人格性条件。而这种做法，却经常是实定法学所要极力摆脱的。而摆脱的方法则是，将实定法学背后真正的原因，用各种各样的逻辑结构掩饰起来[②]。对此，立法法学的态度，则是毫不掩

[①] 　古斯塔夫·鲁梅林（Gustav Rümelin）在他的弗莱堡大学校长的就职演讲《民法中的价值判断与意思决定》（„Werturteile und Willensentscheidungen im Zivilrecht", Freiburg i. Br., 1891, bei Lehmann, S. 23 ff.）给出了理所当然的否定答案。

[②] 　这里的发现要归功于恩斯特·福克斯（Ernst Fuchs）的独特贡献。正是福克斯描述了个案中诸多司法裁判背后的社会学原因是如何被隐藏起来的。

饰地将它在理论构建中所依据的, 那些基本理念展示出来, 并证成之。

从思想的相互联系中, 发现思想的个别部分, 是人类理智的一种自然需要。对于立法法学而言, 其主张可能存在一套双重联系体系。具言之, 一方面, 立法法学会力求从内部去建构一种相互联系的体系。为此, 它会对那种在所有个案研究的结论中能起到共同作用的**理念**进行深入钻研, 并借此阐明新的法形式的存在意义。另一方面, 立法法学也会从外部去研究阐释这种相互联系的体系。为此, 它会把所有个案的做法作为一个统一的整体予以编纂, 并通过**法律文本**的形式表现出来。且在笔者看来, 这种编纂活动也是对各种做法在结论上的有效性或可行性最好的检验手段。是以, 立法法学的使命得以实现的一个重要标志, 就是它能够通过前述这种编纂活动, 而将某种理念以法律文本的形式表达出来。

13 四、团体协约法的问题

在前述的基础上, 接下来我们有必要探讨这样一个问题, 即在何种意义上, 立法法学能够将团体协约法(Tarifrecht)作为问题研究的对象。

首先需要说明的是, 立法法学不能罔顾社会条件, 对团体协约的积极或消极作用, 径行要求团体协约必须依照立法法学自身逻辑设计的结构方式运行。正如团体协约并不是从法律人的脑袋当中诞生出来的一样, 它也不会遵照法律人的意思来形成发展。

同样, 法学也无法对团体协约制度本身的合法与否作出判断。与此同时, 国民经济学和社会政策学的相关研究, 在看待立法法学的时候, 则都将视域局限在, 它是否能通过其在社会上的本质地位和社会效果, 而有助于发挥启蒙作用。而其他一些致力于参与探求团体协约制度有益与否的人士, 亦不免如此。前述所有这些研究和论证, 都植根于对以团体协约为表现形式的社会实践活动的评价。然而立法法学却无权做此种评价。它只能一方面就此评价要件中, 那些具有法属性的部分予以审视；另一方面借助对团体协约制度据有统治地位的法学理论（Rechtsgedanken）的阐述，以启发出有关这些要件的新的看法或观点。而这首先就适用于对国家在此的地位与作用的审视研究。具体来说，法学研究实际上已将团体协约法律规则（Regelung）的一种新意义呈现在了国家面前。从而，国家不得不审视反思，继续在团体协约问题上保持以往的消极态度，是否真的就符合自身的目的。据此，国家不仅要对相关立法行为究竟会产生哪种法效力（rechtliche Wirkung），而且也要对有关团体协约的法学理论在团体协约规则范围以外的立法领域的适用性，作出应有的判断权衡。在这个意义上，就团体协约法相关的制度创新，进行扩大化的应用，自然会影响到对团体协约的制度评价。

**　　立法法学只有在充分阐述它的基本理念的前提下，才能对法的基本形式进行研究。而这些法的基本形式，是团体协约的制度目的，与用于实现这些目的的诸种合法手段之间，能够达成一致的必要条件。同时，这些法的基本形式，不单是对从合法活动中所总结得出的那些基本理念的有效阐释，并且也充分展示了立法上它们所可能被实现的个别形式。**

　　上述研究必须系统化、体系化，也就是说，必须以统一的基本理论为导向。唯有如此，才能够真正领会规则的内在必要性。另外，我们的研究还必须将团体协约规制（Tarifregelung）的所有细节性问题映入眼帘。没有这样的研究水准，是不可能期待制定出一部《团体协约法》的。此外，在本书的附录当中，笔者还搜集整理了一些官方和民间版本的团体协约相关的立法草案。其中的一部分草案，可以说是完全失败的产品。它们唯一存在的价值就在于，向我们一方面明示了，当前《团体协约法》的立法前景是何其迷茫，另一方面告诉我们哪些立法进路一定是没有希望的。而另外的一部分草案，虽然提供了不少有关立法细节的有价值的启发，但却不能因此说适合用来解决团体协约法中所存在的问题。原因在于，一方面这些草案缺乏来自基于特定的基本理论，而建立起来的统

14

一制度架构的指导；另一方面它们也未能将所有那些对于团体协约，具有真正规则意义的细节性问题予以规范化。是以，我们必须把前述对立法统一性与详尽性的要求，作为今后立法问题导向性研究所要达成的主要目的。

当然，这里的研究是有假设前提的，即我们假设根据当前法治，团体协约乃系属一种权利性合同（Rechtsvertrag）。[1] 这种权利性合同所产生的法律效力（Rechtswirkung）[2] 是具有强制性的，是当事人所无法摆脱的。当然，这种权利性合同的法律效力及其实现方式，与团体协约的社会目的之间，却并非是协调一致的。[3] 由此，前述假设的意义也正在于解决团体协约社会目的与其当前法形式之间的矛盾问题。而此矛盾既对团体协约制度的未来发展起到了阻碍作用，也造成那些应该被确定用于保障或贯彻团体协约的社会力量被挥霍浪费。与此相对，如果能解决此一矛盾，则不仅有助于团体协约制度的进一步发展，而且亦能够让各种社会力量得以解放，以至于它们能够去完成其目标任务。同时，矛盾的解决也着实开辟了一条法之形成形式的创新道路。[4]

---

[1]　笔者曾经在两卷本的《社团性劳动规范合同》（Der korporative Arbeitsnormenvertrag, zwei Teile, 1907 und 1908）一书中，对此提供过有关的印证。当然之前**洛特玛（Lotmar）**就已阐述论证过合同的法本质（die rechtliche Natur），尽管他的论证并非那么面面俱到。

[2]　德语 Rechtswirkung 直译来说可以翻译成"法之效力""权利效力"或"合法效力"等，但考虑"法律效力"的翻译在业界行之已久，为便于读者理解，故译者在此原则上选择了"法律效力"这一译文。当然这里需要注意的是，此处的"法律"应作广义理解，即不仅限于制定法（Gesetz）或狭义的法律，而是包括广义抽象的各种法在内的所有之法（Recht）。——译者

[3]　就此结论，笔者在论文《我们需要一部〈劳动团体协约法〉吗？》（„Brauchen wir ein Arbeitstarifgesetz?", Schriften der Gesellschaft für soziale Reform, Heft 44）中业已有详细的论证。

[4]　**H. Sinzheimer**, Der Tarifgedanke in Deutschland, Annalen für soziale Politik und Gesetzgebung III S. 551 ff.

五、《劳动团体协约法》

是故，若我们将研究目标定位为，探求未来《劳动团体协约法》立法内容的话，则我们也就必须要对这部法律的相关问题边界，有一个清晰的认识。目前，大部分有关团体协约法律规则的研讨，都不免存在缺乏对所涉问题范围进行清晰限定的毛病。而每当立法动议出现有利于团体协约的倾向时，就总会有无数有关社会政策的提案蜂拥而至。这期间，有个别人士还总喜欢把这些社会政策提案，统一打包成所谓的"劳动法改革"议题一并提出。然而，这种大水漫灌式的团体协约议案提出方式，实际上并不有利于问题的成功解决。

一部《劳动团体协约法》只能用于解决有关**团体协约**的问题。这意味 16
着，我们有必要将相关议题限定于以下两个方面：

一方面，人们往往一提到团体协约就会联系讨论到，对劳动斗争（Arbeitskampf）的仲裁① （Schlichtung）问题。这其中的制度建议包括：扩大当前仲裁制度② （Einigungswesen）的适用范围、创建帝国仲裁所

---

① 所谓德语 Schlichtung 是指基于当事人的集体合意（Gesamtvereinbarung），组成仲裁机构（Schlichtungsstelle），以解决双方当事人集体规则纠纷（Gesamtregelungsstreitigkeiten）的制度，实际上就是德国集体劳动法领域的仲裁制度。另外，事实上德语 Schlichtung 与 Schiedsgerichtsbarkeit（仲裁制度）在德国集体劳动法中，并没有得到严格区分，在实务当中亦不乏相互混用的现象，比如 Schlichtungsspruch 与 Schiedsspruch 就经常相互替代使用，而都指仲裁裁决（参见 Wolfgang Hromadka/ Frank Maschmann: Arbeitsrecht Band 2 Kollektivarbeitsrecht + Arbeitsstreitigkeiten, 7. Auflage, Heidelberg: Springer, 2017, S. 559-600）。据此，需要额外说明的是，德国劳动法意义上的仲裁与我国现行的劳动仲裁之间，显然是有着本质上的不同的，因为后者具有强制性。从强制管辖上看，我国的劳动仲裁，实际上更多扮演的是德国劳动法院的角色。——译者
② 在德国劳动法中，Einigungswesen 亦指仲裁制度。（参见 Wolfgang Hromadka/ Frank Maschmann: Arbeitsrecht Band 2 Kollektivarbeitsrecht + Arbeitsstreitigkeiten, 7. Auflage, Heidelberg: Springer, 2017, S. 372 ff）——译者

(Reichseinigungsamt)、制定仲裁所的审理强制制度(Verhandlungszwang vor den Einigungsämtern)乃至最终以澳大利亚法为示例榜样引入团体协约强制缔约制度(Zwang zum Abschluß von Tarifverträgen)。无疑，前述的各种制度建议在社会政策上都具有高度重要性。可是，它们确实也与团体协约制度并无直接关系。而团体协约制度相关的规则恰是我们所要考察的。团体协约的订立是一种私人意思行为(ein privater Willensakt)。是以，团体协约法律规则只应适用于那些愿意去签订团体协约，以及已经签订有团体协约者。这如同买卖法、租赁法等，只适用于那些从事买卖和租赁等行为者一样。故在此意义上，团体协约法与买卖法、租赁法等类似法律，也并无二致。然而，当前大部分针对团体协约法律制度的斗争，都寄托于这样的信念，即团体协约法这样的法律，必须要就团体协约缔约的债法强制性(obligatorisch)，作出应有的规定。如此，团体协约强制(Tarifzwang)与团体协约，这两个之间本来并没有内在联系的制度，被紧密联系在了一起。

　　另一方面，我们在团体协约制度领域还会接触到，这样一类业已超越团体协约而扩展到其他领域的法律形式。我们将这类法律形式称作"团体协约社团"(Tarifkorporationen)。之所以如此称谓，是因为它们中的绝大多数，都是基于团体协约而成立的社团性组织(Vereinsorganisationen)。例如德意志印刷工人团体协约共同体(die Tarifgemeinschaft der deutschen Buchdrucker)作为一种团体协约性的协定，部分地可被视为一种团体协约，然而其余部分，无疑又可被作为一种团体协约社团而对待之。[①] 我们认为，《劳动团体协约法》并不需要给予前

17

[①] 参见《德意志印刷工人团体协约》(des Deutschen Buchdruckertarifs)第82条："德意志印刷工人团体协约共同体，系《民法典》意义上之社团，并以柏林为其所在地(Sitz)。该团体协约共同体的职责目的乃在于：通过创制、保护团体协约权利，监督团体协约义务的履行，以及创制、守护所有与劳动关系(Arbeitsverhältnis)有关之规则，以改善印刷

述这种社团形式 (diese korporativen Formen) 以特别的关注。因为它们不过只是一类例外情况，且即便出现，《民法典》(BGB) 中的社团法，也足以作为它们的规范依据。对此，前述德意志印刷工人团体协约共同体，也已经提供了充分的经验证明。而《劳动团体协约法》的立法要点则主要在于，当参加人有意愿成立前述这类团体协约共同体时，法律不会去横加阻拦而已。

但是，我们必须要**在团体协约制度内部**找到一个切入点。

由此，《劳动团体协约法》只应以团体协约的本质表现形式为规制对象。因此，它对于所谓的"不确定团体协约"(unbestimmten Tarifvertrag)，并没有进行规制的意愿和动力。与此相对，《**罗森塔尔 (Rosenthal) 草案**》的第 2 条，《**沃尔布林 (Wölbling) 草案**》的第 11 条和第 12 条，以及《**法兰西草案**》和《**意大利草案**》①的有关规定，则对此种"不确定团体协约"有所规定。所谓"**不确定团体协约**"的本质在于，作为团体协约缔约者的工人一方，系是不确定多数的工人群体，例如某个工厂的全体工人或某个城市的全体工人。对此，笔者认为，《劳动团体协约法》只能有一个立足点，即**社团性劳动团体协约** (den korporativen Arbeitstarifvertrag)。这意味着，作为缔约参加人的工人一方应是一个**组织**。实际上很早以前，我就已经解释过，团体协约就工人一方而言，只有将某个组织作为缔约方，协约在技术上才有可能予以达成并履行。②现实经验也印证了我的前述判断。截至最近一次即 1913 年官方有关团体协约的统计，总计 12369 份团体协约，系处于生效状态。然而，其中

工人的行业条件，维护工商业和平；该团体协约共同体应秉持摆脱党派政治和宗教观点的影响而行事之理念。"

① 有关的草案内容，请参见本书的附录部分。——译者

② Vertrag I S. 61 ff.

只有三份是没有以相关团体，而直接以全体工人作为缔约方。[1] 显而易
见，这充分表明了不确定团体协约，有成为一种无关紧要的制度形式的
基本发展趋势。同时，这种趋势也表现在个别团体协约，从不确定团体
协约向社团性团体协约的转型过程中。而其中最典型的例子就是德意志
印刷工人团体协约共同体。它原本是作为一种不确定团体协约而成立
的。1906 年之后，借助于著名的"组织合同"，德意志印刷工人团体协约
共同体得以经由各种各样的转化形式，而转型成为社团性团体协约。而
社团性团体协约则业已部分接受了社团组织形式。而相关参与其中的人
士也正是基于这种转型系"一种存在于印刷行业的团体协约组织的自然
发展结果"的认识，而贯彻实现了此种转型[2]。而若《劳动团体协约法》执
意要就不确定团体协约制度作出规定，则不仅会毫无实际意义地造成团
体协约关系在本质上的错乱，并且也不可避免地会损害到该法律的统一
性。为此，德意志法律人大会在 1908 年面对有关团体协约法律规定这一
问题时，才会一再坚持这样的团体协约概念，即它"是在雇主或雇主团
体为一方当事人，与工人团体为另一方当事人之间"所订立的协约。是
以，尽管业已订立的不确定团体协约并非完全不受法律保护，但是它确
实非属《劳动团体协约法》的适用对象，相反它可受到其他既有法律条文
的保护[3]。

---

[1] Die Tarifverträge im Deutschen Reiche am Ende des Jahres 1913, bearbeitet im Kaiserlichen Statistischen Amte, Berlin, 1914, S. 14.

[2] Rechenschaftsbericht des Verbandes der Deutschen Buchdrucker für das Jahr 1906, Berlin, 1907, Druck: Lutze L Bogt, S. 1, 2.

[3] 这种帝国立法机关所曾犯过的错误不应再次发生：1910 年 5 月 25 日颁行的《钾盐销路法》（Gesetzes über den Absatz von Kalisalzen）第一次就雇主（Arbeitgeber）与劳动者（Arbeitnehmer）之间的集体合同作出了规定，但是它只认识到不确定团体协约的存在。对此，参见 **Sinzheimer**, Die neuesten Versuche zur geschlichen Weiterentwicklung des Arbeitstarifgedankens in Österreich, in der Schweiz und in Deutschland, GewKaufmG. XV S. 411 ff., des. S. 415。

最后我们需要考虑确定一下，《劳动团体协约法》**属人的适用范围问题**。

19

事实上，团体协约制度一直以来都有这样一种趋势，就是将所有工人和职员 [1]（Angestellte）乃至所有行业群体（Gewerbegruppen）阶层都包含其中。只要看下官方有关团体协约的统计数据 [2]，我们就会发现：团体协约制度已经或多或少地浸入几乎所有的行业乃至农业之中。同时，团体协约也没有止步于手工业。相反，我们可以确定的是，经过最近这些年的发展，团体协约亦在大工业当中，披荆斩棘并占有了一席之地。[3] 从而，我们可以说，绝大多数的工人都已成为团体协约的适用范围。且连商店店员（Handlungsgehilfe）等一类的职员，也成为了团体协约的适用对象，甚至可以说，他们还积极地希望成为团体协约的适用对象。例如，技术职员们早在战前就已经研讨过团体协约的相关理论问题。而有鉴于前述这些发展变化之事实，我们认为，团体协约法律规则不仅要适用到包括农业在内的所有行业群体当中，而且还应扩大适用到所有工厂类型的工人和职员，甚至连仆役（Gesinde）也应被毫无例外地涵盖进来。**总的来说，团体协约应当是劳动关系的一种表现形式。**然而正如德意志法律人大会有关团体协约法律规制问题的第一报告人琼克博士（Dr. Junck）所要求的那样，[4] 这里并不存在任何内在性的理由，其能证成《劳动团体协约法》仅适用于《工商条例》第七章所规定的适用范围。

---

[1] 德国劳动法有将劳动者区分为工人和职员，并予以区别对待的传统。其中所谓工人主要是指体力劳动者；而职员则主要是指脑力劳动者。当然，随着现代科技的发展以及生产技术的进步，工人与职员的区分，在德国有逐渐退出法律舞台的趋势。（参见 Wolfgang Hromadka/ Frank Maschmann: Arbeitsrecht Band 1 Individualarbeitsrecht, 7. Aufl., Heidelberg: Springer, 2018, S. 55）——译者

[2] A. a. O. S. 18.

[3] **Sinzheimer**, Der Tarifgedanke in Deutschland a. a. O. S. 533.

[4] 29. DJT. V S. 21, 22.

只有在这个关系领域中，我们才会在属人的适用范围（der persönliche Geltungsbereich）上进行限制。而这个关系领域涉及**文官（Beamten）以及国家职员（Staatsangestellten）和国家工人（Staatsarbeiter）**，即那些在国营交通和通信机构（铁路、邮政和电信）以及陆海军工厂（Militär- und Marinebetrieben）中工作的职员和工人。[①] 之所以需要在前述这些领域，限制团体协约属人的适用范围，乃是由适用于此种类型人群的关系特性所决定的。当然，这并不等于，我们坚持团体协约在任何情况下都无法适用于他们。我们只是主张，当《劳动团体协约法》期望将前述这些文官、国家职员或者国家工人纳入其规制范围时，应当多考虑到他们自身的特性问题。与此同时，我们也应就那些尚未成熟的问题着手采取应对措施，以有助于《劳动团体协约法》的内容完善和成功制定。其中应为前述这类群体在顾及与其他一般性问题关系的前提下制定专门的特别规则。

---

① Vgl. das „Recht des Staatsarbeitsvertrags", Denkschrift, herausgegeben vom Reichskartell der Verbände der Beamten und Arbeiter staatlicher Verkehrsanstalten, Elberfeld, 1913, S. 7.

第二章　基本理念

我们应当在一开始就明白，现行法的有关思想和教学原则，已经无法满足现实的需要了。为此，我们有必要从团体协约的实践中获得新的法学理论①。否则，我们就无法为立法问题提供真正的解决之道。是以，我们应将团体协约的属性，从现行法的法形式中剥离出来，审查团体协约法律制度的"有机本质"，并表明它将来的权利建构（Rechtsgestaltung）。在此基础上，我们还要构建出具有基础性价值的理念体系。唯有如此，有关团体协约的新的法学理论，才能获得足够的正当性。

一、法的统一性

团体协约具有一种**混合体**的属性。它混合了我们在惯常上基于公法（öffentlichrechtlichen）或私法（privatrechtlichen）观点予以讨论的多种关系。也就是说，团体协约一方面在其订立的问题上，服从私法理念。这是因为协约的协约当事人有权，就是否以及如何订立团体协约，自由地达成意思表示之一致。与此相对，团体协约所要追求的效果，却又有公法属性。具言之，团体协约不仅旨在为协约当事人双方之间提供法律关系（Rechtsverhältnis）②，它更在于要为所有团体协约参加人（Tarifbeteiligten）提供一种特别的法秩序。且，这种法秩序能够通过它所

---

① Vgl. **Kulemann**, Neubildungen im Rechtssystem, Einigungsamt II S. 193.

② 德语 Rechtsverhältnis 直译来说可翻译成"法之关系""权利关系"或"法权关系"等，但考虑"法律关系"的翻译在业界行之久远，为便于读者理解，故本人在此原则上选择了"法律关系"这一译文。但需要注意的是，这里的"法律"非仅指制定法，而是包括所有可视为有强制力的规范在内的抽象意义上的"法"，即广义的"法律"。——译者

创造的力量来保护和维持它自身。于是，团体协约得以闯进到一种自治型 (einer Art von Selbstverwaltung) 的法之形成领域。而这个领域并不属于私法，相反它属于公法。当然，对于这样的混合形态，我们还有必要考虑到那些法学中有关基本分类的通说观点之间的关联性问题。

一种双重权衡，使我们将团体协约放入不可撕裂的**法的统一性**当中去思考。

在笔者看来，法学通说所主张的公法与私法之间的区分鸿沟，从内在性上看实际上并不存在。[①] 相反，公法与私法这两个法域 (Rechtsgebieten) 之间，实际上存在着一个目的性关联关系。只不过这种目的性关联关系，常常因公法与私法的相互区分而被掩藏起来。然而，它就蕴含在有关法治整体的法社会化规定理论当中。事实上，包括私法的个人关系在内的所有法律关系，都是社会功能关系。这是由它们对共同体生活的确定性和规制性所决定的。[②] 在那个已经离我们远去的年代，人们写道："司法机关是采用这部法律，还是那部法律去解决私法问题，其实对于君主 (Landesfürsten) 来说都是无所谓的。"[③] 社会化理论要求包括私法在内的所有法都要服从公共利益的需要。在盘根错节的社会生活现实中，不存在只涉及个人的法律关系，私法的法律制度与宪法和行政制

---

① Vgl. dazu **Weyr**, Zum Problem eines einheitlichen Rechtssystems, ArchÖffR. XXIII S. 529, und **Kelsen**, Zur Lehre vom öffentlichen Rechtsgeschäft, a. a. O. XXXI S. 53, 190.

② 本书没有就这个理论问题展开讨论，对此卡纳 (**Karner**) 有专门的深入研究 [参见 Karner, Die soziale Funktion der Rechtsinstitute, bes. S. 73 ff. (Marx-Studien I)]。运用社会法 (Sozialrecht) 的观点去审视法律关系，是将来法学当仁不让的使命。而**阿道夫·瓦格纳 (Adolf Wagner)** 则在他的《政治经济学基础》一书中就此研究方向，作出了法律人所几近忽略的尝试 (参见 **Adolf Wagner**, Grundlegung der politischen Ökonomie, 3. Aufl., 2. Teil, Volkswirtschaft und Recht, 1894, s. dort bes. S. 12)。

③ Worte des Hofrats von **Bourguignon** (1775), zitiert nach **Ott**, Rechtspflege und Verwaltung (Festschrift für Franz Klein zu seinem 60. Geburtstage).

度一样，都是社会生活的基础。[①]用前述观点去解释公法关系是相对浅显易懂的，而用在私法关系就不是那么容易让人信服。原因就在于，私法关系往往把自己的本质隐藏在"面具"之后。确实在私法赋予个人以决策自由的背景下，我们有理由相信，这样的自由乃是源于个人的需要。但是，这种自由若要真正地对个人予以实现，则取决于它是否能在共同体计划之下，以符合共同体目的的形式存在。否则，共同体必将拒绝实现或容忍此种自由。[②]一旦共同体觉察到，前述这种个人决策自由与共同体整体的计划之间存在矛盾，又或者当共同体有改变自身计划的需要时，我们就会发现，共同体会毫不犹豫地对个人自由为矫正性干涉措施。每当自由如它之前那样不再履行其社会功能之时，人们就会以其他手段保证社会功能的实现。对此，我们称之为私法的"社会化"（„Sozialisierung" des Privatrechts）。实际上，这只不过是以一种特殊的方式表达了私法中一开始本已就存在的社会法规定（sozialrechtliche Bestimmung）：整体有权

23

---

① 正如纳粹德意志劳工阵线（Deutsche Arbeitsfront）领袖罗伯特·莱伊（Robert Ley）所言："新的帝国不再承认与国家相对的人民个体的自由空间，相反帝国本身囊括了所有与作为形成人民个体人格先决条件之人民整体之存在目的相一致的生活领域。同时人民个体的所有行为也不应与共同体有所割裂，不应与共同体的需求有任何违背，他们的行为只有在符合全体利益的条件下才能成立。"（Edmund Jeß, Die Körperschaften des öffentlichen Rechts im heutigen Staat, Diss. Dresden, 1935, S. 30.）可见，20 世纪二三十年代的德国左派和右派在反对个人自由，这个问题上达成了惊人的一致意见。——译者

② 施塔姆勒特别强调了这点："我们绝不能视而不见的是，即便是在某种自由的社会经济秩序中，也一定会存在某种特定类型的**社会协作规范模式**"。（Stammler, Wirtschaft und Recht. 1896, S. 239）**贝克尔（Bekker）**早在个人权利理念，尚处于巅峰的那个时代，就已经指出了个人意思还具有社会意义这个命题。他的话语是那样的扣人心弦："……即使是最简单的意思表示一致（Konsensus）要想在法律上有效成立，也不能只考虑对个人意思的尊重，相反还要充分顾及，哪些意思形成是必不可少，并且哪些是有必要通过国家干预以形成的意思，进而得以最有利于保障以内部和平达成为目的的规制性行为的有效性，且同时有助于国民（Staatsbürger）共同生活之永续发展。"（Zur Lehre vom Rechtssubjekt, Jherings Jahrb. XII S. 80）

利基于社会原因而部分或全部地收回那本就是为了社会利益，方能存在的那一份自由。因此，真正能对规制某种生活关系，是采用公法模式，还是私法模式，起到决定性作用的，并不是某种一开始就预定好的划分原则，而是合目的性（Zweckmäßigkeit）。而对这些，立法机关在必要时也都是一直予以承认的。例如，我们看下禁止人们在星期日和公共假日劳动的立法理由。有关1891年6月1日法律的立法理由书中写道："仅仅规定以工人在星期日和公共假日有义务工作为内容的合同在民法上不生效力，是不足以防止工人在星期日和公共假日事实上工作的。这不仅是因为，大多数的工人（相对于雇主来说）系处于从属性（Abhängigkeit）之状态，也是由工人难以抵抗相关的额外收入之诱惑所致。相反，若要禁绝星期日和公共假日劳动之现象，唯有通过法律，对星期日和公共假日劳动进行禁止性规定，方能实现之。"[1] 是以，公法性干涉措施在此理所当然地应被视为一种纯粹的实践性问题。这在战争相关的立法活动中体现得最为典型。在此，公法与私法之间的界限被完全打破。而这犹如拨云雾而见青天，使我们不可避免地发现，个人所有的生活关系（Lebensbeziehungen）都要服从于公共意志这个事实。

另外，能使法被视为一个统一整体的思虑因素莫过于平等（Gleichheit）。**如今，它无疑是公法和私法这两个法域所要保护的共同对象。** 在过去，人们对于调整个人生活关系领域，是否应采取公法手段这个问题，向来持消极的观点。因为大家认为，公法作为一种专断的权力（selbstherrliche Gewalt），使人们在它面前很难领略到安全感。然而时至今日，这种理念则显然是与法治国家理想之间有着矛盾之处的。[2] 实际上，就算对于公法，法律也仍然是它效力的渊源。同时，作为公法规制

---

[1] RT. 1890/92 Anl. Bd. 1 S. 12.

[2] Vgl. **Fleiner**, Institutionen des Deutschen Verwaltungsrechts, 3. Aufl., S. 41 ff. Weyr 详细论述这一思想，出处同前。

对象的个人，亦能得到享有独立地位之法院的保护。为此，我们不应再纠结于这样的问题，即公法是否能适用于那些传统上被认为在本质上不属于公法调整的领域。

是以，我们认为，如何在团体协约法的制度建构中混合私法和公法的思想因素，事实上就取决于团体协约关系作为一种特殊关系，在贯彻施行上的必要性和可能性而已。

二、社会意志

设立和维系团体协约是一种社会意志（sozialer Wille）。具体来说，任何一份团体协约至少有一方参加人，即工人一方，系为一种组织（参见页边码第 17、18 页的相关内容）。可见，组织意志对于团体协约的设立、效力和解消[①]，都起着决定性的作用。因而，个人的意志乃是服从于组织的意志的。这种服从关系（Unterordnung）无疑是与在合同法整体中享有支配性地位的权利自决原则（Prinzip der rechtlichen Selbstbestimmung）相抵牾的。根据该原则，法律行为（rechtsgeschäftliche）[②]只能对它所意欲的人，产生有利或不利的法律效力。**莱迪希（Leidig）**对此尤其有清醒的认识。他于 1908 年在卡尔斯鲁厄（Karlsruhe）举行的德意志法律人大会上

25

[①] 德语 Auflösung 在德国法中通常表达以消灭继续性债之关系为内容的权利。故与以消灭非继续性债之关系为内容的解除（Rücktritt）有本质区别。另外具体来看，在涉及非团体性的继续性债之关系时，Auflösung 大体上与终止（Kündigung）相当，以往的汉语法学界此时一般将其翻译为"解消"，比如德国《民法典》第 576a 条第 2 款中的"解消雇佣关系"，与此相对，在涉及团体性的继续性债之关系时，汉语法学界则一般将其翻译为"解散"，比如德国《民法典》第 41 条规定的"社团之解散"以及同法第 721 条第 1 款中的"合伙解散"。为保证术语翻译的统一性和连续性，故本书从之。（参见台湾大学法律学院、台大法学基金会编译：《德国民法典》，第 29、535、687 页）——译者

[②] 德语 Rechtsgeschäft 直译来说可翻译成"法之行为""权利行为"或者"权利交易"等，但考虑"法律行为"的翻译，在业界行之久远，为便于读者理解，故本人在此原则上选择了"法律行为"这一译文。——译者

就曾明确主张，之所以部分工业企业对团体协约制度抱有敌意的首要原因，正在于一些原则性的权衡问题没有想清楚。

为此他说道："19世纪的初叶，在德国我们将个人，从行会（Zünfte）的枷锁、隶属制（Hörigkeit）等中世纪各种束缚限制中解放出来。……现在不管怎样我们通过集体合同（Kollektivverträge）使个人在他劳动力分配的权利自由上，又受到了限制……在我看来，我们……当然有必要首先为此明确新的原则，并使之在我们中间形成一致意见——亦即应借此次大会着手创建一个新的法原则"①。这种清醒的认识当然是必不可少的。无论如何，要么团体协约放弃它的特性，要么团体协约法放弃个人自决原则（Prinzip der individuellen Selbstbestimmung）。原因在于，如果无法享有能在违反个人意志的情况下，还能贯彻并存续的群体意志（Gruppenwillen）的优先地位，团体协约是不可能存在的。未来的团体协约法必须，充分自觉地承认社会意志优先于个人意志（Einzelwillen），即便团体协约法因此需要放弃现行法所规定的基本教义（Grunddogma）。实际上，这并不意味着我们背离了个人自决原则所要追求的目的理念，相反我们只是为了保护这种目的理念而改变了一下形式而已。

如果我们相信某些特定的目的形式，必须始终具有依照其意义所应获得的目的内容，②那么就大错特错了。个人的权利自决原则，就它自身意义而言，确实应服务于**个人的自由和利益**。权利自决原则之所以得以闯进法的领域，乃是因为人们相信，在权利自决原则的统治下，生活权益可以受到最大限度的保护。但是人们的这种信念是否可真正地实现，还要取决于权利自决原则所处的社会环境。而毫无疑问的是，社会环境

---

① DJT. 1908, V S. 91.
② 参见**耶林（Jhering）**在1865年4月18日写给**温德沙伊德（Windscheid）**的信："法律概念那绝对真理的表象必须要被摧毁。我们应当去揭露法律概念本来的面目：它们作为被给定内容的单纯形式，在不同的环境情况下，定然会有不同的变化。"（DJZ. XVIII S. 907）

的力量足以让任何基本理论偏离其本来的逻辑计算进程，以至于与它原本的目的背道而驰。① 原因在于，这个世界不仅存在一个以法的精神力为支撑的法强制秩序（rechtliche Zwangsordnung），而且还存在一个被经济实力所决定的社会强制秩序（soziale Zwangsordnung）。这两个强制秩序世界之间，又是充满着相互联系的。法强制秩序的发展会改变社会强制秩序的力量状况，反之亦然。法律人的思考往往只会专注于法强制秩序中的问题。而法强制秩序是以抽象的视角，即是在脱离了人所处的社会环境的前提下，来观察思考人的。也就是说，法强制秩序对人的观察思考，是以法强制秩序的规范在观念上，乃是以人作为它规范目的的达成之条件为前提的。可见，法强制秩序中并不存在真实的人。② 而基于这种形式化的理念，人们得以形成这样的信念，即在法强制秩序中被法所允许进行自决的个人是自由的。可是，这样的信念忘记了，除了法强制秩序以外，还有社会强制秩序的诸多客观事实存在着。而人是无法摆脱这些客观事实的。社会强制秩序的压力越大，权利的边界框框也就收得越紧。这是因为权利限制的意义，常仅在于防止社会权力的发生。然而当权利限制无法发挥作用之时，就不是单纯的个人意志的发泄那么简单，

---

① 最近，**凯斯特纳**（Kestner）用竞争豁免制度为例（Konkurrenzfreiheit），以一种有趣的方式向我们展示了这一点。参见凯斯特纳的专著：Der Organisationszwang, 1912, S. 294 ff.，以及凯斯特纳的论文：in der Ztschr. Recht und Wirtschaft II S. 284。

② 这里显示了没有社会科学指导的法学研究的重大不足。这样的法学研究永远都只能从抽象的个人，而非从实际存在的社会化的人出发。关于此种研究方向，**卡尔·马克思**（Karl Marx）的观点无疑是重要的。有关马克思在此的理念观点的总结，可参见马克思·阿德勒（Max Adler）所著《科学争论中的因果关系和目的论》（Kausalität und Teleologie im Streite um die Wissenschaft）一书（Marx-Studien I S. 372 ff.）。关于此观点的最强烈的倡议，则来自于**约瑟夫·卡纳**（Josef Karner）的法学研究，据此可以参看他的《法律制度的社会功能》（Die soziale Funktion der Rechtsinstitute）（参见上文注释）一书。在笔者看来，这本书是现代法学最富有成效的研究成果之一。而我们还远远没有完全开发出此书的价值。也请参见 **Schäffle**, Über den Begriff der Person nach Gesichtspunkten der Gesellschaftslehre, ZStaatsW. XXXI S. 186。

而是社会权力的总爆发。经由这些法和社会的规定性因素的双重作用之后，法既可以在权利解放时发挥约束作用，也可以在权利受束缚时发挥解放作用。而在个人权利自决思想处于鼎盛时期的那个年代，我们业已看到了前述第一种情况，即法是如何发挥约束作用的。在那个时代，社会强制秩序相关的一切，无节制地发挥着作用，而其结果则是，不自由（Unfreiheit）也达至巅峰。而另一方面，权利限制的形式本身也具有一定的解放作用。对此，让我们想一想工人保护制度（Arbeiterschutz）的本质。尽管工人保护制度不允许工人在权利上自由处分自己，可是，工人却由此而获得了更多的社会性的解放。这里的原因正在于，主仆关系那样的苛求行为受到了法律的限制，而这些苛求行为，亦是权利不受限制情况下，当事人所真正要面对的事情。在此，中世纪早期"自由民"（Freie）的受封 ① 制度也说明了同样的问题。具体来说，为了逃避"自由"生活中那完全没有秩序意识的权力环境，个别"自由民"甚至会自愿投入个别主仆关系的权力保护（Schutzgewalten）之下，即便他们为此会陷入权利受限的状态。而"自由民"之所以会如此，无非是领主们（Herrschaften）有权柄，能将他们从恣意（Willkür）的权力当中解放出来。不然的话，他们必

28 将遭受权力恣意的伤害。② 权利是受束缚或是被解放，并不取决于权利

----

① 所谓受封（Kommendation）是指一整套以建立"从士关系"为目的的礼仪，即所谓的"手口礼"（Hand und Mund）。具体过程大致如下：拟受封的自由民跪在领主面前，双手合十，领主则用双手环抱自由民合十之双手于其间。这象征着，一方面自由民将其个人人身交付于领主的权柄之下以成为其附庸，另一方面领主有义务保护该附庸的身家性命。之后，领主会给予附庸以赠礼，以表达长期给付酬劳之意，而附庸接过赠礼，以表达对领主不可撤回的效忠。最后，附庸与领主口头互相交换誓词，以表达向象征双方永远不负对方。（参见 **Otto von Gierke**, Die Wurzeln des Dienstvertrags, in: FS für Heinrich Brunner, München-Leipzig, 1914, S. 40）——译者

② "在如墨洛温王朝（merovingisch）那样的野蛮暴力横行的残酷年代，受封尽管会带来全方位的从属关系，但因能委身于国王的庇护（Munt）之下，从而不失为一种利益和优待。但这也意味着，对前述这种利益无所追求及不关心者，必将处于无主人庇护之

规则（der rechtlichen Maßregel）的逻辑意义上，而是取决于权利规则整体的实施效果。同时，不是某个抽象的公式，而是具体的评估，决定了在既有的法和社会的总体环境背景下，人们是否能够通过权利的确定化，而获得或丧失自由。是以，纵使法承认某个特定的社会意志，优先于个人意志，也并不表示这里真的存在不自由。

类似地，我们尽管可以假设存在这样一种人，当他权利上是自由的时候，他自己就能最大限度地维护好他自己的**利益**。但现实的情况却与我们的这个假设完全抵牾。原因就在于，我们观察到现代社会生活各个领域之间，事实上存在着程度越来越高的同盟组织化之趋势（die Tendenz zur Koalierung），并且它或多或少地将个人利益的实现，转让给了各种同盟组织机构（den Organen der Koalition）。而这恰恰证明了，个人权利的自决绝非永远是个人利益最大化实现的前提条件。因为推动这些同盟组织①（Koalitionen），能够继续往前走的动力来源，正也是个人利益本身。而在我们当前这个激烈变革的时代，人们无疑会感受到个人的力量是那样的弱小，以至于无法独立存在。并且，人们也会认识到，通过加强与

状态，进而从结果上看，他们自然也就无从得到保护，因为没有人会为他们负责。"（参见 **Heusler**, Deutsches Privatrecht I S. 118）

① 德语 Koalition 广义上有"联合""团结""同盟""组织"等意思。在德国劳动法中，则主要是指雇主和工人以维护和促进改善自身劳动条件和经济条件为目的而结成的组织体。以往汉语法学界多在劳动法领域中，将 Koalition 翻译成"团结"或"同盟"。但考虑到"团结"一词在本书中已对应有德语 Solidarität，故本文不采"团结"作为 Koalition 的译文，以示区分。而"同盟"的翻译虽在意思上可对应 Koalition，但从更精准的角度出发，该译文却未能译出该词在劳动法，尤其是集体劳动法领域中，所固有的社团法本质。为此，译者主张将 Koalition 翻译成"同盟组织"，以求兼顾汉语传统译法与其社团法本质两个面向。（参见 **Wolfgang Hromadka/ Frank Maschmann**, Arbeitsrecht Band 2 Kollektivarbeitsrecht + Arbeitsstreitigkeiten, 7. Auflage, Heidelberg: Springer, 2017, S. 11 ff.; 史尚宽：《劳动法原论》，正大印书馆 1978 年版，第 153 页以下；林佳和：《德国罢工法秩序：1950 至 1980 年的法官造法及其形成背景分析》，《欧美研究》2014 年第 4 期，第 467—535 页，等等）——译者

他们自己同类人之间的联系，他们会获得一种他们作为个体自身所从未拥有过的力量[1]。正如**凯斯特纳**对卡特尔之所以被设立的动机所描述的那样。商业和私经济行为的权衡永远指向营利能力的持续改善。"企业主们业已认识到，利润的最大化不是通过无条件的自由竞争（der unbedingten Konkurrenzfreiheit），而是通过团体和组织予以实现的。"[2] 而适用于卡特尔的，自然也适用于其他以经济目的为导向的组织。如此，团体成为了追求个人利益的一种工具。于是，只要法治还将个人权利自决视为一种神圣不可侵犯的原则性教义，法治就只有完全放弃参与创造新生活方式的可能。因为这样的基本理念，与当今社会经济整体生活以实现利益为真正的大势所趋这个事实之间，存在根本矛盾。

而当我们将上述的观点看法套用到**团体协约**时，我们就会发现，社会意志对个人意志在权利上所享有的优势地位，其实并不与个人的自由和利益相矛盾。当各种组织为企业主和工人们服务工作时，前述判断自然也就会在他们身上得到应验。企业主会发现，他所隶属之组织所创立和维持的团体协约，一方面会保障他免受罢工（Streik）和杯葛（Boykott），这样的经济性攻击的影响，另一方面也会保证其他受团体协约约束的企业主，不会通过无序设置劳动条件（Arbeitsbedingungen），而使他陷入恶性的商业战争之中。而工人则通过团体协约规则，得以一方面避免企业主在工资（Lohn）和劳动条件确定方面的经济独裁，另一方面也保护其免受企业主的闭厂[3]（Aussperrung）和处分（Maßregelung）措施所带来的消极

---

[1] **Franz Klein**, Das Organisationswesen der Gegenwart, 1913.

[2] In dem Seite 26 Anm. 2 zitierten Aufsatz, S. 286.

[3] 所谓闭厂是指一个或多个雇主为达到特定目的，而有计划地阻止多数劳动者给付劳动，并拒绝续付工资的行为，是资方针对劳方的主要劳动斗争形式之一。（参见 **Wolfgang Hromadka/ Frank Maschmann**, Arbeitsrecht Band 2 Kollektivarbeitsrecht + Arbeitsstreitigkeiten, 7. Auflage, Heidelberg: Springer, 2017, S. 188）——译者

影响。可见，在前述我们所举的企业主和工人的两个例子中，各种社会暴力的出现得以避免，经济上的**个人利益**也得到了保护。另外，个体的意义也并不会因个体服从于社会意志而完全消失。当然，个体确实为此 30 失去了自由任意[①]地为"意思行为"所带来的"快感"。[②] 即便如此，个人作为一个个体融入一个整体，却没有因此而失去自由。相反，他的自由只不过是改变了自身的表现形式而已。具体来说，个体作为整体之一部分，是要参与到意志意思整体的形成过程当中的。而这种在共同体中的共生状态，也正补偿了个体因团体协约规则，而被迫丧失任意性所带来的那种不快；同时，团体协约规则使个体能够凭借与其他人团结一致的（solidarisch）意识，以自己的实际行动，来参与分担整个整体的命运，而这势必对于个体人格尊严（persönliche Würde）的提升也大有助益。就工人一方来说，前述这种通过从属于组织的社会意志，而实现和保障团结意识（solidarischem Bewußtsein）的理论，正突出表现在了由工人们自己所实现的"平等权利"（Gleichberechtigung）当中。

三、群众与法

团体协约是一种群众合同（Massenvertrag）。因为它广阔的适用跨度，使得它可以在广大的人群中得到适用。截至 1913 年，全国已有共计 12369 份团体协约[③]，涉及 193760 家工厂中的 1845454 名自然人。而

---

① 德语 Willkür 一词在修饰公权力的时候，主要蕴含了一种公权力本身"恣意妄为"的意思，而在涉及私权或私人意思表示时，则主要表达了个人在意思表示上的完全自主自愿。是以，本书在翻译的时候，在有关公权力的场合，主要将之译成"恣意"，而在有关私权或意思表示的场合，则主要译成"任意"。——译者

② 耶林在他的《罗马法的精神》（Geist des römischen Rechts）一书中用华丽的辞藻，批判了以个人权利自由自决为内容的"意思形式主义"（Willensformalismus）。（**Jhering**, Geist des römischen Rechts, 3. Teil, 1. Abteilung, S. 336）

③ Vgl. Seite 18 Anm. 1.

这也突出体现在个别团体协约的大规模群众性上。例如，单就一个德意志印刷工人团体协约共同体，就覆盖了8725家工厂中的67935名自然人。而一个几乎作为全帝国境内建筑行业团体协约的一般合同范本（Vertragsmuster），亦能适用于408462名自然人。这犹如洪水一般的人群覆盖势头，还在逐年上涨之中！而1907年以来受团体协约约束的自然人数已经增加了大约100万人。在如此大规模的群众中，个人关系将消失得无影无踪。为此，几乎四分之一的团体协约都致力于超越属人的适用范围，而以地域、区域乃至整个帝国这样的属地因素，来确定适用范围。

31　然而，根据官方的调查结论，1913年所有受团体协约约束的工人中，只有72.2%是那些有向国家报备的团体之成员（会员）。其中，团体协约组织（Vertragsorganisationen），尤其是工人一方的组织，还有很多系非固定性的主体。可见，团体协约的施行并不能阻止群众持续不断地涌入和涌出组织。例如，作为最大的团体协约团体（Tarifverbände）之一的木材工人团体（Holzarbeiterverband），仅在1912年就记录了其19%的人员都处于流动状态。[1]且如此大规模的群众性交流甚至波及各组织最小的区域单位当中。

如果法律人的日常习惯观念，没有做好接纳新思维形式的准备，则团体协约一定会在它的大规模群众性上，给法律人就思维观念问题好好上一课。目前的法学通说理论认为，法或权利问题都只与个体有关，认为所有的法律活动（alles rechtliche Handeln）和法律效力都源于个体。然而，群众的本质恰恰在于让个体消失于其中。由此，群众得以成长为非属个体简单相加的拥有自我之统一体[2]。因此，如果我们还固守传统个人

---

[1] Jahrb. des Deutschen Holzarbeiter-Verbandes für das Jahr 1912, Berlin, Verlagsanstalt des Deutschen Holzarbeiter-Verbandes, 1913, S. 95.

[2] **Franz Klein**, Das Organisationswesen der Gegenwart, S. 205.

权利的方式方法，以试图解决问题的话，那么团体协约的法定使命，就将永远无法完成。用**弗朗兹·克莱因**（Franz Klein）的话来回应，上述这种用传统个人权利来解决问题的尝试，无疑是恰如其分的。他于因斯布鲁克（Innsbruck）所举行的德意志法律人大会上，发表关于卡特尔问题的演讲时，就现代法学思想理论中，所广泛存在的对"增加生命力"的拒绝态度，进行了深刻的控诉："在当今的经济斗争（Wirtschaftskampfe）都已经在使用无烟火药和速射炮之时，我们的权利斗争还停留在燧发散弹枪，或者至多前膛枪的时代。而这就是我们今天不得不反复多次所要面对的真实差距。"[1] 事实上，上述问题我们也可以用技术进步来打比方。例如，当代那些用于交通、工业和商业的建筑体，都会根据新的技术和空间条件的变化，而建构自身独有的表达形式。同时，这些建筑体还会将现代交通运输问题，作为确定它们空间上的有机构造形式的因素。[2] 而法在本质上无非是一种精神建筑而已。从而，这唤醒了我们对法的一种使命期待，即法要从新的客观现实情况的发展变化中，而非从旧有的已知的自我封闭中，寻找到一种可用于前述群众运动的形式。我们发现，**团体协约中的群众总是希望，能够以一种权利自主的形象出现在世人面前，并期望能够实现一种自我规制**。这无疑是一种新的客观现实情况，而法必须要对此有所表达。这正如**瓦莱尔·克莱斯**（Valère Claes）在他卓越的专著中所正确写道的："因此，它必须因应这种社会集体生活的表现形式，而受此启发，我们也不应再根据它的原则，去判断事物本可以是什么样，而应去发现事物在事实上是什么样。"[3]

为此，我们需要首先摒弃个人权利观念，并寻找到那些能够表达并

---

[1]　DJT. XXVII, 4. Bd., S. 546.

[2]　Jahrb. des Deutschen Werkbundes, 1914, S. 30.

[3]　Le Contrat Collectif de Travail. Sa vie juridique en Allemagne, Brüssel, 1910, S. 72.

统一实现**集体利益**的形式。在群众能被有效组织起来的情况下，我们应选择同盟组织权（Koalitionsrecht）的形式，以将群众有效组织。在此，国家立法若能毫无顾忌地放手，让同盟组织权这种形式发展壮大起来，以为团体协约活动所用，则我们相信这种作为集体形式（Kollektivformen）的同盟组织，也一定能对团体协约制度目的之实现，起到应有的裨益作用。而在群众无法被有效组织起来的情况下，我们认为，法也必须出面提供某些集体形式，以使众多人士能够统一有效地行事。这尤其适用于作为团体协约参与者的工人阶级中的无组织性那部分。这些无组织性部分所占的相对比例之高，笔者在上文中已有所介绍（参见页边码第31页的相关内容）。尽管这些人群不具有统一的有组织性的意思认同，但是只要他们有统一有效行事的必要，他们仍旧会合法地参与到团体协约活动中来。这无疑给团体协约立法带来了特殊的困难性。这就是说，它必须同时照顾到有组织性和无组织性两个方面的情况。当然从逻辑上讲，这种二分法的问题也很容易解决。我们只需要引入法定组织强制制度（gesetzlichen Organisationszwang）即可。据此，团体协约法至少可针对工人一方，规定其只能以有组织之形式行事。从而，上述复杂的双重规制难题，亦得以迎刃而解。但是单纯逻辑上的解决方案，不见得能在法治上可行。尤其是与社会生活最紧张部分有关的团体协约法，必须谨慎小心地避免，将他们内心不想要的东西强加给他们。为此，即便牺牲规范体系的完整性和纯正性，我们也要保证前述团体协约法，能紧接社会现实的地气。是以，我们并不建议在此适用法定组织强制制度。法定组织强制制度有两种规范模式，即组织义务制度（Organisationspflicht）与强制性组织制度（Zwangsorganisation）。对于第一种规范模式，法律会规定所有参加人都必须被组织起来，但可由他们自己决定具体加入哪些组织。而对于第二种规范模式，法律会在既有的组织之外，设立一个强制性组织，并且规定所有参加人依据法律都必须属于该组织之组成成员。我们认为这两种规范模式都不可取。首先，一个平行于现有自愿性组织，并以团体协约为目的的强制性组织，必将对迄今的自由组织所保有的社会力量产生排斥作用，并压缩它们的生存空间。故而，如果团体协约立法只是追求实事求是的目的，而非有额外的政治目的，则强制性组织这一理论架构，从一开始就应被排除在外。出于相似的原因，我们也不应采 34 纳法定组织义务这样的规范模式。该规范模式毫无疑问会导致广泛的公法性组织监督措施的出台。如果国家强制个体自我组织，国家也就一定不会放弃确定组织义务，并对其予以监督。而这最终带来的必然是组织架构的完全官僚化（Bureaukratisierung）。最终，组织不仅会以团体协约为其使命，而且也会有其他重要的社会使命。而如果组织不能对它的组成部分施加必要的影响，则显然是很难同时完成团体协约与其他重要社会使命的。从而，组织政策将趋于降级，组织的社会活力也将受到毁灭性的打击，而能让群众对自由组织产生发自内心的珍惜之情的团结精神（der Geist der Solidarität），也将会受到危害。因此，团体协约之立法，必须要充分顾及有组织性和无组织性群众之间在社会现实上的差别。

其后，利用群众中现有的**自我组织（Selbstorganisation）的力量**，来规制团体协约关系，而不是制定大量的详细规范，无疑将成为国家的治理艺术。而团体协约中鲜活的群众意志，是必然无法承受公式化的法律官僚机构的家长制作风的。我们都知道法律官僚机构的形式手段，总是那样的丰富多样，而当它发挥力量时，又总是那样的任性妄为，同时它自己又总是会那样的冲动行事。与此同时，法律官僚机构很少有就团体协约发展专门制度，以至于无法在不扼杀宝贵生命活力的情况下，完成对其合法的"审查活动"。这让我们想起基尔克（Gierke）[1] 早期就类似领域所说的话。他认为，在所有可得规制合作社的制度选择中，应优先考

---

[1]　Genossenschaftsrecht I S. 962.

虑这样的，即"那种最能保护现有的合作社，但对未来组织合作社影响
最小的制度。据此，只有在缺乏诞生具有生命活力的合作社的需求和条
件，或纵使存在这样的需要和条件，也难以激发合作社产生的地方，国
家才应进行组织和规制；而在本身就有合作社精神的地方，即便国家的
组织和规制措施不是一种直接的强制，它也会对合作社发展产生严重的
限制作用，且会试图让合作社接受那些非自主的生存方式。在此情形
下，国家的组织和规制，与其说有助于合作社精神的发展，毋宁说是其
渐渐枯萎的原因"。基尔克的上述这番话，当然也适用于团体协约。自
我组织的精神成就了团体协约。而法必须维护这种精神。自我组织精神
的第一要义就在于**团体协约法的补充性**（Subsidiarität）。据此，团体协
约当事人（Tarifparteien）将首先给出他们自己所意欲的秩序。而法治在
此不应对团体协约活动（Tarifleben）的多样性起到阻碍作用。但是，当事
人的这种自由是有其边界的。这个边界就体现在，法必须通过特定的形
式，以确保团体协约能够，得以合法地产生效力，并发展自身，也就是
说，成为一个确定的法律制度。而团体协约则会继续要求一个**自由的团
体协约法**的存在。这种自由意味着，在可能和合乎目的的前提下，法定
的概念体系本身应当是开放的。从而，一方面，丰富多彩的现实生活，
不会因法律条文的封闭说辞而受到束缚，另一方面负责处理团体协约问
题的司法（Rechtsprechung）机关和行政机关，也能享有广泛的自由裁量
权，以便在所有个案中都能不受官僚主义的阻碍，而为合乎制度目的的
行为。而该权利能否真正毫无疑问地可得实现，还取决于团体协约参加
人，要能亲自参与到司法和行政活动当中，且有特别的团体协约主管机
关（Tarifbehörden）能保证他们与团体协约利益之间，可得维持紧密的联
系关系。最后，自我组织的精神要求，团体协约法应由**组织负责具体实
施**。唯有此，团体协约法方能有持久的生命力，并能发挥出应有的作用。
此外，在法治发展的某个阶段，国家需要中间主体（Zwischenkörper），才

能在各个方面发挥应有的作用。假如这些组织没有独立自主履行它们职责的能力，那么在团体协约履行所需的群众机制中，何以可能做到，提前就每一个细节问题进行规范，并能针对团体协约所覆盖到的数以千计者实现法治？可见，团体协约法只有在它的施行机关实现组织机构化的前提下方能存续。而这些组织也是群众与法治之间的纽带。

第二编 团体协约法新架构的基本形式

第三章　团体协约的自治

第一节　基本理论

一、引言

建立一个**劳动法与劳动和平（Arbeitsfrieden）的共同体**，是任何一个团体协约所要达到的基本目标。为此，在团体协约领域中，应当存在有关劳动交易（Arbeitsverkehr）的一般规定。同时，劳动交易的存续，应当通过这样的方式予以保障，即团体协约参加人在协约的合同有效期内相互发誓，承诺停止他们之间的经济性同态复仇行为（die wirtschaftliche Fehde）。对于这样的团体协约意思（Tarifwillen），现行法目前还只能不完全地表达出来。因为除了在团体协约中并不具有普遍适用意义[①]的利益第三人合同[②]（Vertrag zugunsten Dritter）以外，现行法在其合同概念体系中，只容许存在个人性质的意思关系，亦即在协约当事人内部发生法律效力的关系。但是，团体协约在一般的适用范围上，并非仅仅满足于对协约当事人的适用，相反它还要追求不取决于个人同意与否的社会性效力。**团体协约将不单只是一种法律关系，它还将成为一种法源**[③]

---

① Vertrag II S. 138 ff.

② 所谓利益第三人合同是指"当事人双方约定债务人不向债权人为给付，而应向第三人为给付的合同。"具体请参见 **Dieter Medicus/ Stephan Lorenz**, Schuldrecht I: Allgemeiner Teil, 19. Aufl., München: C. H. Beck, 2010, Rn. 803 ff. ——译者

③ 作为团体协约法源理论实践的经典范例，《德意志印刷工人团体协约共同体合同》（Vertrags, betr. die Tarifgemeinschaft der Deutschen Buchdrucker）第 5 条规定："德意志印刷工

（Rechtsquelle）。而在笔者看来，只有将团体协约的效力上升到客观规范（objektiver Normen）之法地位，方能满足时代对于团体协约意思的急迫需求。

其实这种客观规范之法地位，不仅具有团体协约理论思想史上的根源，而且也深刻拓展了合同概念的外延范围。而我们将在不受犹太复国主义（zionistisch）成见的影响下，探寻这种合同概念在法治整体中的地位作用。

二、团体协约的法制史根源

毋庸置疑，团体协约的历史根源是**庄园法**（Hofrecht）以及**赎罪合同**（Sühnevertrag）。

我们无疑可以将**庄园法**称为自德国废除奴隶制以来最古老的劳动法[1]。历史上，庄园法发端于中世纪早期的领主庄园（Fronhöfen）制度。在此，领主庄园与其所有之地产，共同形成了一个对外封闭的统一体。而在其所有的地产范围里，庄园和土地领主（Hof- und Grundherr）则首先是所有劳动力（Arbeitsgewalt）之绝对所有者。这意味着，隶属于领主之农民，有义务向领主给付一切劳务（Dienst）[2]，以保障领主庄园的日常运作

人团体协约，具有基于自愿合意而成立的工资法（Lohngesetz）之性质。对于该工资法的义务遵守问题，双方社团（Vereine）谨在此签字承诺将通过各自之总董事会（Hauptvorstände）负责之。"

[1] Vgl. zu dem folgenden **K. v. Maurer**, Geschichte der Frohnhöfe, der Bauernhöfe und der Hofverfassung in Deutschland, 1862, I des. S. 320, 357, 500, 505; II S. 315 ff.

[2] 这里的 Dienst 一词，按照现代汉语的用词习惯，在涉及有偿行为给付之意涵时，多翻译成"劳务"或"服务"。而过往旧译以及我国台湾地区的法律翻译，则多译为"雇佣"。本书考量到当今现代汉语的习惯用法，且为便于我国大陆地区学者同仁理解，故将此处的 Dienst 一词，原则上翻译为"劳务"，以指代有偿行为给付之意涵。当然，这里需要强调的是，"雇佣""劳务"以及"服务"等译文，在实质内涵上其实并无不同。（参见台湾大学法律学院、台大法学基金会编译：《德国民法典》，第 572 页以下）——译者

和领主及其亲属的日常所需。同时，这些农民还有义务，将其劳动产物的一部分以租税（Abgaben）的形式上缴给领主，或直接以其劳务供领主享受。而这些租税也主要来自领主所授之用于耕作的土地之产出。此外，领主辖下的工商业及工艺美术从业者，手工业者以及艺术家的劳务，也自然属于领主所有。当然，他们也为此可以得到免费的房屋、生活费和衣物。最后，领主还有权享受家臣（Ministeriale）之劳务给付。所谓家臣是指庄园仆人以及土地领主所辖之各级官吏。在家臣的辅佐下，领主不仅可得充分行使私人权力（暴力）（private Gewalt），而且也可得充分行使公共权力（暴力）（öffentliche Gewalt）[①]。另外，所有这些从属于领主之人，

41 亦都被组织在庄园法合作社（hofrechtlichen Genossenschaften）、庄园乡镇（Hofgemeinde）、同业公会（Innung）以及劳务法[②] 合作社（dienstrechtlichen Genossenschaften）之中。而随着时间的推移，这些组织也各自逐渐发展成了自主性单位[③]（selbständigen Einheiten）。从而，它们不单会要求自己的自治权应受到应有的尊重和保护，并且还会力争为自身与其领主之间的权利关系（Rechtsbeziehungen），创建一个一般性的规制模式。而为了实现他们这些请求权（Ansprüche），这些组织甚至会不畏惧进行任何可能的斗争。[④] 例如，当这些组织所推荐的家臣未能被指派参与进庄园的管理层时，它们常常会不惜向领主正式表达拒绝继续效忠的意思以抗争之。[⑤] 而最后的结果往往是，除非领主与前述这些合作社组织之间，有形成固定的能够解决问题的惯例，那么他们之间往往就会选择通过订立

[①]   **Fürth**, Die Ministerialen, 1836, S. 46, 160 ff.

[②]   若按照我国台湾地区以及旧译，这里的"劳务法"亦可翻译成"雇佣法"。——译者

[③]   Vgl. zu dem folgenden namentlich **Gierke**, Das deutsche Genossenschaftsrecht I S. 158, 162 ff., 166, 176, 180 ff., 186.

[④]   **Eichhorn**, Deutsche Staats-und Rechtsgeschichte, 3. Ausgabe, zweiter Teil, 1821, § 259.

[⑤]   **Fürth** a. a. O. S. 160—166.

合同，以解决那些从属于领主，同时也是合作社社员之人的权利义务问题。而由这些庄园法合同（hofrechtlichen Verträge）所产生之权利，乃是有客观法（权利）（objektives Recht）之地位的。此外，我们也会在此看到，隶属于领主之农民的租税和劳务，是如何在合同秩序的规范下予以实现的。实际上，早自 8 世纪以来，庄园就会在这些农民亲自到场，并征得他们同意的情况下，为其制作各式各样的清单簿。在此清单簿上，农民们所认可的各种具体义务职责会被详细列明出来。并且，这些清单簿也时不时地会有所更新。而随后的诸如目录簿（Bücherverzeichnisse）、记事簿（Descriptiones）、登记簿（Registra）等等，也都是在各式清单簿的基础上应运而生的。此外，我们在领主与庄园法上的各种同业公会的交往中，也发现了类似情况，即在同业公会中，其会员的劳务（工作）义务会根据合同约定而予以固定化。而家臣也大多会为应对领主而团结起来。从而，家臣们得以与领主共同，就那些被双方认为系属公正的规则和程序作出规定。[1] 是以，我们可以说，庄园法不仅仅系建立在所谓的惯例之上，它事实上也以各种合同性条款规定为基础依据。**基尔克**在论述庄园乡镇与其领主之间的关系时，将这一现象发展做了如下的总结：[2] "在各级法院经年累月续造（Fortbildung）的加持下，连庄园法也都逐渐摆脱了领主意志的单纯束缚，而变成了一种合作社法（genossenschaftlichen Recht）。于是，领主再也不能单方面地制定和变更庄园法了。由此，渐渐地不单领主的默示或明示的命令（Anordnung）或特许（Verleihung），而且合作社的惯例以及合作社有关法的指示（Weisung）和决议（Küre），也成为了法源。另一方面，对于这些法源的成立，领主的同意也并非可有可无，相反他的参与是必不可少的。而这直接导致，所谓的庄园组织章程，常常会以

42

---

① **Fürth** a. a. O. S. 46.

② Genossenschaftsrecht II S. 169.

领主与乡镇之间所达成的协定（Übereinkommen）、和解协议（Vergleiche）或合同的形式出现。"

　　而在**赎罪合同**中，我们则会发现和平理论在权利外观上所能勾勒出的那些本质特征。首先我们会认识到，较早期德意志法中的个别合同，作为体系整合的工具，其实与和平理论之间存在着关联关系。此外，在那自力救济（Selbsthilfe）生命力旺盛的年代，这种通过就合同内容达成合意，来保证合同约定信守的方式，无疑展现出一种不可替代的必要性。[①]而任何违背和平和忠诚之誓言，从事危害合同存续之行为者，都将受到处罚。是以，和平理论实际上，得以在中世纪法赎罪合同中，发现自身自主的表达形式。当然，这也充分见证了那个同态复仇（Fehdewesen）[②]高涨的时代。且我们都知道，那时的同态复仇，不论从其深度还是广度上，也都远远超越了较早期单纯复仇行为的地域范围。尽管帝国当局千方百计地采取措施，以阻止这种以同态复仇为代表的自力救济活动的发生，但是他们又不得不在其立法中，将同态复仇视为一种事实上存在的制度，并在一定范围内承认其本身所具有的合法性。在此背景下，赎罪

43

---

①　参见 **Puntschart**, Schuldvertrag und Treugelöbnis, bes. S. 93, 95。此外，**洛宁（Loening）**在其《违约》（Vertragsbruch）一书中指出："……德意志法意义上的合同，其义务性拘束力，乃是基于具有自我约束性的债务人，所提供之言辞而产生的。而合同当事人不仅应履行他们所直接承担之给付义务，而且也有义务认同他们自己，所创立之法权状态（Rechtszustand）的所有方面……"（**Loening**, Der Vertragsbruch, S. 130）

②　所谓 Fehdewesen，即同态复仇，是中世纪欧洲贵族、自由民或城市等之间，广泛存在的通过私人暴力行为解决纠纷的方式。普遍的同态复仇的结果，是欧洲大量的庄园、城堡以及城镇的覆灭，大量的普通老百姓因此而丧命。因此，一方面历代的德意志神圣罗马帝国皇帝都希望通过建立"领地和平"，以禁绝同态复仇；另一方面贵族、自由民或城市等之间，也会通过签订"领地和平协议"等，来避免双方因同态复仇而"同归于尽"。[参见 **Christine Reinle**, Legitimation und Delegitimierung von Fehden in juristischen und theologischen Diskursen des Spätmittelalters, in: **Gisela Naegle** (Hg.) Frieden schaffen und sich verteidigen im Spätmittelalter, München (Oldenbourg) 2012, S. 83–120]——译者

合同法应运而生。它旨在使参加人能够以和解代替斗争行为，以和平代替同态复仇。[①] 根据**洛宁**的定义，赎罪合同系指："由于真实或臆想的不法（Unrecht），而陷入敌对状态（Feindschaft）的现存双方当事人之间所达成的，以自此之后双方有义务维持和平状态，并由此不再就已弭平之事端，而针对对方采取敌对行动为内容的，双方意思表示之一致。""对于军事力量经战争手段所导致的同态复仇，并不总是需要通过赎罪合同予以化解。比方说，如果在引起仇恨的原因事件发生后，紧接着和解就能被达成的话，那么此所谓需要解决之仇恨，则根本也就不会爆发出来。"[②] 和平只是与赎罪合同所弭平的事端有关。由此可见，赎罪合同一般并不产生绝对的和平义务（Friedenspflicht）。当然，在有关赎罪合同法的文献中，存在这样一种观点，即赎罪合同所许诺的和平状态，乃是针对当事人双方权利关系整体的规制。由此，赎罪合同本身就会产生一种具有普遍意义的和平状态。与此相对，**洛宁**则论证道，真正能对判断所许诺的和平状态的合法性，起到决定性作用的应是，所争议的事端确实得到了弭平，并且当事人之间已恢复到争端发生之前的和平原状。因此，洛宁主张，违反赎罪合同这样的和平协议[③]（Friedensvertrag）的行为，亦 44

---

① **Loening** a. a. O. S. 48, 132 f., 483.

② A. a. O. S. 483 f.

③ 德语 Vertrag 作为当事人意思表示之一致，在中文翻译上可有条约、合同、协议等多种译法。比如，国际条约在德语中一般就表达为"国际公法合同"（Völkerrechtlicher Vertrag）。这也恰好正确地表达了所谓国际条约与其他普通合同一样，在本质上都是当事人意思表示的一致（合意）。据此，字面上这里的 Friedensvertrag，既可以翻译为"和平合同"或"和平协议"，也可以翻译成"和平条约"，简称"和约"。但这里需要指出的是，现代国际条约，毕竟系 1648 年《威斯特伐利亚和约》（Westfälischer Friedensvertrag）主权国家观念建立以后的产物，其与其他普通合同或协议，在适用主体和意思表示内容等方面，还是有着本质的不同。故在涉及现代国际公法时，Friedensvertrag 虽以翻译成"和平条约"或"和约"为妥。然本书此处的 Friedensvertrag 非指现代国际公法意义上的国际条约，而是中世纪各封建主体之间所达成的以和平义务为内容的合意。是以，

只有在本质上与所弭平的纷争相关 [①] 的前提下，方能成立。唯有如此，破坏和平的概念方能成立。对此，洛宁解释道："所谓破坏赎罪，是指缔约一方以敌对的故意，就已经合同所解决的敌对状态，向另一方所为的任何积极行为。据此，无论该积极行为的外部性质为何，都不影响其定性问题。实际上，从外部方面看，破坏赎罪常常表现为，就身体、生命、自由、财产或名誉，针对合同另一方当事人，所采取的任何本质上已属违法（widerrechtlich）之攻击行为，即便它只是单纯的言辞或举止行为。此外，在存在宣誓和解的条件下，对合同另一方当事人所采取的下述不利行为，也是具有违法性的，进而同样可以构成这里所说的攻击行为。例如，向对方当事人的敌人提供资助或优待，与对方当事人的敌人结盟，或公开宣告废止所承诺的和平关系。""另一方面，任何外观上可得识别的未遂行为（Versuchshandlung），也会被作为破坏和平之行为。[②]"换言之，"任何在事实上对合同所产生的法权状态（rechtlichen Zustände）[③] 和法律关

在此应将 Friedensvertrag 翻译为"和平合同"或"和平协议"，以与"和平条约"有所区别。当然，考虑到"和平合同"的翻译，与现代汉语的习惯用法多有出入。从而，为方便广大读者理解，译者在此选择了"和平协议"的译法。最后，不可否认的是，中世纪的"和平协议"，无疑也是现代"国际条约"的直接前身。——译者

① 　A. a. O. S. 133 Anm. 1.

② 　A. a. O. S. 488 Anm. 8.

③ 　德语 rechtliche Zustände 或 Rechtszustand 直译来说，可翻译为"权利状态""法状态"或"法律状态"等。我们知道，德语的 Recht 一词在解释上具有多义性。它一方面有主观方面的含义，即个体所行使之请求权，即主观权利；同时它又有客观方面的含义，即由各种法规范所构成的客观价值秩序。而这里则应是两方面的含义都有。为此，本书借鉴了贺麟先生翻译的黑格尔《小逻辑》一书中所用的"法权"译文，将德语 rechtliche Zustände 或 Rechtszustand，翻译为"法权状态"。因为，"法权"这一译文，至少在字面上，既包含了客观方面的"法"规范，又含纳了主观方面的"权"利，从而可以较好地还原德语原文的意境。相反，翻译成"权利状态"则给人一种该词只与个人主观权利相关的错觉，而翻译成"法状态"或"法律状态"，又易于让人们误认为，该词只涉及客观的法秩序。而这两者都是有失偏颇的。（参见〔德〕黑格尔：《小逻辑》，贺麟译，商务印书馆 1980 年版，第 204 页）——译者

系的攻击性行为^①", 都属这里的违反和平协议行为。而赎罪合同正是那些超大规模群体, 为终结他们相互之间的敌对状态, 所签订的和平协议。也正是在这个程度上, 作为和平协议的赎罪合同, 乃具有一种**客观效力**的属性。而我们可以清楚地看到, 这一属性毫无疑问地普遍存在于, 那些在中世纪所盛行的, 具有超大规模的政治性赎罪合同, 即领地和平协议 (Landfriedensverträgen) 当中。我们知道, 恰是以往自上而下所颁行的和平令 (Friedensgebot), 越发的软弱无力, 才使领地和平协议得以从封建国家灭亡的废墟上成长起来。这恰好也印证了这样一句话: "和平只属于那些有能力, 为自己创造和平之人。也正因如此, 用合同的形式来缔造和平, 赢得了一种前所未知的意义。^②" 同时, 这些领地和平协议, 亦绝非仅限于同一等级的内部成员之间所使用。或者说, 并非只有王侯等级 (Fürstenständen) 之间、领主之间或骑士之间, 才会签订有这样的领地和平协议; 相反, 不同的等级之间也会缔结领地和平协议。当然, 不同等级之间利益上的差异性, 决定了分属于不同等级的他们之间, 一般除订立单纯的和平盟约 (Friedensbund) 以外, 并不会触及其他内容的协议。^③ 当然, 需要我们在本质上注意的是, 通过领地和平协议, 所创设的领地和平 (Landfrieden)^④, 实具有客观法规范 (objektive Rechtsnormen)

45

---

① A. a. O. S. 130 f., dazu S. 138 Anm. 1.

② **Gierke** a. a. O. I S. 501 ff.

③ **Gierke** a. a. O. S. 503.

④ 所谓 Landfrieden, 即领地和平, 是指欧洲中世纪的贵族、自由民或城市等通过合同或者誓约等方式, 在一定期限内放弃在自己领地上, 合法行使同态复仇或私战 (Privat-kriege) 的权利, 以换取自己领地的治安或者纠纷和平解决的制度。领地和平的成立, 通常是在高级贵族, 尤其是德意志神圣罗马帝国皇帝的主持下完成的, 当然有时候这也不是必须的。著名的领地和平例如有: 在德意志神圣罗马帝国皇帝弗里德里希二世 (Kaiser Friedrich II.) 主持下, 由帝国境内各王侯于 1235 年所签订颁布的《美茵茨帝国领地和平》(Mainzer Reichslandfrieden), 其也被视为德意志神圣罗马帝国宪制的基石之一。[参见 **Christine Reinle**, Legitimation und Delegitimierung von Fehden in juristischen und

的性质。这意味着，任何第三人也都有遵守它的义务。[①] 是以，据此所颁布的和平令，自然也就具备了客观规范（objektive Norm）的效力。根据该和平令的要求，即使究其本质乃属合法的同态复仇活动也不应为之。**基尔克**极其敏锐地发觉了和平协议的这种客观属性。对此，他说道："即便它们仅会在一定时期内，就特定的人群和特定的区域，才会发生有限的法规范效力，它们的目的也并非在于，就和平者之间的法律关系作出规定，而在于建立客观的法律关系。"

所以，我们看到，在很多与团体协约有着内在亲缘关系的领域，早已盛行着这样一种团体协约：各方参加人都在追求的合同理念，即合同应当具备**规范性**意义。当然，就现行法来说，此种规范性意义还尚未被正式允许 [②]。

46　三、一般的合同概念

私法理念在法学学说中的主导地位，造成合同概念长期以来，完全囿于私法的概念框架之中。乃至合同的法律行为属性（rechtsgeschäftliche

---

theologischen Diskursen des Spätmittelalters, in: **Gisela Naegle** (Hg.), Frieden schaffen und sich verteidigen im Spätmittelalter, München (Oldenbourg) 2012, S. 83-120; **Arno Buschmann**, Der Mainzer Reichslandfriede von 1235-Anfänge einer geschriebenen Verfassung im Heiligen Römischen Reich, in: Juristische Schulung 31 (1991), S. 453-460］——译者

① **Loening** a. a. O. S. 484 Anm. 1.

② 尤其是**普赫塔**（**Puchta**）已经正确地认识到，这些具有法规范性的合同（dieser rechtsnormativen Verträge），对于中世纪社会所具有的一般性意义（Puchta, Das Gewohnheitsrecht, 1828, I S. 156）。他将之称为"任意法"（gewillkürtem Recht）。"我们可以……考虑到当时的情况，姑且将这种任意法，作为一种合同性的法权制度。但不容否认的是，它所具备的任意法效力，事实上已远超一般合同的效力范围。借此，几乎如法律一样的真正的法，得以产生出来。"**艾希霍恩**（**Eichhorn**）则言简意赅地表达了同样的思想："……利益相关方（Interessenten）的合同合意，能直接产生自治性规范（autonomische Normen）。"（**Eichhorn** a. a. O. § 259）

Charakter des Vertrags)，都被上升到了神圣不可侵犯的原则性地位。但是，最近的公法理论已成功颠覆了，对这一原则无所不能的信念，并建构了一套超越私法观念边界的有关合同本质的见解。我们今天知道，公法领域的合同或者合意，事实上是不符合私法合同学说的。原因在于，公法领域的合同，不仅能够建立一种法律关系，而且其本身还具有造法的效力。我们首先会在国家法(Staatsrecht)领域，遇到这样一些造法性合同(rechtsschöpferischen Verträge)。在此，客观宪法(objektives Verfassungsrecht)秩序得以通过合同行为而被合法地创造出来，即宪法性合同。对此，**宾丁(Binding)** [1] 借由北德意志邦联的建立历程，向我们展现了意思一致(Willenseinigung)，即他称之为合意中，所蕴含的规范效力。"'合意'本身就系构成要件(Tatbestand)，它的法律后果(Rechtsfolge)，乃是产生作为真正法律而存在的宪法。"同样的现象也出现在行政法领域。今天人们已经认识到，在一定的条件下，参加人的合意完全能够创设客观行政规范(objektive Verwaltungsnormen)。正如**安许茨(Anschütz)** [2] 言简意赅的论述，这些客观行政规范的本质，并非法律行为，而是法的制定(Rechtssetzung)。例如，庄园领主(Gutsherrschaft) 47 与乡镇之间所订立的规制和解协议(den Regulierungsrezessen)就属于这样的合意。有关此协议，高等行政法院 [3] (Oberverwaltungsgericht)进行了详尽的阐释说明。它认为，这样的协议不仅包含私法性的合意内容，即个人化的法律关系秩序，而且在国家同意的情况下，还将包括为所涉利益相关群体，自主设定有效客观法规范的内容。当然对造法性合同最清楚、

---

[1] Die Gründung des Norddeutschen Bundes. Ein Beitrag zur Lehre von der Staatenschöpfung, 1889, S. 65 ff. Über die weitere Literatur vgl. Fleiner, Institutionen des deutschen Verwaltungsrechts S. 82 Anm. 44.

[2] PrVerwBl. XXII S. 83, 88 ff.

[3] OVG. Bd. 14 S. 242 ff., des. S. 246.

最纯粹的本质表达，还是发生在国际公法（Völkerrecht）[1]领域当中。

针对国际公法合同（国际条约）的本质，其实冯·霍尔岑多夫（v. Holtzendorff）早已用犀利的语言描述过[2]。他指出，应从一种双重视角来评价这些国际条约。"一方面，由于它们系属单方或相互方的义务性国际**法律行为**，从而有关国家主体本身及其行为能力和意思活动的学说发展状况，无疑会对它们在个案中的裁判与适用，起到决定性的影响作用……然另一方面，不容我们否认的是，国家合同[3]（Staatsverträge）还具有**国际法渊源**（Quelle des internationalen Rechts）的属性……这种被评价为国家法和国际公法渊源的缔约行为所固有的特性体现在，其缔约人不仅可像私人那样通过缔约，自由处分自己的权利，且他们同时还可经缔约而制定法律，并可通过合同形式的选择，使前述这些法律能有主权意义上的意思表达[4]形式。因此，公法上的缔约行为，除了可让缔约人通过接受特定义务，以实现对他们的自我约束以外，其实还可以直接让

---

[1]　德语 Völkerrecht 在广义上可指"国际法"，而在狭义上仅指"国际公法"。一般来说，德国法学界都是在狭义上使用这个概念。因而，译者在此并考虑到上下文之语境，特将 Völkerrecht 翻译为"国际公法"。（参见 **Wolfgang Vitzthum/ Alexander Proelß**: Völkerrecht, 7. Auflage, Berlin: De Gruyter, 2016, S. 5 ff）——译者

[2]　Handbuch des Völkerrechts I S. 97.

[3]　所谓国家合同，是德语国家的国家法和国家学上的一个专有概念，系指至少有一个当事人系属国家性组织的合同。国家合同在狭义上一般仅指主权国家之间所缔结的国际条约；而在广义上则既包括联邦与州之间的协议、也包括州与州之间的协议，甚至囊括联邦或州与私人之间的协议等等。（参见 **Hartmut Maurer**, Staatsrecht I: Grundlagen, Verfassungsorgane, Staatsfunktionen, 7. Auflage, München: C.H.Beck Verlag, 2015, S. 310–312; **Alfred Verdross/ Karl Zemanek**, Völkerrecht, Wien: Springer-Verlag, 1959, S. 87 ff）——译者

[4]　所谓意思表达或称表意行为（Willensäußerungen），是指表意人将企图发生一定法律后果的内心意思表达出来的行为。而按照所适用的法域，意思表达可分为公法上的意思表达和私法上的意思表达，后者即作为法律行为核心要素的意思表示（Willenserklärung）。（参见 **Hans Brox/ Wolf-Dietrich Walker**, Allgemeiner Teil des BGB, 42. Auflage, München: Verlag Franz Vahlen, 2018, S. 44; **Helmut Köhler/ Heinrich Lange**, BGB Allgemeiner Teil, 39. Auflage, München: C.H.Beck, 2015, S. 48; BGH NJW 2001, 289, 290）——译者

合同以外的人，即臣民和机关，持续性地承担特定的作为或不作为之义务。^①"这里唯一有争议的是，国际公法合同所产生的法秩序，是否只能对缔约的当事国家，产生积极或消极的适用效力，还是对这些当事国家的所属臣民，也能直接产生相应的适用效力。在前述第一种情形下，国际公法合同的有效性，实际上取决于国内法律(Landesgesetz)^②对其的贯彻程度。^③而在第二种情形下，国际公法合同无疑创设了一种"国际公法上的国民资格"(völkerrechtliches Indigenat)^④，即冯·李斯茨特(v. Liszt)所称的超国家规范下的隶属地位(ein Unterworfensein unter überstaatliche Normen)^⑤。国际公法上的这一争议性问题，也为我们所感兴趣。原因在

48

---

① 参见 **Nippold**, Der völkerrechtliche Vertrag, seine Stellung im Rechtssystem und seine Bedeutung für das internationale Recht, 1894, S. 35："合同的一般概念绝对没有排除合同本身作为法源的可能属性。而只有私法合同(Privatvertrag)的特殊概念，才会去做这种事。"

② 结合上下文和历史背景，这里的 Landesgesetz 不是指的现今我们通常所理解的德国国内各州的法律，而是指一国国内法律的意思，也就是说这里的 Land 不是指的作为联邦国家组成部分的个别州，而是指主权国家本身。总之，这里的 Landesgesetz 应翻译为国内法(律)，是国际法尤其国际公法的相对概念。(参见 **Wolfgang Vitzthum/ Alexander Proelß**, Völkerrecht, 7. Auflage, Berlin: De Gruyter, 2016, S. 13-15)——译者

③ **Triepel**, Völkerrecht und Landesrecht, 1899, S. 119.

④ 德语 Indigenat 来源于拉丁语 Indigena，本意是土生土长者即原住民。随后，在德意志的法律文献中，该词逐渐被用作某人属于某国或某领地属民，即国民资格或国籍的意思。例如《1818 年巴伐利亚有关国民资格(国籍)的谕旨》(das bayerische Edikt über das Indigenat aus dem Jahre 1818)。(参见 **Karsten Mertens**, Das neue deutsche Staatsangehörigkeitsrecht: eine verfassungsrechtliche Untersuchung, Berlin: Tenea Verlag, 2004, S. 55 ff.; **Ferdinand Weber**, Staatsangehörigkeit und Status: Statik und Dynamik politischer Gemeinschaftsbildung, Tübingen: Mohr Siebeck, S. 10)——译者

⑤ 在这里，本书作者辛茨海默的意思是这样的：在国际公法合同能对缔约当事国的臣民或国民产生直接效力，即后世所称之国际公法一元论(Monismus)，亦即本书所说的第二种情形下，各个缔约当事国的国民显然不仅隶属于各个主权实体，更隶属于以国际公法合同即国际条约为主要法源的国际公法秩序之下。由此，这些国民或臣民无异于还具有一种"国际公法上的国民资格或国籍"，并据此享有权利，承担义务。

　　而至于这里所称之第一种情形，即后世所说的国际公法二元论(Dualismus)。它主

于，此问题亦对应体现在一个由现行法所造成的，且长期以来争论不休的团体协约法的问题上。这个问题就是，团体协约所约定的内容，是只能对作为缔约人的团体协约组织产生效力，还是亦能直接对团体协约组织之成员（会员）产生效力？众所周知，现行法对此问题已经作了这样的回答，即团体协约组织所缔结之团体协约，对于团体协约组织所属之成员只有间接拘束力。也就是说，相关团体协约须经团体协约组织的社会权利而对其所属成员产生效力。[①] 鉴于此，在未来，法治一定会问自己这样一个问题：根据团体协约的制度目的要求，一种"团体协约法上的国民资格"（tarifrechtliches Indigenat），是否也将是必不可少的？

综上所述我们知道，法律行为只不过是一种合同的进一步概念表现形式而已。合同在概念上除了会系法律行为以外，**亦会作为法律关系和法律渊源而存在**。

四、合同自治

无论是庄园法和赎罪合同，还是宪法性合同（Verfassungsvertrag）和国际公法合同，都可在不受国家影响的情况下，独立发展它们的规范有效性。而之所以如此，应首先归因于庄园法和赎罪合同所处的那个时代，是一个国家权力尚处于弱势，且法治也还未经理性思考洗礼的时代。因而，在那个时代，基于一种百折不挠的法治生产力（Rechtsproduktivität），人民群众通过自己的力量，直接创造了许多为他们所需的活动形式。至于宪法性合同和国际公法合同则是在一种无国家管制的客观背景下（in

---

张国际公法只能对以主权国家为主的国际公法主体产生拘束力，而不能直接对主权国家之国民生效。是以，国际公法的贯彻执行，需要仰赖于各个主权实体的国内法。是以，在此第一种情形下，各国之国民只隶属于各个主权国家，从而也就根本不存在所谓的"国际公法上的国民资格"问题。——译者

① Vertrag II S. 238 ff.

staatenlosem Dasein）发展起来的。因此，也就没有任何一种主权国家的法律，能够对它们产生阻碍作用。与此相对，对于那些期望在现代主权国家内部得以存在的合同而言，则必须要有国家有意且明确的赋予行为，方能获得规范性的适用效力。没有国家的这种授予行为，参加人是无法自行创制这种具有规范效力的合同的。这是因为，这些合同本身实际上也是要受现行法所规定的形式所限。但需要注意的是，上述论证并不意味着，笔者承认合同能对私人活动产生造法之效力。当然，行政法上的合意（der verwaltungsrechtlichen Vereinbarung）是一个例外。

在这里，我们将凭借国家的法律条文，而能创造客观法的合同（性质），称之为**合同自治**① （**Vertragsautonomie**）。

合同自治无疑是融合了任意性（dispositiv）与立法性（legislativ）、私法性与公法性诸要素的一个独立统一体。从而，能够创设合同自治者，不仅有私人，同样还有各种造法机关。毋庸置疑，合同自治须以法律行为意义上的合同为基础。故而，举凡有关合同的合同能力、代理②、订立、有效性以及解消③的制度规定都应予以适用。然而，这些规定的效力也正在于创造一种自治法（Autonomes Recht），即一种由

---

① 请注意辛茨海默这里的合同自治，乃与当代通行的以私法自治为核心内容和目的的合同自由，有所不同。即辛茨海默的合同自治，是一种以国家意志为根基的自治，进而在本质上具有很强的公法性。——译者

② 在德国法学中"自然人的代理"与"法人的代表"用的是一个词即"Stellvertretung"，而"Vertretung"是它的一种简写形式。也就是说，德国传统民法上，并没有中文法学中"代表"与"代理"这样的区分。就德国法而言，它们在法律本质上就是一回事。另外考虑到，本书还特别为团体协约法建构了一种代表理论（den Gedanken der Repräsentation）。是以，本书原则上将"Vertretung"无论其是否涉及团体问题，一律翻译成"代理"，而将"代表"用来翻译"Repräsentation"，以达区别之效。（参见 **Hans-Joachim Musielak/ Wolfgang Hau**, Grundkurs BGB, 13. Auflage, München: Verlag C. H. Beck, 2013, S. 439 ff.）——译者

③ 见本书第三章第四节"团体协约的形式、内容与解消"。——译者

国家立法 ① 规定范围的客观法。② 这些规定范围一方面正是《授权法》③
（Ermächtigungsgesetz）中对合同自治权利（des vertragsautonomen Rechts）
成立，所要求的那些要件；另一方面它也体现在那些国家法秩序，本就
已有的强制性法律（die zwingenden Gesetze）的规定当中。可见，合同自
治的社会功能对私法合同起到了应有的补充作用。相较于私法合同以个
体调整为导向，合同自治则旨在侧重合同概念中的集体主义面向。而不
容否认的是，每当在权利交往中（in rechtlichen Verkehr）出现群体身影的
时候，法治就总会需要这种集体主义的面向。

**我们知道，团体协约是以自由的意思一致为基础，而力争其条款的
规范有效性的合同。**这意味着，它是典型的群体合同（Gruppenvertrag）。
是以，我们这里的合同自治，不仅是完全符合团体协约本质的法之形式，
而且还能理顺已纷繁错乱的，与劳动法及劳动和平相关的义务关系，从
而使所有团体协约的所属对象，都能得到一种**法治及和平秩序的保障。
因此，由国家宣告对于团体协约自治合法性的立法承认，毫无疑问是我
们必须要向立法者提出的基本诉求。**④

---

① **Fleiner** a. a. O. S. 78 ff., bes. S. 82 oben.

② **Gierke**, Deutsches Privatrecht I S . 143.

③ 这里的《授权法》应该是指的德意志第二帝国于 1914 年 8 月 4 日所颁行的《关于在战
争状态下授权联邦参议院采取经济措施以及汇票、本票期间延长的法律》（Gesetz über
die Ermächtigung des Bundesrats zu wirtschaftlichen Maßnahmen und über die Verlängerung der
Fristen des Wechsel-und Scheckrechts im Falle kriegerischer Ereignisse）。——译者

④ 有关**库勒曼（Kulemann）**的贡献，即他第一个指出了自治理论对于团体协约法治今后深
化发展的重要意义，见 Verhandlungen des 29. Deutschen Juristentags zu Karlsruhe im Jahre
1908 (Bd. 5 S. 93)。与他相比，当时的其他人很少有对团体协约的后续法治发展，报以
重大关切并形成丰富的理论成果。其他有关团体协约自治的理论共鸣，请参见 **Ernst
Landsberg**, Einiges zur Gestaltung des Tarifvertrages (Festgabe der Bonner juristischen Fakultät
für Paul Krüger, 1911), S. 189。

第二节　团体协约参加人

一、引言

若期望基于团体协约而能出现一种法治及和平秩序的保障环境，我们就必须要首先确定**团体协约参加人**，即那些须服从团体协约效力者的范围。在此，我们需要做一个具有根本重要性的群体类型区分。具言之，我们需要看到，团体协约参加人内部实际上所存在的两类群体。一类群体是其本身有权缔结团体协约，并对团体协约关系享有处分权者；另一类群体则是无权参与团体协约的缔约活动，且不享有对团体协约的处分权，但须服从团体协约的各种条款，并根据这些规定而享有权利并承担义务者。

我们将前一类团体协约参加人群体，称为**协约当事人**(Vertragsparteien)，而称后一类为**协约成员**(Vertragsmitglieder)。

上述区分对于团体协约制度而言，是具有根本意义的。因为它解决了团体协约条款，自始就存在的一个技术性问题，即如何在确保个人对于团体协约效力服从性的同时，还要能保证在团体协约订立和履行过程中的行动统一性。而这一问题在现行法框架下是无解的。[①] 因为，现行法目前只承认合同性的协约当事人的存在，据此个人要么作为平等的协约合同之权利主体(gleichberechtigten Herren des Vertrags)，要么就只能作为不受合同效力拘束的外人而存在。[②] 然而，这两种结果，都是有悖于

[①]　Gesetz S. 13 ff.

[②]　这一结论实际上来源于，现行法下诸多理论之间的争辩［团体理论(Verbandstheorie)、代理理论(Vertretungstheorie) 以及并合理论(Kumulationstheorie)］；参见 darüber Vertrag I S. 61 ff.

团体协约制度存在的意义和目的的。

二、协约当事人

1. 有关雇主和劳动者双方作为协约当事人的规定

所谓协约当事人，既是团体协约的创造者，也是其执行者。

在协约当事人的规范问题中，困难主要出现在如何处理工人一方上。因而，我们有必要在这里首先讨论工人方面的问题。**对此，我们需要明确的是，只有同业社团，方能享有团体协约的协约当事人之地位。**唯有如此，法律行动的统一性才能得到保障。不然，无论是团体协约的订立，还是履行，都是绝无可能实现的。因为不论我们是允许个别工人取代同业社团，还是让个别工人与同业社团都可作为团体协约的协约当事人，最后的结果都是一样的。那就是，团体协约必然会因权利关系的纷繁错乱而土崩瓦解。而一种法制度体（Rechtsgebilde）上的完美性，在此便更无从谈起。并且在此种情况下，任何人都可以为了他们自身的利益，而对社会利益的整体实现，采取阻挠措施。[1] **因此，为了保障同业社团的存在利益，我们必须让工人一方丧失所有的个体关系属性。**

首先，这就意味着：

（1）工人同业社团（Arbeiterberufsverein）只能以自己的名义并为自己的利益计算订立团体协约，而不能以工人同业社团所属成员的名义为之。

（2）工人同业社团不能同时以自己的名义和它所属成员的名义订立团体协约。[2]

---

[1] Vertrag I S. 61 ff. 本文这里的论述是有相应的团体协约科学（Tarifwissenschaft）当代研究成果作为支撑的。尤其参见 Landsberg a. a. O. S. 169 ff.

[2] 1995 年开始施行的《中华人民共和国劳动法》第 33 条第 1 款第 1 句规定："企业职工一方与企业可以就劳动报酬、工作时间、休息休假、劳动安全卫生、保险福利等事项，签订集体合同。"这里我国立法者显然没有严格排除劳动者个人作为集体合同或团体协

(3) 除工人同业社团外，个别工人既不能通过共同订立，也不能通过嗣后加入成为协约当事人。

众所周知，基于所谓的代理理论和并合理论，现行法对于上述前两种可能情况，也是持允许态度的；而与此同时，上述第三种可能情况，事实上也是可以从当今现行的不受法所拘束的，团体协约形成自由中推导出来的。是以，**只有当同业社团作为工人一方的专属协约当事人之地位得到合法承认时，团体协约才能获得一种形式上的统一性。而在这种形式上的统一性下，法治生活才能得以在其本意上成为可能。**

可是，全面消除团体协约工人一方的个体关系属性，也会造成其他后果。具体来说，由于现行法并不阻止，当事人基于利益第三人合同制度，来订立团体协约。因而，存在这样的可能，即不仅工人团体作为团体有权缔结团体协约，工人个人也直接有权缔结团体协约。而帝国法院于 1910 年 1 月 20 日所作出的那则举世瞩目的裁判，无疑为前述的这种可能性的证成，起到了推波助澜的作用。[①] 该裁判主要支持了这样的见解：在有疑问的情况下，我们在解释上应能从团体协约中推导出这样的意思，即团体协约在对团体发生适用效力的同时，基于其所涉向第三人为给付之承诺内容(auf Grund des Versprechens der Leistung an Dritte)，从而其实也发生利益团体所属成员之效力。此一见解最初只适用于团体协约的雇主一方。但正如**兰茨贝格(Landsberg)** [②] 所正确指出的那样，上述裁判实际上同样也适用于工人团体(Arbeiterverband)所属之成员。不过，无论是帝国法院的判决理由，还是兰茨贝格，都未能成功驳倒这样一种

53

约的协约当事人的可能。按照辛茨海默在本书的观点，这样的团体协约制度设计，必然导致法律关系的错乱，以及法律适用上的极端复杂。最终，这样的团体协约制度，难免会因无法为社会提供安定的法秩序，而归于崩溃。——译者

① RGZ. Bd. 73 S. 92 f.

② A. a. O. S. 176.

制度性质疑，即现行法下的团体协约并不应被看作利益第三人合同。即便就**兰茨贝格**本人而言，他花了大量的精力，就前述帝国法院判决的理论基础，进行了详尽深入的考查辩护。在笔者看来，第三人若可得直接行使团体协约中之权利，即意味着，第三人亦能就对其有适用效力的合同关系，行使处分权[①]（Verfügungsrecht）。[②]如此，第三人就能够对团体协约的规定内容产生独立的影响，并会为自己而放弃权利，乃至变更团体协约的权利关系。将来的团体协约法，是绝对不允许团体协约承受这样个体性的制度波动的。是故，我们必须要将个体因素从团体协约中完全祛除。为此，我们是不会容忍以利益第三人的团体协约关系为对象的独立处分权的存在，除非第三人能够成为团体协约的协约当事人。[③]

　　需要说明的是，这里我们所要否定的只是有关工人个人处分和管理团体协约的权利，而并不涉及团体协约中有关工人参与事务管理的权利义务问题。对此，笔者将在下文予以阐述（参见页边码第 86 页以下的相关内容）。

54　　　而就**雇主方面**而言，立法机关不得不针对雇主个人就这个问题采取不同的观点态度。雇主并非如工人那般，系属群众中之一员。相反，雇主与他赖以为生的工厂，共同组成了企业。而企业本身就是一种个体经济性团体。因此，我们完全没有理由，对团体协约的雇主方面，再要求只有雇主组织才享有缔约能力。否则，这将与客观实际情况完全矛

---

①　Verfügung 即处分，是指直接造成权利发生变动的行为。从处分对象的权利类型上看，处分可分为物权处分和债权处分两个方面。本文综合上下文，应主要涉及的是债权处分。（参见 **Hans Brox/ Wolf-Dietrich Walker**, Allgemeiner Teil des BGB, 42. Auflage, München: Verlag Franz Vahlen, 2018, S. 52）——译者

②　Vertrag II S. 138 ff., bes. S. 146.

③　人们常常因形式上的附随约定，而把团体协约与利益第三人合同联系在一起。譬如可以有这样的附随约定：雇主有义务重新聘用遭解雇的（ausgesperrte）工人。这里需要说明的是，上述论述并不涉及这种附随约定的合法性问题。

盾。因为在实践中，无论是雇主个人，还是雇主团体，都是常见的团体协约缔约人。由此，团体协约法将不得不于雇主方面，考虑规定两种协约订立形式。其中若雇主个人作为协约当事人参与团体协约订立活动时，是需要有一个具有针对性的权利保障措施的。这是因为，于团体协约的有效期内，雇主个人的工厂完全有可能在雇主在世，或因雇主死亡，而被转让给其他人。当前，现行法并未对此情形规定有符合团体协约利益（Tarifinteresse）的特定规则。[1] 特别是现行法下，只让雇主为其继受者能遵守团体协约，承担单纯的注意义务，在事实上并不足够。于是，我们建议，应当通过法律规定，在继受者继续经营工厂的情况下，受团体协约拘束的雇主，应将团体协约的权利义务，自始整体转让给其继受者。并且这种整体转让，应不以当事人的意思表示为必要，并因而具有法定性。这样的法定转让规则，也是与团体协约作为一种规范制定性合同（eines normgebenden Vertrags）的观点地位相称的。总之，在法律法定的加持下，团体协约在属人的适用范围上无疑会被扩大了。因为团体协约的效力，将不仅限于拘束作为原始协约当事人（die ursprünglichen Vertragsparteien）的雇主方，而且还会波及适用到雇主方的权利继受者（Rechtsnachfolger）。目前，在《匈牙利草案》[2]（Ungarischer Entwurf），即《匈牙利工商业及工人保护法草案》（Entwurf für ein ungarisches Gewerbe- und Arbeiterschutzgesetz）的第 712 条中，已经规定有类似的法定转让规则。

此外，在雇主团体作为协约当事人订立团体协约时，也不免存在这样的疑问，即除了雇主团体以外，它的成员（会员）是否亦能依据利益第三人合同的基本原则，而成为团体协约的协约当事人或处分权人

---

[1]　Vertrag IL S. 118 Anm. 30.
[2]　有关《匈牙利草案》的内容，请参见本书的附录部分。——译者

（Verfügungsberechtigte）？答案当然是否定的。至于否定的理由，大家可以在上文笔者有关个人反潮流行为，阻碍法律行动统一性的论述中找到。一言以蔽之，雇主团体既然接受了团体协约，那么就应该牢牢地将它攥在自己的掌心。至于雇主团体自己的成员或会员，则无权对团体的意志、意思和行为，有任何的阻扰。

综上所述，为了实现团体协约的制度目的，法律必须要给团体协约的参加人，量身定做一种特定的合同类型。

2. 同业社团的团体协约能力

只有在实质和形式上满足特定要件的团体，才能作为**工人同业社团和雇主同业社团**，履行法治所赋予它们的使命。当然，这也就意味着，不满足这些要件的团体，自然也就无法被视为团体协约的协约当事人。

（1）就**实质要件**而言，作为团体协约当事人的团体，须首先系属**同业社团**。所谓同业社团，就最广义而言，系指雇主或工人为了能够对其职业中的劳动条件、薪酬（Gehalt）或工资（Lohn）[①] 产生一定的影响力，而自愿结成的联合体。对于雇主一方来说，鉴于客观实际情况的原因，前述概念定义无疑是足以概括的。然而，对于工人一方，问题就没有那么简单。在此，鉴于团体协约的制度目的，我们必须要扪心自问，是否有必要针对工人一方，下一个相对更狭义的同业社团定义？而这个问题

56

---

① 德语 Gehalt 和 Lohn 在德国法上是有不同意义的。首先它们的共同上位概念，都属于德国《民法典》第 611 条（§ 611 BGB）以下所规定之雇佣合同（Dienstvertrag）（根据同法第 611a 条的规定，劳动合同（Arbeitsvertrag）系一种具有人身从属性的雇佣合同）中，作为劳务对待给付的劳务（劳动）报酬（Vergütung）。而其中 Gehalt 是指作为脑力劳动者之职员的劳务（劳动）报酬，而 Lohn 则是指作为体力劳动者之工人的劳务（劳动）报酬。故本书在翻译时，将 Gehalt 译为薪酬，而将 Lohn 译为工资，以示区别。当然，需要注意的是，随着当今体力劳动者与脑力劳动者之间边界的模糊，薪酬与工资也常出现混用的趋势。（参见 **Wolfgang Hromadka/ Frank Maschmann**, Arbeitsrecht Band 1 Individualarbeitsrecht, 7. Aufl., Heidelberg: Springer, 2018, S. 262）——译者

的答案，则只能通过观察回顾团体协约制度在德国的发展历史来给出。

团体协约是经济性斗争的产物。最初它在任何地方都遭到了企业主们的抵制。团体协约往往只有在斗争所造成的经济压力，使双方不得不互相谅解的时候，方能达成。毋庸置疑的是，对于所有主要行业而言，所谓团体协约的历史，也就是罢工和闭厂的历史。这是由事物的本质所决定的。首先，团体协约对于工人阶级毫无疑问是有诸多好处的。因为在没有团体协约的情况下，工资和劳动条件是无序的，在许多情况下甚至系由企业主单方面所决定。而团体协约的出现，则使工资和劳动条件得以规范化、保障化。这也通常会同时改善工人阶级物质生活水平。然而，这样的好处一般来说，是不会按照我们的意愿从天而降的，相反它是经济力量发展到一定程度所带来的必然后果。我们应当记住当时还是慕尼黑工商事法官①（Gewerberichter）的**格斯勒博士（Dr. Geßler）**的话。他曾在德意志法律人大会研讨时发言道："任何在社会运动中有过实践经验的人都知道，没有一个真正拥有权柄的团体的参与，任何团体协约的订立都是不可想象的。因为这样的一种认识是完全错误的，即认为，团体协约是企业主们心甘情愿签署的结果。"② 当然，这也并没有改变如下经验的正确性，即在我们这个时代，确实有越来越多的团体协约，其订立并不是通过采取事先斗争所达成的。发生这种情况的原因在于：双方实际上都有准备随时采取的相应的经济性斗争手段。因此，人们也已习惯于去预测经济性斗争所可能产生的结果，而不是真正去发动经济性斗争。 57

① 这里的工商事法官应是指在工商法院（Gewerbegericht）从事审判工作的法官。根据 1902 年 1 月 1 日生效版的德意志帝国《工商法院法》（Gewerbegerichtsgesetz in der vom 1. Januar 1902）第 1 条第 1 款的规定，工商法院负责审理雇主与雇员，以及同一雇主的雇员之间的工商事纠纷。因此，工商法院亦被视为后来劳动法院（Arbeitsgericht）的前身。（参见 **Hans Brox/ Bernd Rüthers/ Martin Henssler**, Arbeitsrecht, 20. Auflage, Stuttgart: Verlag W. Kohlhammer, 2020, S. 410）——译者

② DJT. 1908, V S. 280.

然而，无须怀疑的是斗争意志和斗争能力，两者是取得团体协约性胜利所不可或缺的前提条件。而这样的前提条件又使得某种同业社团制度性组织（Berufsvereinswesen）的存在，成为了团体协约制度所必不可少的组成内容。这些组织对团体协约制度在德国的发展，无疑会起到事实上的决定作用。

如果说斗争或斗争所需的武备，是团体协约订立的规则性要件，那么就工人一方而言，显然只有那些在经济生活中，拥有**当事人地位**（**Parteistellung**）的同业社团，才能保证成功的实现。同时，工人和职员的利益，也唯有要能被独立且自主地表达出来，他们的利益才会被有效地予以实现。从而，只有排除了雇主方，而仅代表工人或职员利益的工会组织性同业社团（die gewerkschaftlich organisierten Berufsvereine），才能满足这种当事人地位的要求。而德国当前的团体协约，全部都是工会组织性同业社团杰作的这个事实，也证明了这一点。目前，不论是在德国主张团体协约思想理论的自由工会（freien Gewerkschaften），还是基督教工会（christlichen Gewerkschaften）和希尔施-东克尔工团 [①]（Hirsch-

---

① 按照意识形态传统的不同，德国现存或已存在过三种类型的工会，即"自由工会""基督教工会"和"希尔施-东克尔工团"。所谓自由工会主要是那些秉持社会主义（Sozialismus）或社会民主主义（Sozialdemokratie）意识形态的工会团体的自称；而以各种基督教社会学说（Christliche Sozialiehre）为指导方针的工会团体，则会标榜自己为基督教工会；最后还有一些工会因信奉左翼自由主义（Linksliberalismus）或称社会自由主义（Sozialliberalismus），认为工人与企业主之间本来是有许多共同利益的，从而倾向于采取调和以及合作的态度（当然这并不意味着不会采取罢工等真正的斗争手段），来处理劳资关系。而它们则以这种社会自由主义的工会思想和组织的主要创始人马克斯·希尔施（Max Hirsch）和弗朗兹·东克尔（Franz Duncker）的姓，作为自己工会的名头，即希尔施-东克尔工团。（参见 **Michael Henkel**, Sozialpolitik in Deutschland und Europa, Landeszentrale für politische Bildung Thüringen Bergstraße 4, 99092 Erfurt, www.thueringen.de/de/lzt, 2002, S. 157 ff）——译者

Dunckerschen Gewerkvereine)，都在积极参与建设发展团体协约。[1] 而他们无一例外都属于工会性团体。

另一方面，也只有作为**同业成员**（Berufsangehörigen）组织的同业社团，才有能力领导以成功缔结团体协约为目的的斗争。没有这样的组织性，想要取得团体协约上的重大胜利，尤其是在工资问题方面取得重大胜利，一般来说是完全不可能的。除非有某些特殊的先决条件，企业主就其个人来说，在其经济活动中是具有社会从属性的。也就是说，企业主受制于其所属行业的竞争性经济条件。因此，如果工人组织想要取得成功，就必须努力去干涉影响那些以工资和劳动条件为表现形式的生产条件。**而且这样的干涉影响，不应仅局限在企业主的个别工厂当中，而要扩展到全行业。**这种对全行业的影响，要求工人组织要能够在全产业线的劳动和工资条件改善的斗争中，取得领导地位；或者至少有能力在一个具有经济条件统一性的省份，领导行业性斗争。而这就是为什么，德国现正在领导团体协约斗争的同业社团，通常都是在组织上完成了中央集权，并有能力将自身影响力，超越出个别工厂范围以外的社团。它们所缔结的团体协约会呈现出这样的趋势，即以地方、地区乃至全帝国团体协约标准的形式，成为了全行业，或至少是主要地方范围内的团体协约的规范内容。所以，这也难怪在 1912 年，大多数受团体协约所拘束者（63%），都系那些适用范围超过 20 家工厂的团体协约共同体之成员。[2] 至于雇主方面，则在组织过程中早就考虑到了前述这些实际情况。

上述研究强有力地说明了，无论所谓的和谐团体[3]（Harmonieverbände），

58

---

① **Sinzheimer**, Der Tarifgedanke in Deutschland a. a. O. S. 534.

② **Sinzheimer** a. a. O. S. 533 unter 4.

③ 德国劳动法理论上的所谓和谐团体或称混合团体（Gemischte Verbände）是指有劳动者担任领导职务的雇主团体，或有雇主担任领导职务的劳动者团体。这些团体显然都无法独立代表劳动者或雇主任何一方的利益，因此无法成为适格的团体协约当事人或缔约

还是所谓的经济和平性工人团体(wirtschaftsfriedlichen Arbeiterverbände)，即"黄色工厂社团"[①](gelbe Werkvereine)，都不应作为团体协约的适格当事人。

这里所谓的和谐团体，显然是毫不迟疑地予以排除的首选对象。因为它将雇主与工人或职员都纳入一个组织架构之下，进而无法纯粹和独立地表达后者的利益，即工人或职员一方的利益[②]。总之，和谐团体缺少作为团体协约缔约人所必要的当事人地位。

而之所以要将经济和平性工人团体，也从团体协约当事人的序列中予以排除的原因则在于，它所奉行的组织原则和发展方向，与团体协约的现实需要截然对立。经济和平性团体遵从所谓的工厂社团原则

人。(参见 **Wolfgang Hromadka/ Frank Maschmann**, Arbeitsrecht Band 2 Kollektivarbeitsrecht + Arbeitsstreitigkeiten, 7. Auflage, Heidelberg: Springer, 2017, S. 18)——译者

① 所谓黄色工厂社团或称经济和平性工人团体，即"黄色工会"(Gelbe Gewerkschaft)是指那些因受雇主方支持而主张经济和平主义，进而拒绝对雇主方采取罢工等劳动斗争措施，甚至会对其他工会团体采取斗争手段的工人团体。历史上，"黄色工会"这个称谓，起源于 1899 年法国克鲁梭(Le Creusot)钢铁厂中的部分拒绝参加工会罢工的工人，用黄色条带或用内容为支持企业一方的黄颜色的海报，粘贴在玻璃上，以示区别于其他积极参与罢工的"红色工会"。目前，根据国际劳工组织《第 98 号公约即组织权利和集体谈判权利原则的实施公约》[ILO C098-Right to Organise and Collective Bargaining Convention, 1949 (No. 98)]第 2 条的规定，这种"黄色工会"在许多国家会被认为属于一种不法干涉劳动者同盟组织权利的行为。(参见 **Martin Bolkovac/ Michael Vlastos/ Elisabeth Mitter**, Was sind Gewerkschaften?, VÖGB, 2009, S. 18; **Werner Rügemer/ Elmar Wigand**, Union-Busting in Deutschland: Die Bekämpfung von Betriebsräten und Gewerkschaften als professionelle Dienstleistung, Eine Studie der Otto Brenner Stiftung, Frankfurt/Main 2014, S. 77)——译者

② 1906 年 11 月 12 日《工商业同业社团法草案》(Der Entwurf eines Gesetzes, betr. gewerbliche Berufsvereine)(RT. 1905/06, Anlagebd. 8 Nr. 533)第 1 条规定，同时以工商业经营者(Gewerbetreibende)和工人为成员的社团，亦属于该法意义上的同业社团。当然，考量到该法的立法目的，这样的同业社团概念扩大化，也并非不可理解的。然而，团体协约法在此应有完全不同的考量。

(Werkvereinsprinzip）^①，即"工人只应该和与他有单独关系的企业打交道"。^② 并且，它们也严格贯彻了此一原则，并将之作为组织的立命之本。从而，社团成员资格（Die Vereinsmitgliedschaft）与个别工厂的所属职工成员身份捆绑在了一起。这意味着，假如工人离开了他所隶属的个别工厂，则他的社团成员身份，以及与此相联系的一切可得向其团体所行使之请求权，都将因此而消灭。^③ 而此时，工人对所谓的工资和劳动条件问题，往往会形成这样的认识，即它们都只不过是一些在他偶然受雇从事工作的工厂中所发生的个案性问题，而非是社会条件性问题。毫无疑问，这样的组织发展方向，是符合经济和平性工人团体的组织原则的。虽然经济和平性工人团体原则上也会对所谓的罢工权（Streikrecht） 60

---

① 对此，请参见 1813 年 10 月 5 日的《工厂社团联盟指导方针》（die Richtlinien des Bundes der Werkvereine）第 2 条规定："联盟所属社团应以工厂组织作为自身的组织形式，因为工厂组织是既成的也是最符合制度目的的组织形式，并以与企业主之间共同实现和平，为自身的工作方法"（**Erich Sperling**, Die neue deutsche Arbeiterbewegung, im Auftrage der deutschen Vereinigung, S. 22）。另请参阅**斯佩林**（Sperling）前书第 25 页和第 26 页有关"有关工厂联合体的可靠理论"（bewährten Gedanken der Betriebsvereinigung）。

② **Sperling** a. a. O. S. 25.

③ 例如参见《奥格斯堡工厂工人社团章程》（die Satzungen des Arbeitervereins vom Werk Augsburg）第 2 条的规定："任何在奥格斯堡工厂工作且遵守劳动纪律（Arbeitsordnung）之受雇人，基于其向董事会（Vorstandschaft）所发出的书面入会表示（schriftlicher Beitrittserklärung），都可以成为本社团之成员，并保有相应的社团成员资格，然社会民主主义者，以及其他工人组织之成员者，不在此限。董事会应立即褫夺丧失前述要件之成员的成员资格。受褫夺处分者（Ausgeschlossenen）和受除名处分者（Ausgetretenen）不得针对社团财产行使请求权。"此外，《美因河畔法兰克福阿德勒工厂社团章程》（die Satzungen des Werkvereins der Adlerwerke in Frankfurt a. M.）第 3 条规定："本厂的任何工人和文官都可成为本社团之成员，然已成为工会之组成成员者，不在此限。"其第 4 条规定："成员资格的终止。成员资格的消灭：第二，与公司之劳动关系或雇佣关系（Dienstverhältnis）废止……，自成员资格终止之时起，退社人所有可得向社团行使之请求权，亦同时消灭。且本社不退还成员会费（Mitgliederbeiträgen）。"

持肯定意见，[①] 但是这种肯定却是无关紧要的。因为经济和平性工人团体在实践当中，会拒绝所有以发动和实施经济性斗争为目的的制度设计。例如，这表现在，像经济和平性工人团体这样的社团，会明确表示放弃设置罢工互助机构（Streikkassen）的权利。正如《工厂社团联盟指导方针》所阐述的那样："创制这样的互助机构（Kassen）是完全与利益共同体（Interessengemeinschaft）的价值相悖的，并会表达出社团对雇主存在一种毫无理由的原则性不信任感，进而这将对原本存在于劳动共同体（Arbeitsgemeinschaft）当中的和平谅解状态，产生不可避免的即时性破坏作用。"而这里最首要的问题是，上文已述的社团成员身份与工厂成员身份（Werkszugehörigkeit）的绑定，会成为无斗争能力（Kampfunfähigkeit）的有力推手。原因在于：只要经济和平性团体的成员资格终止，其工厂成员身份也会一并丧失，从而其原本可向社团行使之给付请求权亦会同时消灭。而我们知道，作为社团成员的工人，是需要这种社团给付请求权的，如此才能充分利用各种斗争手段，以实现其自身的经济权利。然这正好在他最需要此种社团给付请求权的时候，它却消灭了。

假如立法允许经济和平性工人团体这样的团体，能够作为真正的同业社团，以订立团体协约的话，那么这就不仅好比，往当前的团体协约运动（Tarifbewegung）里，插入了一个楔子，而且也或许使团体协约在制度意义上发生错乱。我们知道，如果不存在能够影响合同条款内容的实际可能性，那么就不能说有存在真正意义上的合同。同理，如果某一团体自始就拒绝在停工时予以提供帮助，并也从一开始就背叛了协约共

61

---

① "由于工厂社团本身是一种以获得工资和劳动条件利益为目的的联合体，从而它的制度基础应是《工商条例》第152条（§ 152 GO）所规定的同盟组织自由（Koalitionsfreiheit）。同样，该第152条也允许作为实现同盟组织自由的诸种实践手段之一的罢工。借此，工厂社团亦享有罢工权，且在原则上还不得放弃罢工权之行使。"（Sperling a. a. O. S. 20, dazu die Richtlinien des Bundes der Werkvereine bei Sperling, S. 22, Ziff. 5）

同决定的思想理论 (den Gedanken einer vertraglichen Mitbestimmung)，那么这样的团体也是无法主宰自身命运的，因为它缺乏使用武器战斗的能力。团体协约就其制度意义而言，也是以有经济性斗争想法为前提的。而团体协约的本质权利义务内容也正在于，协约当事人约定了双方之间有义务，于协约有效期内，不从事经济性斗争行为。可见，对于那些从其整体组织架构上看，已经放弃了从事经济性斗争的团体而言，这样的承诺无疑是毫无意义的。另一方面，就算立法否定此类团体，有订立团体协约的权利，也不会剥夺它们在本质上，所已经拥有或欲拥有的任何东西。另外，迄今还没有一家和谐团体或经济和平性工人团体，订立有哪怕一个团体协约，[①] 也没有一家此类团体，要求订立这样的团体协约。与此相对，这些劳动和平性团体 (die arbeitsfriedlichen Verbände) 反而还积极公开地，试图寻求一种与团体协约本身存在对立关系的谅解原则 (Verständigungsprinzip) 的坚决贯彻。总之，它们努力反映着一种"体制化工厂"(konstitutionellen Fabrik) 的理念，并主张，雇主与劳动者之间完全可以"在平等权利的基础上，经由工厂的全体工人阶级所选举出来的代理人，或工厂社团领导层 (Werkvereinsleitung) 的调解，而成功达成相互之间的谅解。"[②]

　　在这个问题上，采取明确的立法立场的现实重要性，是显而易见的。 62
这种重要性首先就体现在，团体协约有关劳动合同条款的约定，不仅会

---

① 参见琼克于德意志帝国议会所作的报告 (Berichte, Bd. 230 S. 3377 ff.)："这的确是事实，即团体协约的思想理论，大多都是仰赖自由工会这样的主体 (Träger) 所实现的。尽管不容贬低的是，基督教工会和希尔施-东克尔工团，也确实一直在为团体协约制度的发扬光大，发挥着应有的积极作用。但是，团体协约相关主要工作的开展，迄今却仍然是由自由工会所完成的。因此，我毫不犹豫地将团体协约促进者的荣誉称号授予给自由工会。"

② S. den Wortlaut des „Berliner Werkvereinsprogramms" vom 3. Oktober 1913, Ziff. 10 (bei Sperling a. a. O. S. 24).

适用于团体协约组织的成员，而且也会适用于处于组织以外（参见页边码第 100、101 页的相关内容）的协约外人（Vertragsfremde）。因此，组织的团体协约约定，对于该组织以外的非组织人士和其他组织成员，实际上也会产生决定性作用。事实上一直以来，许多国立和市立行政当局，都会将供应商签订团体协约，作为与其订立招投标供应合同的前置性条件。可见，经济和平性工人团体这样一类团体，所订立的"团体协约"，绝非真正意义上的团体协约。而那些对此的不同见解，无疑是令人难以接受的。

综上所述，唯有这样的同业社团，才能作为工人一方的团体协约缔约人，即首先它的组成成员，须以工人或职员为限；其次它不会将特定工厂的所属职工成员身份的保有，作为获得其社团成员身份的前提条件；最后，这样的社团有通过经济性斗争手段，以实现它自身利益的意愿和能力。在此，我们将这样的同业社团称之为**"非从属性同业社团"**（**unabhängige Berufsvereine**）。

（2）此外，立法在认定同业社团是否可作为协约当事人的时候，还要注意某些确定的**形式**要件。这些形式要件，是意思表达所必要的拘束力和可识别性的有力保障。这里的形式要件主要涉及以下几点：首先，只有按照其章程，订立团体协约系属其成立目的的同业社团，才能被视为适格的团体协约组织。因为只有在这种情况下，同业社团才有资格能力，以同业社团的身份订立团体协约。当然，大多数符合实质要件的团体协约，其章程应该也已经包含了这样的规定内容。此外，这类同业社团的章程，还必须就谁有代理权，以及代理行为的具体表现形式，作出明确的规定。这样一种规定显然是必要的。因为不然的话，在许多情况下，以同业社团为本人而发出的诸多表示，是否真的能对其产生相应的拘束力，就将会是不可知的；并且也只有如此，第三人才能够知晓，他在与谁进行有法律约束力的交易活动。另外，这项规定也几乎并不会给现有的同业社团带来任何新的东西，因为其所必要的内容在大多数同业社团章程中已经有所规定 ①。最后——或许现有的同业社团章程确实有必要在此有所补充规定的是——恰如立法机关所必然会要求的那样，同业社团的章程应当就以下情形作出规定：一是，哪一社团机关系有权对团体协约事务进行决策者；二是，它的运作模式，例如决策所需的得票比率等等；三是，它所作出的有关团体协约的决议，在何种情况下，可通过备忘录等方式而被终止。显然没有上述这些规定，我们将无法在任何可能的纠纷中，就同业社团是否订立有有效的团体协约，作出准确的确认。当然，立法机关也无须为此向同业社团施加任何压力或官僚性的限制措施。因为这些所谓的要求，对于同业社团而言并不复杂，亦是那些有团体协约活动意愿的同业社团，原本就会做的事情。

据此，同时具备上述实质要件和形式要件的同业社团，是谓有团体协约能力（tariffähig）之同业社团。

个案当中对于同业社团，是否真的具备团体协约能力，可通过设置某种特别确认程序予以认定。这种特别确认程序在形式上应具有最佳的简易性和自由性。它会从实质和形式两个方面对同业社团进行审查，即一方面审查相关同业社团，是否有实质的能力从事团体协约活动；另一方面审查其章程规定，是否满足形式要件的必备要求。同时，团体协约主管机关应将同业社团顺利通过审查的情况，以向其颁发证书的方式公开宣告。而凭此证书，同业社团得以取得团体协约能力 ②。**最后，基于此**

64

---

① 这些形式性规定的重要性，请参见 den Mitteilungen in der SozPr. XXI S. 1421/22 im Anschluß an eine Entsch. des OLG. Hamburg und des RG. vom 24. Mai 1912。

② 在这里我们建议，应将团体协约能力的取得情况予以公开宣告。正如同业社团有权自愿取得团体协约能力一样，它也有权放弃这种团体协约能力。当然，这种放弃需要，受到必要的限制（参见本书页边码第 78 页的相关内容）。此外，若同业社团嗣后无法满足，团体协约能力所必要之要件，则团体协约主管机关，亦享有褫夺其团体协约能力之权利。同时，团体协约能力之丧失，亦应予以公开宣告。

种团体协约能力，同业社团也得以有资格，成为团体协约之当事人 ①。

3. 以团体协约为目的的同盟组织权之改造

有团体协约能力之同业社团（tariffähiger Berufsvereine）的法律活动，理所当然须受社团法，特别是其中的同盟组织法的拘束。然由于同盟组织法当前的要件体系，已无法满足现实之需要，故其也不可避免地，无法适应团体协约制度目的实现要求。② 在当前实定法律看来，所谓的同盟组织无异于罢工斗争性社团（Streik- und Kampfvereine）。因此，尽管旧有的以全面禁止和刑事处罚同盟组织行为为内容的法规，业已被废除；但与此相对的是，以部分禁止特定同盟组织，或防止个别人从事同盟组织活动为内容的法规，却依然存在。同时，当局也依旧对同盟组织本身采取了不予保护，乃至消极对待同盟组织立法的态度。**洛特玛**富有先见地就现行法律所能允许的同盟组织之法权状态，做了一针见血的描述：“法定的同盟组织自由，不过只是所谓的不予禁止和免受刑事处罚（Straflosigkeit）而已。而同盟组织与其说是自由的，不如更准确地说，是不受法律所保护的（vogelfrei）。至于同盟组织权则更仍然是空中楼阁。” ③ 可是，目前发展阶段的同盟组织，在事实上已非仅是罢工斗争性社团那么简单。相反，它的生命力远不止体现在经济性斗争，这一种表达方式上。它在整体上更多是扮演了一个活力四射的社会生活管理主体的角色，

---

① 根据《工商条例》第 100q 条（§ 100q GO）的规定，同业公会也会缔结有团体协约（参见 **Landmann**, Kommentar zur Gewerbeordnung, 6. Aufl., II S. 136）。故而，在满足本文所列要件的情况下，同业公会亦得被允许，作为有团体协约能力之同业社团。另外，在满足同样要件的情况下，同业社团的下级团体（Unterverbände）也应被允许从事团体协约活动。

② Gesetz S. 32 ff.

③ Die Tarifverträge zwischen Arbeitgebern und Arbeitnehmern, Archiv für soziale Gesetzgebung und Statistik, XV S. 63, 在此，作者以杰出的论证方法详尽阐释了法治对于同盟组织所应采取的立场；s. bes. S. 48 ff.

并凭此主动自愿地成为了各类社会扶助（der gesellschaftlichen Fürsorge）措施的资助和实施机构。[1] 当人们看到战时的同盟组织，是如何以服务战时经济和战时扶助为目的，承担和实现了诸多富有价值的社会使命时，[2] 他们自然也就会明白同盟组织在事实上，所扮演的这种角色。此外，同盟组织的这些功能，在团体协约制度中也是有所特别体现的。具言之，同业社团既是团体协约法的创造者，也是其执行者。它不仅创设，也维护此种法秩序。而正是在这个意义上，我们不能将同盟组织的法治建设问题搁置一旁、视而不见。相反，我们的法治应确保为同盟组织，能合法有效地实现其制度功能创造条件。 66

当然，这一切要以同盟组织权，能够为实现团体协约之制度目的，而被改造为前提条件。在笔者看来，此种改造并不一定需要，去创制一种独立于团体协约制度之外的，能自主回应新需求的同盟组织权，然后，再基于此种新型同盟组治权，来思考团体协约法的制度设计问题。诚然，帝国政府支持这样一种观点，即只有事先通过承认同业社团具有权利能力，以创制一种新型的同盟组织权，才能实现团体协约法的某种改造更

---

[1] **爱德华·伯恩施坦**（Eduard Bernstein）在他的专著《工人运动》（Die Arbeiterbewegung, 1910, S. 109 ff.）中就此种思想理论，做了精妙的阐释。

[2] **Sinzheimer**, Krieg und Tarifverträge, ArbR. I S. 143. 此外，有关工会界是如何阐述理解这样的观点理念的，可参看**温尼希**（Winnig）的文章："工会依照其本质属性，是必然要以工人阶级在职业上和经济上利益守护者的身份，全身心且富有成效地献身于那些因战争而必然需要完成的社会工作当中的。而政府也已经学会，正面评价工会的这种参与作用了。同时，一些艰苦但亟需的工作，也确实只有在工会的帮助下，才能得以完成。而这也不可挽回地，会被作为一件重大史实，而载入我们德意志的历史当中。由此，工会这样的真实面目，将会得到全世界范围内的认可。那就是，**工会本就是人民组织力量所不可或缺的重要一环**。在此基础上，工会应有更大的作为，亦即积极影响立法和行政活动。"（**Winnig**, „Was wir erhoffen", Korr. -Bl. Der Generalkommission der Gewerkschaften Deutschlands, 25. Jhrg., Nr. 10, S. 106）

新。[①] 但在此期间，我们也发现，所谓通往新型同盟组织权最保险的道路，其实就是同业社团在其不同活动领域中发挥功能时，所要仰赖的那种法秩序。对此，《1906 年同业社团权利能力草案》（Der Entwurf über die Rechtsfähigkeit der Berufsvereine vom Jahre 1906），明白无误地向我们表明：一种旨在要完全独立于它所要服务的制度功能的新型同盟组治权，是完全不可能被制度建构出来的。事实上，同盟组织所要服务实现的使命，往往就展示了，同盟组织法治需要怎样的彻底性改革。而同盟组织在它持续不断地适应其使命的过程，也确实必须要找到它所真正需要的法治模式。

为此，我们应当打通一条通往有助于团体协约制度目的实现的同盟组织权建构路径。我们需要这样的权利，作为一部《劳动团体协约法》的本质组成部分。同时，这样的同盟组织权应仅限于由那些有团体协约能力的同业社团行使之。如此，我们方能将这些同业社团作为团体协约主体（Träger des Tarifvertrags），予以发展、保护和利用。当然，这并不意味着，同盟组织权会在团体协约以外的其他领域，进一步被发展用于非团体协约目的。

由此，以下立法要求得以产生：

67　　（1）首先，**凡是与有团体协约能力之同业社团依法成为团体协约当事人有所矛盾者，都应当作为阻碍性因素，而予以坚决消除之。**这些阻碍性因素，不仅反映在各种法律的现行规定当中，而且往往也是各种私法行为的内容。

此外，现行**法律**并没有赋予所有工人阶层都享有组织同盟的自由。

---

① 国务秘书**德尔布吕克博士**（Dr. Delbrück）指出："团体协约法治的任何规则，都是以同业社团具有权利能力，或者至少部分地能为其财产行为负责，为前提的。"（参见 RT. 1914, S. 6637 ff）

即便我们不看《劳动团体协约法》在属人的适用范围上的一般界定规则（据此文官和特定的国家工人，被排除出《劳动团体协约法》的适用范围，参见页边码第19、20页的相关内容），农业工人、仆役、远洋轮船船员，在行使同盟组织自由上，也是受到了实际阻碍的。换言之，这些阶层人士虽然可得相互组织联合，但却不得为《工商条例》第152条^①意义上工会性质之行为。^② 对此，1845年1月17日版的《普鲁士（一般）工商条例》（die preußische Gewerbeordnung vom 17. Januar 1845）的第181条和第182条，以及1854年4月24日版的《农村工人及仆役劳务义务违反法》（das Gesetz, betr. die Verletzung der Dienstpflichten des Gesindes und der ländlichen Arbeiter vom 24. April 1854）第3条，也都有专门之规定。^③ 而考

---

① 依据1974年6月13日的《工商中央登记簿设立及工商条例修正法》（Gesetz zur Änderung der Gewerbeordnung und über die Einrichtung eines Gewerbezentralregisters vom 13. Juni 1974）的规定，并考虑到本书"缩略语"部分有关"本书的文献和司法资料版本截止于1915年10月1日"的声明，本书所称的《工商条例》第152条，应是1900年7月26日重编公布版的《德意志帝国工商条例》（Bekanntmachung, betreffend die Redaktion der Gewerbeordnung für das Deutsche Reich vom 26. Juli 1900）第152条："所有以禁止和刑事处罚工商业经营者（Gewerbetreibende）、工商业帮工（gewerbliche Gehülfen）、工匠（Gesellen）或工厂工人（Fabrikarbeiter），为（尤其是通过停工或开除工人手段）博取工资和劳动条件优待，而成立协会（Verabredungen）和联合体为内容的法规，都须予以径行废止。
　　联合体和协会的参加人员，可随意退出联合体和协会。联合体和协会不得因此而起诉或提出抗辩。"无疑，这里的"停工"就是后世所称之罢工。而这也就是说，该法在其适用范围内承认了工人罢工权的合法性。——译者
② Lotmar a. a. O.
③ Landmann a. a. 0. II S. 822 unter 2. 远洋轮船船员之所以被从现行《工商条例》第152条所规定之同盟组织自由的适用范围中所排除，一方面是因为该《工商条例》第6条规定，远洋轮船船员相关之法律关系，不属于工商条例的规制范围；另一方面也是因为，由于远洋轮船船员法律关系，系属1845年《普鲁士工商条例》所规定之工商概念的调整范围，故而1845年《普鲁士工商条例》第182条（§ 182 der preußischen Gewerbeordnung vom Jahre 1845）（根据该条的规定，各类劳动者不得组织相应的劳动者同盟，以从事劳动斗争，违者须处不满一年之有期徒刑——译者），仍对这类船员有适用效力。另外，在帝国议会有关1902年6月2日颁行的《海员条例》（Seemannsordnung）的审议咨询过

虑到团体协约的订立，是以同业社团具备斗争能力为前提，从而有观点
主张，前述针对个别工人阶层在行使团体协约法上的同盟组织自由时，
68 所制定的各种阻碍性规定，都应予以废除之（参见页边码第 56 页以下的
相关内容）。另外，我们知道，如果法律禁止当事人通过经济性斗争手
段行使同盟组织自由的话，则亦意味着，这些斗争能力的荡然无存。因
而，通过持续实施这样的斗争禁令，是完全可以在实践层面，达到禁止
前述工人阶层从事团体协约活动之目的的。可是如今，这种以降低法律
地位（Rechtslage）为宗旨的做法，已无法一如既往地维持下去了。因为令
我们无法忽视的事实是，前面所列举的那几类工人阶层，并非是不需要
订立团体协约。而当前在这些领域中，业已存在的团体协约，则佐证了
前述观点，尽管对于这类团体协约的合法有效性，坊间还仍持一种开放
69 性态度。[1] 此外，这类禁令，显然也是一种针对特定人群的例外法[2]。因

程中，其也未能就此类人员法律关系的适用归属问题，得出任何具有根本性意义的明
白结论（Vhdl. 1900—03, Anlagebd. III S. 1925, 1983; Stenogr. Berichte V S. 4852 ff.）。

[1] 有关农业劳动关系领域中，那些有意思的团体协约，请参见 Einigungsamt, 1914, S. 305。
至于远洋轮船船员，请参见拉布（Raab）在帝国议会有关《海员条例》的审议咨询中所做
的发言："雇主阶级（Arbeitgebertum）出于自身的利益，也会突破既往对于同盟组织所做
的各种限制。我在这里就可以指出，诸如不来梅的个别一些大型航运公司，即'汉莎公
司'（Hansa）、'海王星公司'（Neptun）、'阿耳戈公司'（argo），就与它们的海员签订
有团体协约共同体协议。"（a. a. O. V S. 4861）

[2] 对于将同盟组织自由的适用范围扩展到农业工人，最初在《工商条例》第 152 条立法的
时候，就有过努力（Landmann a. a. O. S. 821）。至于远洋轮船船员，其实帝国议会委员
会（Reichstagskommission）曾于 1902 年 6 月 2 日就《海员条例》所举行的审议咨询中，
对有关完全扩大同盟组织自由的适用范围，到远洋轮船船员的提案，表达过采纳意见
（Vhdl. d. RT., Anlagebd. III S. 1983）。有提案主张："《工商条例》第 152 条和第 153 条之
规定，应准用于帝国境内所有本法第 2 条所涉及之人员，然处于登船状态者，不在此
限"。但是，该提案在嗣后的帝国议会全体会议（Plenum）中，却得到了否决。而在笔
者看来，否决的理由无疑是牵强的。具体来说，这些否决理由认为，大多数的远洋海
员一方面已经得到了长期合同的保障；另一方面，劳动合同履行期间于船舶中所发生的
任何罢工行为，也都应予禁止。对于后者，实际上，上述提案也已做了规定；而至于前

为，相较于被剥夺了完整同盟组织自由的上述所举之工人群体，与他们
处于对立关系的雇主，却享有完整意义的同盟组织自由。也就是说，相
较于农业工人、仆役和远洋轮船船员在同盟组织自由上的处处受限，分
别作为他们雇主的农业雇主、户主(Haushaltungsvorstand)和船东，却享
有完整的同盟组织自由。与此同时，我们需要指出的是，因为前两类群
体(农业雇主和户主)，并不在《工商条例》的适用范围之内 ①，从而他们
的同盟组织自由的合法性，甚至不受《工商条例》第152条，对同盟组
织自由所做的规定。至于同盟组织禁令的废除，是否就意味着，之后在
个案中，团体协约之订立，会成为理所当然的事情，相信相关参加人
自己自然也会去有所判断。而立法则不应通过事先引入禁止性规定的
方式，来影响此一判断。——尽管如此，《工商条例》第153条 ② 对于同

者，我们只能说，这与同盟组织自由之间并不矛盾，因为就算是长期合同，也可通过
同盟组织和团体协约予以保障。人们有这样的感觉，即每当我们谈到同盟组织自由和
经济性斗争时，那些同盟组织自由的反对者们，总是会将罢工与违约联系到一起。但
是，在德国工人阶级中，流行的普遍观点却是：在任何情况下违约行为，都应当被避免
发生；而工人阶级所为的罢工斗争行为，永远也只应是为了劳动合同的顺利履行而为。
同时，在笔者看来，实际上，也没有任何措施方法，比同盟组织及其官方代理人，还
能更有效地打击违约行为的抬头趋势。

① 因为《工商条例》第6条只是规定远洋轮船船员的法律关系，不受该等工商法之调整，
故而其船东并没有被排除出《工商条例》的适用范围。反过来说，要不是当初船东被纳
入《工商条例》的调整范围，则从逻辑后果上看，1845年1月17日版的《(普鲁士)一
般工商条例》第181条(§ 181 der allgemeinen Gewerbeordnung vom 17. Januar 1845)的规定
(根据该条的规定，工商业经营者不得组织相应的雇主同盟，以从事劳动斗争，违者须
处不满一年之有期徒刑——译者)，今天依然会适用于船东。当然，今时今日，已经没
有人，至少没有业已组织完善的船东，还会再去思考这个问题了。

② 依据1918年5月22日的《〈工商条例〉第153条废止法》(Gesetz, betreffend Aufhebung
des § 153 der Gewerbeordnung vom 22. Mai 1918)的规定，并考虑到本书"缩略语"部分有
关"本书的文献和司法资料版本截止于1915年10月1日"的声明，本书所称的《工商
条例》第153条，应是1900年7月26日重编公布版的《德意志帝国工商条例》的第153
条："以身体强制(körperlichen Zwanges)、胁迫(Drohungen)、毁损名誉(Ehrverletzung)

盟组织自由却仍然规定了一种别样的阻碍。不过毫无疑问的是，《劳动团体协约法》的出台，必将会大大提高那些有团体协约能力同业社团的重要性。而他们也将得以据此从事效力范围远超私人意思表示的法治生产工作（rechtsproduktive Tätigkeit）。而且我们稍后会看到，除了这种法治生产工作以外，同业社团还会从事具有同等重要地位的执法工作（rechtsverwaltende Tätigkeit）。而同业社团的这类法治执行工作，无疑也对维护和贯彻由其所创制的团体协约法，起着不可或缺的积极作用。在这些以规制性方式干涉社会生活，并旨在为劳动关系带来新秩序的职能中，我们还将看到，此种新秩序对国家法治（staatlichen Recht）的总体发展所具有的重大意义。在此基础上，我们知道，前述这类同业社团将不再需要屈从于例外法。而据该例外法的规定，相较于其他类型的联合体，同业社团则要受特别刑法的规制。而且尽管《工商条例》第153条，针对有团体协约能力的同业社团，规定有相应的阻碍性规则，但在笔者看来，这种阻碍在法治上并没有太多的实际意义。因为同业社团既没有意愿也没有必要，在它们已经可以合法无拘束地扩大其组织规模的情况下，还去采用那些《工商条例》第153条所专门禁止的方法手段。当然，在同业社团的社会评价和社会声望，受到这种有意的专门监管措施伤害的情况下，前述《工商条例》第153条这样的阻碍性规定，无疑也会对人民群众组织同业社团，产生一种社会心理上的阻碍效应。因此，我们有必要免除《工商条例》第153条对有团体协约能力之同业社团的适用效力。相关的强制组织同盟行为，应仅受一般刑事处罚规则的规制。据此，上述这类同业社团所长期以来追求的，与其他联合体，也就是各类卡特尔之间

　　或者败坏名声（Verrufserklärung）之方法，指定他人参加本法第152条所规定之协会者，或者服从前述协会者，又或者以同样之方法，阻止他人与前述协会解除关系者，无论其既遂或者未遂，处不满三个月之有期徒刑，然根据普通刑法典之规定，应科以更重处罚者，不在此限。"——译者

平等对待的目的，亦可得实现。而需要说明的是，正是这些卡特尔，常常能够在没有任何专门的合法性障碍的情况下，就可对个人施加许多更严苛的压力。

然而，如果不同时对所有究其本性以企图尝试限制同盟组织自由为内容的**私法行为**，也采取对应的阻却措施的话，那么针对同盟组织自由的法定禁令之废除，亦将是不完整的。我们知道，法律上所允许的事情，不应在社会上成为不可能的事情。但是，所有出于私人利益以铲除法定同盟组织自由为目的的行为，无疑都与前述这句话相矛盾。因此，团体协约法如果要想在本质上保持其一致性，就必须不仅要反对法律性干涉，还要反对社会性干涉。这里的干涉行为，是指所有威胁同业社团有效履行团体协约职责的行为。而此种干涉行为的首要表现可能就是，雇主与劳动者之间，就不得加入某一同业社团，或必须退出某一同业社团，达成约定。在笔者看来，雇主也好，劳动者也罢，他们有关同盟组织自由的决策，本就不应该被规制成为一种债法强制性义务。就像我们不能强制任何人加入特定党派，信奉特定信仰或者从事特定职业一样，客观上我们也不能承认任何这样的义务性规则内容的有效存在，即强制个人必须以特定的方式方法来维护自身的职业利益。与此同时，在《民法典》的制定过程中，前述这一原则，也是被视为理所当然的。① 尽管如此，长

———————

① 在委员会就《〈民法典〉草案》（Entwurf zum BGB）的审议咨询期间，就曾有提案认为，应在《民法典》中明文规定，本文在此所描述的这类约定，依法应属无效。但是，该类提案却被拒绝采纳。原因是，委员会认为，提案所涉及的意义内容，是那样的理所当然，以至于根本没有必要予以明文规定。政府方面的代理人对此解释道："不容忽视的是，保护同盟组织自由，就必然要求这类合同的无效；根据草案的规定，此类合同会被认定系属"违反善良风俗"（gegen die guten Sitten verstoßend），而仅凭这一点，无疑就足以宣告它们的无效了。据此，比方说，当事人所签订的以限制同盟组织自由为目的的合同，无疑就属于这里的违反善良风俗之行为。（Bericht der Reichstagskommission über den Entwurf eines BGB., Guttentagsche Ausgabe, S. 42; Vgl. dazu **Lotmar**, Der unmoralische Vertrag, S. 73, und Arbeitsvertrag I S. 218 Anm. 1）

久以来的司法实务却违反了此一原则，并普遍认为上述雇主与劳动者之间，所达成的此类约定系属有效。[①] 但综上，不管怎么说，任何企图阻止雇主或工人加入有团体协约能力之同业社团的约定，都应被宣告为无效。同理，通过滥用终止权[②](Kündigungsrecht) 以阻止当事人行使同盟组织自由的行为，也必须同样予以抵制之。在此，约定劳动合同的一方当事人，于另一方当事人加入或拒不退出，有团体协约能力之同业社团时，享有立即终止合同权的情形，就系一种终止权滥用行为。一般来说，法律会就终止权行使所需的重大终止事由(die wichtigen Kündigungsgründe) 作出明文之规定。然而，这并不意味着，当事人不可以通过合同约定，在重大终止事由中，补充添加其他的特别事由。[③] 这就是为什么，以往司法机关在实务中并不会认为，就当事人之间针对工人加入或拒不退出某一特定同业社团，所约定之非常终止权[④](außerordentliches Kündigungsrecht)，

---

① **Landmann** a. a. O. II S. 833 zu § 152 und die dort zusammengestellte Judikatur.

② 德国法严格区分了 Kündigung 与 Rücktritt。前者系指效力指向将来的(ex nunc) 以消灭合同权利义务为内容的单方形成权，主要适用于继续性债之关系(Dauerschuldverhält-nisse)；而后者则系指效力指向过去的(ex tunc) 以消灭合同权利义务为内容的单方形成权。从我国《民法典》第 566 条第 1 款的规定看，我国大陆地区并没有这样的区分，而是将它们统一用"解除"予以概况。与此相对，我国台湾地区则遵从了德国法的区分，将 Kündigung 翻译为"终止"，而将 Rücktritt 翻译为"解除"。故为尊重专有概念之原意，本书借鉴我国台湾地区的译法，将 Kündigung 与 Rücktritt，分别翻译为"终止"和"解除"，以示区别。(参见 **Dieter Medicus/ Stephan Lorenz**, Schuldrecht I: Allgemeiner Teil, 19. Aufl., München: C. H. Beck, 2010, Rn. 555；林诚二：《民法债编总论——体系化解说》，中国人民大学出版社 2003 年版，第 458—459 页)——译者

③ **Lotmar**, Arbeitsvertrag I S. 621.

④ 德国法将终止权进一步区分为通常终止权(ordentliches Kündigungsrecht) 与非常终止权。所谓通常终止权，乃是考虑到无固定期限的继续性债之关系中，双方当事人之权利义务状态，通常所固有的不确定性，而赋予当事人一方所享有的单方面无理由预告终止债之关系的权利。这里需要说明的是，一般对于通常终止权而言，顾及对终止相对人信赖利益的保护，其意思表示通常不适用，到达时生效之原则性规则，而是须自到达时起，经一段时间后，方能生终止之效力，即终止预告期间(Kündigungsfrist)；与

在合法性上会有任何的不当^①。但由于这类以阻止当事人行使同盟组织自 　72
由为内容的约定，正如上文所述，乃属无效。故在结果上，不仅此类约
定本身，而且基于此约定而生之终止权，也应被视为无效。事实上，前
述这种解决问题的方法理念，已经有被其他法域的现行法所采用。^② 然即
便如此，笔者认为，我们的法治还应在此更进一步。因为加入有团体协
约能力的同业社团的利益目的，一般来说，正在于换取防止强迫和排挤
(Ächtung) 的发生。可见，单纯的私法手段是不足以实现前述之制度目的
的。为此，我们需要利用刑法手段予以补充。而为了保障主观同盟组织
自由 (der subjektiven Koalitionsfreiheit)，这方面的建议实际上也曾被多次
提及。在此，我们需要回想到《工商业劳动关系保护法草案》(Entwurfs
eines Gesetzes zum Schutze des gewerblichen Arbeitsverhältnisses) 第 1 条 的
规定。与通常的趋势相反，在**布伦塔诺**(Brentano) 的建议下^③，以及帝国
议会诸多类似提案的要求下^④，该条文试图将上述主观同盟组织自由的保

此相对，所谓非常终止权，则是指当事人一方，于存在非常之特别事由时，所享有的
立即终止债之关系的权利。这里的非常特别事由，一般都与当事人双方信赖利益的破
坏相关。这是因为，无论是有固定期限，还是无固定期限的继续性合同，其给付大小
都是自始不确定的，故它们的履行都须仰赖双方当事人之间能够相互信赖，以在履行
过程中可得随时特定化给付。而这也就意味着，一旦出现某种特别事由，能使双方当
事人之间无法维系信赖关系，其直接后果必然是相应的继续性债之关系，因不能即时
的特定化、确定化，而无从正常履行。而这正是，我们有必要赋予一方当事人通过行
使非常终止权，以终止此一无存在意义的债之关系的原因所在。(参见 **Dieter Medicus**/
Stephan Lorenz, Schuldrecht I: Allgemeiner Teil, 19. Aufl., München: C. H. Beck, 2010, Rn.
611-612)——译者

① Vgl. **Landmann** a. a. O. II S. 446 zu § 123 (Zeile 14 von unten) und S. 593 (oben) zu § 134 b.

② Vgl. § 696 Satz 2 RVersO.

③ Reaktion oder Reform? Gegen die Zuchthausvorlage! S. 60.

④ Vgl. die Anträge zu einem § 87d des Entwurfs einer Seemannsordnung (S. 68 Anm. 2 dieses
Buches).

护规定予以一般化①。并且，我们知道，上述有关建议和要求的实现，至少都与有团体协约能力的同业社团相关。而立法者则会通过《劳动团体协约法》立法的意义和趋势，来再次面对这些问题。实务中尤其会出现以毁坏有意愿或者已经加入上述社团人士的名声为目的的秘密约定。而对此，像《工商条例》第 153 条所规定的那样的刑事处罚，应能对这样的私法行为，产生某种符合制度期待的反制作用。同时，根据《民法典》第 134 条②的规定，这样的约定也无疑将会是无效的，并由此可得证成《民法典》第 823 条第 2 款③所规定的赔偿义务（Ersatzpflicht）。

（2）**有团体协约能力之同业社团，必须要能够在所有涉及团体协约的事务上，都保有权利能力，并在本质上能够形成某种法律关系**。而所有与团体协约相关之事务，无论是有关团体协约当事人之间交往的事务，还是有关团体协约团体与其所属成员之间交往的事务，都应被视为团体协约事务。

---

① "以身体强制、胁迫、毁损名誉或者败坏名声之方法，着手指定雇主或者劳动者，参加以影响劳动和工资关系为目的（Arbeits-und Lohnverhältnisse）的联合体和协会者，或者阻碍雇主或者劳动者参加前述之联合体或者协会者，处……刑。"（刊载于 **Brütt**, Das Koalitionsrecht der Arbeiter in Deutschland und seine Reformbedürftigkeit, S. 306, 307）

② 依据 2001 年 11 月 26 日的《债法现代化法》（Gesetz zur Modernisierung des Schuldrechts vom 26. November 2001）的规定，并考虑到本书"缩略语"部分有关"本书的文献和司法资料版本截止于 1915 年 10 月 1 日。"的声明，本书所称的德国《民法典》第 134 条，应是 1896 年 8 月 18 日的德国《民法典》（Bürgerliches Gesetzbuch vom 18. August 1896）第 134 条："违反法律禁止性规定之法律行为无效，然法律另有规定者，不在此限。"（同时请参见台湾大学法律学院、台大法学基金会编译：《德国民法典》，北京大学出版社 2017 年版，第 117 页）

③ 本书所称的德国《民法典》第 823 条，应是 1896 年 8 月 18 日的德国《民法典》第 823 条："因故意或者过失、不法侵害他人生命、身体、健康、自由、所有权或者其他权利者，对于该他人，负赔偿因此所生损害之义务。

　　违反以保护他人为目的之法律者，负相同之义务。依法律之内容，无可归责事由亦可能违反该法律者，仅于有可归责事由之情形时，才负赔偿义务。"（同时请参见台湾大学法律学院、台大法学基金会编译：《德国民法典》，第 732—733 页）

根据现行法，有团体协约能力之同业社团，完全可以基于《民法典》有关社团的规定（《民法典》第 21 条以下），而获得权利能力。但众所周知的是，从工人方面看，目前还没有任何一家有关的同业社团，利用了前述规范以取得权利能力。同时，就算从雇主方面看，也并非所有的雇主团体，都取得了权利能力。而这样行为的理由，特别是工人同业社团（Arbeiterberufsvereine）如此行为的理由，常常成为人们所讨论的对象，并在 1906 年 11 月 12 日《工商业同业社团法草案》中，得到了积极关注和承认。由此，该草案认为，《民法典》有关权利能力取得的规定，并不适合完全适用于同业社团。当然，该草案也还存在许多未能消除的缺憾。具言之，它在完全无视同业社团的内部生活和社会趋向的情况下，就其取得权利能力，规定了一种官僚性的强制秩序。而这是任何同业社团所无法承受的。因此，我们也完全没有必要为该草案未能成为真正的法律而感到惋惜。但是，这样的结果是，所有由工人团体作为协约当事人所参与的团体协约，都将会以无权利能力同业社团（nicht rechtsfähiger Berufsvereine）作为制度基础。而这样一种法秩序所暴露出的弊端，是有目共睹的。首先，实务当中，除非这些无权利能力的同业社团，采取某些特殊的迂回手段，或者让其所有的所属成员，依照《民事诉讼法》第 50 条 [1] 的规定，自行追诉，以实现请求权（实践当中一般来说是绝无可能

---

[1] 依据 1898 年 5 月 17 日的《民事诉讼法修正法》（Gesetz, betreffend Änderungen der Civil-prozeßordnung vom 17. Mai 1898）、《民事诉讼法修正法施行法》（Einführungsgesetz zu dem Gesetze, betreffend Änderungen der Civilprozeßordnung vom 17. Mai 1898）、《帝国宰相公布若干帝国法律文本授权法》（Gesetz, betreffend die Ermächtigung des Reichskanzlers zur Bekanntmachung der Texte verschiedener Reichsgesetze vom 17. Mai 1898）以及 1898 年 5 月 20 日《有关若干于 1900 年 1 月 1 日开始生效的帝国法律版本的公告》（Bekanntmachung der Texte verschiedener Reichsgesetze in der vom 1. Januar 1900 an geltenden Fassung vom 20. Mai 1898）的规定，并考虑到本书"缩略语"部分有关"本书的文献和司法资料版本截止于 1915 年 10 月 1 日"的声明，本书所称的《民事诉讼法》第 50 条，应是 1900 年 1 月

74

的），否则，无权利能力同业社团本身，是无法自行主张行使由团体协约而产生的请求权的。而在社团所属成员自行追求实现该等请求权的情形下，则除非有合同对成员责任进行了事先排除，否则这些成员作为个体，乃还需要为其社团之义务负责。最终，我们需要关注《民法典》第 54 条 [1] 的规定。据此，以代理人身份参与团体协约订立活动者，须根据那些以同业社团名义所订立的团体协约之约定，承担个人责任。而一部能够避免上述这些弊端的《劳动团体协约法》，是需要承认所有有团体协约能力的同业社团，于团体协约事务范围内，都具有权利能力的，即便根据《民法典》或其他法规的规定，该等同业社团并不能取得权利能力。但由此我们也会发现，该法律并不能就同业社团的权利能力取得的一般性问题，作出前瞻性的规定。它只能宣告，有团体协约能力的同业社团，至少在为了实现团体协约的制度目的时，是具有权利能力的。从而，依据《民事诉讼法》第 50 条的规定，这些同业社团，也会取得为其自身所必要的当事人能力（Parteifähigkeit）。与此同时，有团体协约能力之同业社团所属之成员及其代理人，对社团义务（Vereinsverbindlichkeiten）所负之责任，亦将因此而消灭。另一方面，假如这些有团体协约能力的同业社团，不能取得一种先在的权利能力的话，则由于该等同业社团的权利能力，并非根据《民法典》的规定而取得，从而《民法典》有关限制有权利能力社团（der rechtsfähigen Vereine）之规定，当然也就无法专门适用于他

---

1 日的《民事诉讼法》（Zivilprozessordnung vom 1. Januar 1900）第 50 条："有权利能力者，有当事人能力。无权利能力社团可被起诉；该社团于诉讼中享有有权利能力社团之地位。"——译者

[1] 本书所称的德国《民法典》第 54 条，应是 1896 年 8 月 18 日的德国《民法典》第 54 条："无权利能力社团，适用有关合伙（Gesellschaft）之规定。以该社团之名义对于第三人所为之法律行为，由行为人个人负责；行为人为数人时，负连带债务人之责任。"（参见台湾大学法律学院、台大法学基金会编译：《德国民法典》，第 37 页）——译者

们。因此，我们尤其会发现，《民法典》第 31 条[①]的规定，就无法适用于这类有团体协约能力的同业社团。当然，或许我们也确实没有这样做的必要。因为团体协约团体，作为协约当事人，确实也只应承担相应的合同责任。而有关代理人和职员的合同责任，《民法典》第 278 条[②]已经有了明确的规定，并当然适用于这类团体协约团体。而只有《民法典》第 26 条第 2 款[③]和第 28 条[④]之规定，基于体系秩序的原因，有必要超出《民法典》的效力范围，而同时适用于那些有团体协约能力的同业社团。

另外，《工商条例》第 152 条第 2 款[⑤]的规定，对完全有效形成同业社团与其所属成员之间法律关系，也起到了相应的阻碍作用。按此，即便是有权利能力的同业社团，其与所属成员之间，也是无法建立起真正

[①] 本书所称的德国《民法典》第 31 条，应是 1896 年 8 月 18 日的德国《民法典》第 31 条："董事会、董事或其他依章程组织选任之代理人，因执行业务所为应负损害赔偿义务之行为，加损害于第三人者，社团负其责任。"（同时请参见台湾大学法律学院、台大法学基金会编译：《德国民法典》，第 21 页）——译者

[②] 本书所称的德国《民法典》第 278 条，应是 1896 年 8 月 18 日的德国《民法典》第 278 条："债务人对其法定代理人及为自己债务履行之人之故意或过失，如同自己之故意或过失负同一范围之责任。第 276 条第 2 款规定，不适用之。"（参见台湾大学法律学院、台大法学基金会编译：《德国民法典》，第 249 页）——译者

[③] 本书所称的德国《民法典》第 26 条第 2 款，应是 1896 年 8 月 18 日的德国《民法典》第 26 条第 2 款："董事会在诉讼上及诉讼外代表社团；它并有法定代理人之地位。董事会的代理权之范围，得依章程加以限制，而有对抗第三人之效力。"（参见台湾大学法律学院、台大法学基金会编译：《德国民法典》，第 17 页）——译者

[④] 本书所称的德国《民法典》第 28 条，应是 1896 年 8 月 18 日的德国《民法典》第 28 条："董事会由数人组成时，其决议依第 32 条及第 34 条关于社员决议之规定为之。向社团为意思表示者，向董事会中董事之一人为之，即为已足。"（参见台湾大学法律学院、台大法学基金会编译：《德国民法典》，第 17—19 页）——译者

[⑤] 1900 年 7 月 26 日重编公布版的《德意志帝国工商条例》（Bekanntmachung, betreffend die Redaktion der Gewerbeordnung für das Deutsche Reich vom 26. Juli 1900）第 152 条第 2 款："联合体和协会的参加人员，可随意退出联合体和协会。联合体和协会不得因此而起诉或提出抗辩。"

的权利义务关系的 ①。例如，其所属成员可以不承担缴纳会费的义务，且不会为此而遭受处罚，乃至在团体协约存续期间内，他们还可以无条件或者只是在满足一些条件的情况下，随意脱离社团。如此，团体协约作为权利主体(dem rechtlichen Körper)的筋，无疑也就被割断了。因为团体协约在它的履行过程中，是需要同业社团对其成员施加影响的。而如果这种影响在合法性上无从实现，则团体协约的履行，最终就要去仰赖某些对于维系团体协约，有帮助作用的社会性手段。然而，在此范围内，社团与成员之间内部的个别权利关系的现实状态，对于团体协约的存续而言，就不再是决定性因素了。可是，团体协约确也缺乏对其所掌控的生活关系进行全面法治化的能力。而这也就是为什么，我们有必要开辟一条道路，以便有团体协约能力的同业社团，当它希望的时候，能够按照自己的意愿，建立起一种内部法治生活。而这条道路的开辟是需要我们通过立法，至少在团体协约事务领域中，废除《工商条例》第 152 条第 2 款这种规定的。如果真的能够这样，同业社团也就可以通过内部法治，实现团体协约的制度目的了。同时，借由废除《工商条例》第 152 条第 2 款，一种法衡平性(Gleichmäßigkeit des Rechts)也得以被建立起来，尽管这样的法衡平性，在当今同盟组织内部关系领域中还尚不存在。而这样的缺漏无疑会导致许多非正义的结果，且在团体协约的签订中尤甚。比如，我们知道，农业企业主与运输工人团体(Transportarbeiterverband)之间是会达成团体协约的；我们也知道，医生联合体与工商业雇主团体(gewerblichen Arbeitgeberverband)，亦会就适用

---

① 有关的法律状态，请参见 Landmann a. a. O. II zu § 152 Abs. 2。有关的具体问题请参见 Lotmar a. a. O. 以及 Alexander Leist, Untersuchungen zum inneren Vereinsrecht, S. 165/66。而对于如此规定的缘由，拉斯克(Lasker)的演讲，则给出了最好的启示(Stenogr. Berichte des Reichstags, 1867, S. 395)。当然，正如上文所述，这些理由已经不再能切实满足今时今日的需要了。

于工厂疾病互助机构^①（Betriebskrankenkassen）的医疗服务条件及报酬达成团体协约。而此时，我们会发现，只要《工商条例》第 152 条第 2 款的规定没有被废除，就会出现这样一种情况，即前述这样的团体协约的一方当事人，虽能以独立主体的身份，完全受协约法权之拘束；而与此同时的另一方当事人，却在法权上没有受这样的团体协约拘束的资格。而之所以如此无非是，无论是农业企业主，还是医生，他们都不是《工商条例》的适用对象，进而《工商条例》第 152 条第 2 款亦无从适用于他们。是故，农业企业主和医生可以随意创制他们社团内部的法律关系。然而，由于《工商条例》第 152 条第 2 款的存在，这样随意创制社团内部法律关系的权能，对于上面所举事例中，那些作为医生联合体和农业企业主相对方的组织而言，却显然是不可想象的。当然，《工商条例》第 152 条第 2 款的废除，主要还是对雇主方面具有重要意义。这是因为，雇主方已习惯于他们所属的同业社团与其成员之间所建立的那种最严格和最密切的关系，并同时也能恪守维系这样的关系^②。而就工人方面而言，我们知道，工人同业社团所属成员作为工人，是具有很强的人员流动性的，并且工人在经济给付能力上（die wirtschaftliche Leistungsfähigkeit），大多也是不稳定的，以至于即便为他们设定相应的法权义务（Rechtspflichten），在实践中往往也无法得到真正的履行。^③ 同时，针对《工商条例》第 152

---

① Krankenkasse 即疾病互助机构，是作为德国社会保险制度组成之一的法定疾病保险的保险主体。（参见胡川宁：《德国法定疾病保险主体的历史嬗变与反思》，《德国研究》2020 年第 2 期，第 69—81 页）——译者

② 米伦兹（Mielenz）特别指出了，依法阻止雇主团体的成员，于团体协约存续期间内退出团体，对于雇主团体的利益所在（Mielenz, GewKfmG. XVI S. 129）。另请参见 Zöphel, Das Interesse der Arbeitgeber an der Rechtsgiltigkeit von Koalitionsabreden, ArbR. II S. 348 ff.。

③ 这就是为什么，莱帕特（Leipart）在 1914 年第九次全德工会代表大会（dem neunten Kongreß der Gewerkschaften Deutschlands）所做的专题报告中，会对废除第 152 条第 2 款的实益性，提出反对性质疑见解的原因所在。他相信，对第 152 条第 2 款的废除，只会强化雇主本人的地位，但他却忘记了，只有雇主团体能够依法在整体上团结在一起，已

条第 2 款，同法第 92c 条 ① 的规定，似乎也应发挥一定的限制作用。目前大家都假定，在涉及团体协约履行时，同业公会是无权对其会员科处秩序罚（Ordnungsstrafen）的。因此，我们有必要通过一种制度安排，以至于当需要科处秩序罚，才能使同业公会的会员履行团体协约义务（Tarifpflichten）时，《工商条例》第 92c 条的规定也能够得到适用——此一变法最重要的可能后果是：会针对团体协约事务制定诸多的社团罚（Vereinsstrafen）。据此，成员（会员）于团体协约存续期间内，退出同业社团的行为，也会受到相应的限制。且社团亦可凭此，要求其成员（会员）履行，诸多涉及团体协约事务的义务。因此，这无异于为了团体协约的利益，而允许有团体协约能力的同业社团，可得合法行使一种全方位的社团权力（Vereinsgewalt）。显然，这里并不是探讨个人如何针对这样的社团权力行使防御权（Abwehrrechte）的地方。然而，我们仍然有必要就此强调一点：针对社团成员退出社团自由的法权拘束，并非无边无际的。这样的法权拘束不得超过一定的期间，且必须保留社团成员，享有基于重大事由退出社团的权利。

（3）**最后，有团体协约能力的同业社团，只要其系处于团体协约关系（Tarifverhältnis）之中，就必须要保证其客观存在（Dasein），能符合团**

订立的团体协约才会获得应有的力量，而这也是符合工人一方利益的（Protokoll, Berlin, Verlag der Generalkommission der Gewerkschaften Deutschlands, S. 428）。

① 依据 1953 年 9 月 17 日的《手工业秩序法》［Gesetz zur Ordnung des Handwerks (Handwerksordnung) vom 17. September 1953］，以及 1924 年 12 月 12 日的《货币法实施令 II》（Zweite Verordnung zur Durchführung des Münzgesetzes vom 12. Dezember 1924）的规定，并考虑到本书"缩略语"部分有关"本书的文献和司法资料版本截止于 1915 年 10 月 1 日"的声明，本书所称的《工商条例》第 92c 条，应是 1900 年 7 月 26 日重编公布版的《德意志帝国工商条例》（Bekanntmachung, betreffend die Redaktion der Gewerbeordnung für das Deutsche Reich vom 26. Juli 1900）第 92c 条："董事会有权对违反规章规定的同业公会会员处以秩序罚，尤其是可处不满 20 马克的罚金。有关之诉愿，由监管机关负责裁决之。罚金存入同业公会互助机构。"——译者

体协约制度目的之要求。而这种调整必须要达到这样的状态，即该类社团的其他众所周知的，远超过团体协约的社会生活领域，也没有受到任何的消极影响。具体来说：

同业社团必须要能够为其本身的客观存在提供一定的保障。而毫无 78 疑问的是，团体协约的存在，实际上亦仰赖于同业社团的客观存在。因此，在没有取得其他协约当事人同意的情况下，我们一方面，是不会允许那些作为团体协约当事人的同业社团，于团体协约存续期间内，随意自行解散的；另一方面，我们也不会允许这类同业社团，变更其与团体协约目的有关的章程内容。[①] 而之所以对内部同盟组织法（das innere Koalitionsrecht），会有如此的要求，归根结底是这样一个客观事实的必然结果。这个事实就是，每当同业社团签订团体协约时，它就会进入一种以同业社团的确定存在为前提条件的关系当中。而如果此时同业社团可于团体协约有效期内解散的话，则至少对工人一方而言，已订立的团体协约之存在根基，难免就会丧失殆尽。同时，上述同业社团若能够按照自己的自由裁量，而变更其章程内容，以至于能影响到与团体协约之关系，则也无异于，当事人一方仅凭其单方之行为，就可改变合同双方当事人于订立协约时所合意认定的权利状态（die rechtliche Lage）。例如，章程将团体协约终止权的决定行使机关，规定为某个特定的成员委员会（Mitgliederausschuß），还是规定为成员大会（Mitgliederversammlung），会导致本质上完全不同的权利状态。当然，无论如何，国家的权利，尤其是国家所享有的解散相关社团的权利，是不会受此影响的。[②] 同时，团

---

① 正如基尔克在他的专著中所指出过的，确实存在一种强制性的团体解散禁止权（obligatorische Rechte auf Nichtauflösung von Verbänden）。（参见 **Gierke**, Die Genossenschaftstheorie und die deutsche Rechtsprechung S. 583 Ziff. 5 und S. 850 mit Anm. 4）

② S. darüber **Delius**, Deutsches Vereinsrecht und Versammlungsrecht in privat-und öffentlich-rechtlicher Beziehung, 1908, S. 91 ff.

体协约对于国家的这种权利，实际上也是无法产生任何影响的。当然，只要同业社团不能自行解散或变更其章程，他也就在事实上相当于被剥夺了废止团体协约能力之权利了。总之，即便有了团体协约能力，同业社团也很有可能会失去权利能力；可是，若是伴随着权利能力，同业社团很可能会失掉的则是所有不仅对于他，而且对于对方当事人，都重要的优势地位。

79　　　　此外，同业社团还必须为团体协约能顺利轻松运作，承担某种形式的义务。我们知道，能否随时确认出何人系属于处于团体协约关系之中的同业社团之成员，对于团体协约的实施，是至关重要的事情。因为这些成员作为协约成员，是会成为团体协约所产生的权利与义务的相关者的[①]。为此，同业社团应有义务设置一种成员名录，以便始终能对其成员的当前状态进行确认。当然，法律没有理由在此去规定，此种成员名录制度，一定要具备某种特定的形式。具言之，成员状态的确认，既可以通过发放收集成员卡（Mitgliedskarten），也可以凭借设立成员名册（Mitgliederliste）的方式，予以完成。总之，形式是不重要的，也就是说，只要社团所采取的预防措施，能够随时确认其成员的当前状态就足够了。另外，由于团体协约的存续期间，以及由此而生的请求权，相关名录还必须按照法律规定的期间被保管一段时间。团体协约主管机关，乃至第三人，可能都会对获得特定人士的同业社团会籍信息，存在有一定的利益。例如，当事人是否能依据团体协约，针对特定人士进行权利追诉（Rechtsverfolgung），就完全取决于前述会籍信息的取得问题。同时，只要涉及团体协约事务，会籍信息的获取对于了解同业社团的法定代理（der gesetzlichen Vertretung）和章程内容的情况，也是有利益价值的。而只有基于对这些情况的了解，我们才有可能在个案中，就某些特

---

① 　参见本书页边码第 86 页以下的相关内容。——译者

定的合法行为 ① (Rechtshandlungen) 的有效与否作出判断。是故，所有有
团体协约能力的同业社团，都必须承担，向团体协约主管机关提供，与
所强调之要点有关的信息之义务。此外，在遇有参加了团体协约，且对
所通知提供之信息的知悉，享有某种权益 (ein berechtigtes Interesse) 的
第三人申请时，团体协约主管机关，还必须被视为该信息的有权通知机
关。当然，同业社团就团体协约相关情况以外的信息，本就是有权拒绝
提供的。也就是说，他有权拒绝向主管机关和第三人，概括性地披露同 80
业社团生活的方方面面。然而，若同业社团本身系处于团体协约关系之
中，且所披露之信息，乃与团体协约事务相关，则同业社团当然也会毫
不犹豫地同意，向主管机关和第三人提供前述与同业社团生活有关之信
息。其实，尤其是在团体协约存续的情况下，团体协约参加人对成员状
况的了解，并不会损害成员本人的利益。因为我们看到，同盟组织成员，
实际上会因其成员身份，而在订立团体协约时，享受到特别保护（见页

---

① 因德国《民法典》未有 Rechtshandlung 的明文规定，故相较于有明文规定的 Rechtsges-
chäft, Rechtshandlung 的内涵外延并不清晰。总体上，德国民法学理，对 Rechtshandlung
有广义、中义和狭义三种用法。其中，广义上的 Rechtshandlung，大致是指所有具有法
律价值判断必要的人之行为；中义则基本上是指广义 Rechtshandlung 中合乎法秩序规定
的那部分行为，从而诸如侵权行为等不法行为就被排除在外；狭义则是指合法行为中那
些不以行为人的意思，作为法律后果发生要件的行为，主要包括了准法律行为和事实
行为，进而也与法律行为相对。也是因此，汉语法学界在翻译 Rechtshandlung 时，既有
考虑到其广义，而译成"人之行为"者；也有顾及其中义，而将之翻译成"合法行为"或
"广义适法行为"者；还有取其狭义，而将其翻译成"狭义适法行为"者。回归到本书语
境下 Rechtshandlung 的翻译，我们需要指出的是，一方面不法行为，一般来说是不存在
有效与否问题的；另一方面下文中作者，实有将合同终止行为 (Kündigung des Vertrags)
归属于 Rechtshandlung 的表述。因此，本书这里的 Rechtshandlung，应更多取的是中
义，并考虑到 Recht 的"合法"本意，故翻译成"合法行为"较为妥当。（参见台湾大学
法律学院、台大法学基金会编译：《德国民法典》，第 79—84 页；朱庆育：《法律行为
概念疏证》，《中外法学》2008 年第 2 期，第 336 页；Werner Flume: Allgemeiner Teil des
bürgerlichen Rechts. Bd. 2. Das Rechtsgeschäft. 4. unveränd. Aufl., Berlin: Srpinger-Verlag, 1992,
S. 104 ff.）——译者

边码第 70 页以下及第 138 页的相关内容）。当然，在同盟组织凭借团体协约的订立，而获得积极承认的那一刻，任何以反对同盟组织为目的的斗争，亦丧失了其存在之意义，乃至其合法性。同业社团的信息提供义务（Auskunftspflicht）的履行，应当能够在团体协约主管机关和同业社团之间，以最无拘无束的形式和相互完全信任的方式，予以实现。进而，那种许多人曾经所设想建立的官僚强制体制，就会成为一件多余的事情。我们知道，这样的官僚强制体制，是可以借由设立团体协约登记簿（Tarifregister）等制度来予以实现的。此外，即便在必要的情况下，团体协约主管机关请求其提供成员状态，或法定代理之变动情况信息，且同业社团也有义务提供之时，同业社团也无须将前述情形的每一次变动情况，都用现行法所要求的官僚套话，予以申报登记。当然，据此所生之义务必须要在团体协约主管机关的监督之下履行之。在此期间，团体协约主管机关有权，对所涉同业社团的法定代理人处以秩序罚。另外，若社团代理人的选举，无法以合规的方式举行或没有完成，则在此情形下，

81　团体协约主管机关必须要有能力，自行为处于团体协约关系下的社团指定法定代理人。且该被指定的法定代理人，须一直工作至相关选举，以合规的方式举行完毕为止。而之所以如此，是因为没有法定代理，同业社团的任何团体协约活动，都是不可想象的。

　　具体来说，《劳动团体协约法》必须要采取一系列措施，以便同业社团能够在其功能上合法地服务于团体协约。

　　4. 多方团体协约

　　未来的《劳动团体协约法》要想获得现实的有效性，还必须要能注意到团体协约制度的具体表现形式。是以，即使会产生额外的权利纠缠问题，像《劳动团体协约法》这样的法律，也必须要将实际合同订立的多样性问题考虑进来。而造成这种多样性的原因正在于，常常会有这样的团体协约得以订立，即它的一方或双方协约当事人系为多数。我们将这种

情况下的团体协约，称为**多方团体协约**[①]（mehrgliedrigen Tarifverträgen）。协约当事人系为多数的情况可以是自始存在的，即协约当事人于参与合同订立时就为多数。当然，协约当事人系为多数的情况，也可发生于团体协约的存续期间，亦即团体协约之协约当事人，虽在协约订立时系属单数，然嗣后因其他协约当事人的加入，而变为多数。

这样的**加入行为**（Beitritt）是否可能成立，须取决于合同内容的约定。申言之，合同可自始约定并允许加入行为，亦即对第三人发出的集体要约（Kollektivofferte an einen Dritten），并可在此对加入行为，附加某些特定的条件。[②] 然若从合同中未能解读出，存在允许加入行为之意思，则唯有考虑通过嗣后加入（nachträgliche Beteiligung），以形成协约当事人之多数这种情况。而嗣后加入，亦只有在所有的原始协约当事人之双方，就新协约当事人的加入行为，都达成一致意见的情况下，方能成立。同时，相较于前述此一从一般合同原则中，所推导出来的规制规则，法律也没有理由再做出不同之规定。按此，我们必须对《罗森塔尔草案》第5条的那种建议做法持否定态度。该条规定："另外，于团体协约订立后，通过明示的书面形式向协约另一方为表示，以加入前述团体协约者，受此团体协约之拘束。"可见据此，任何第三人都可以随随便便地加入任何团体协约。换言之，团体协约将由此对所有人开放。但是，我们不应该苛求团体协约的原始协约当事人，一定要对任何协约当事人，都持乐意合作的态度。例如，我们可以想象一下这种情况：某甲雇主团体已订立

82

---

① Vertrag II S. 229.

② 参见《**德意志印刷工人团体协约共同体合同**》第4条："已达成合意之本合同对未来持开放性，亦即其他已组织起来，且对于团体协约共同体，具有重要性的联合体，也可嗣后被纳入本协约共同体（Vertragsgemeinschaft）之中，然不符合本合同所设想之发展趋势的联合体者，不在此限。对于此类社团的纳入，须经团体协约主管机构（Tarifamt）之决定，方可为之。"

有一份团体协约。同时，另有一个乙雇主团体，则因工人一方的要求，也需要签订一份团体协约，更准确地说，工人一方因不同的利益出发点，期望能与乙雇主团体，签订一份与之前与甲雇主团体所订立的那一份团体协约，在内容上有所不同的团体协约。而在这种情况下，乙雇主团体是有手段可能以协约当事人之身份，而直接加入甲雇主团体所已经订立的那一份团体协约，进而成功规避开工人一方所即将发动的劳资斗争的。这是以符合团体协约利益为出发点的法律规定，所无法允许出现的现象。此外，就算在允许加入行为的情况下，法律也不能支持规定，随便什么第三人，只要想加入，就可以加入成为团体协约的协约当事人。相反，只有那些本身就有作为协约当事人之资格能力者（参见页边码第 51 页以下的相关内容），才有资格通过加入，成为团体协约的协约当事人。这同样适用于意欲经由嗣后的意思一致，而成为团体协约当事人的那类第三人。

83

　　另外，我们还需要对多方劳动团体协约，在另外一个方向上的法律问题提起足够的重视。这个重要的问题就是，在团体协约的一方协约当事人系为多数的情况下，该多数的协约当事人，就团体协约行使**处分权**，有哪些具体的方式？目前，现行法在此提供了多种多样的制度可能。首先，我们可以思考一下《民法典》第 428 条以下和第 421 条以下所分别规定的连带债权和连带债务制度（Gesamtgläubiger- und Gesamtschuldnerschaft），是否适合作为处分权的行使方式。答案显然是否定的，而原因笔者已经在上文有所指出。[1]另外，我们可以认为，所谓协约当事人一方或者双方系为多数的情况，只不过是一种数个个别团体协约关系的复制叠加而已。这也就是说，团体协约中的合同参与人（Vertragsteilnehmer）虽说系为多数，但是他们中的任何一个组成成员，

---

[1]　A. a. O. II S. 231.

却又都是作为独立主体，就如同他们以自己的个人身份单独订立团体协约时一样，承担团体协约义务，并为自己行使权利。以至于，那些仅仅出现在个别债权人（Gläubiger）或债务人（Schuldner）个人身上的事实情况，就只会对该个别债权人或债务人本人产生有利或者不利的效力，而不会波及他人。[1] 但同样需要指出的是，这样的解决方案，是违反团体协约利益的。因为上述解决方案在结果上必然导致任何一个协约当事人，都完全有权就某个既有团体协约，再订立多个特别约定[2]。而这样一些特别约定，很有可能会动摇该团体协约本身的存在价值。这是因为各方协约当事人在签订该团体协约时都是假定，他们之间的法律地位是平等的，并且这种平等是会一直维系下去的。如此，依据现行法，剩下的就只有一个选项，那就是根据《民法典》第705条以下之规定，采取合伙组织化（Vergesellschaftung）的形式。这也就是说，我们可以将签订某个团体协约的多数一方当事人，设想成为此所专门联合组成的，以追求实现他们共同利益为目的的一种合伙组织（Gesellschaft[3]）。这种观点，可用于

84

---

[1] A. a. O. II S. 232.

[2] A. a. O. II S. 234.

[3] 德语中的 Gesellschaft，从词源上，系来自于日耳曼语的 Gesellenschaft，原指手工业行会学徒，为了从行会师傅那里博得更好的劳动条件所组成的团体。后来19世纪启蒙运动时期，德国学者将其变体 Gesellschaft 用来翻译法语的 société，以引入"市民社会"概念［参见 Theodor Geiger, Gesellschaft. in: Alfred Vierkandt (Hrsg.), Handwörterbuch der Soziologie, Ferdinand Enke Verlag, Stuttgart 1982, S. 38–48］。故在法学上，启蒙时代的德国学者，也很早就将 Gesellschaft 等同于拉丁文的 societas，亦即"人所组成之团体或社团"［参见 Martin Lipp, „Persona Moralis" „Juristische Person" und „Personenrecht"—Eine Studie zur Dogmengeschichte der „Juristischen Person" im Naturrecht und Frühen 19. Jahrhundert. in: Quaderni fiorentini per la storia del pensiero giuridico moderno 11/12 (1982/83), S. 249］。在此基础上，当代 Gesellschaft 具有了一定的多义性，即有社会、合伙、社团或公司等多种意思。当然，总体上还是表达人所组成的各种团体共同体。综合上下文，因本书此处的 Gesellschaft 涉及德国《民法典》第705条以下的规定，故应翻译为"合伙组织"。（参见台湾大学法律学院、台大法学基金会编译：《德国民法典》，第681页以下）——译者

阻止单一的协约当事人，去订立特别约定的行为，因为根据《民法典》第
709 条[①] 的规定，只有协约当事人之全体共同行为，才能就团体协约内容
（Tarifinhalt）进行处分。可也正是这样的规定，即只有所有的协约当事人
共同一致行动才具有合法性，导致合伙组织说这样的观点不会有真正的
市场。因为果真如此的话，例如团体协约终止这样的行为，那就也需要
所有协约当事人共同为之了。但是，这无疑会致使一方协约当事人要屈
从于另一方协约当事人的意志。而这种屈从显然不是参加团体协约的任
何一方当事人所想要的。[②]

　　考量到协约当事人在上述法律地位中，无论以何种形式，都无法满
足团体协约利益的正当要求，我们就必须要为参加人设计这样一种规则，
85　即它应至少能够在团体协约自身没有进行规定的情形下，起到填补空白

---

① 本书所称的德国《民法典》第 709 条，应是 1896 年 8 月 18 日的德国《民法典》第 709
条："合伙事务之执行，由合伙人全体共同为之；就每一事务，应经合伙人全体之同
意。依合伙合同，应按表决权之多数决定者，有疑义时，其多数之计算，按合伙人之
人数定之。"（同时请参见台湾大学法律学院、台大法学基金会编译：《德国民法典》，第
732—733 页）——译者

② 参见布雷斯劳裁缝业（Schneidergewerbe）案仲裁裁决（Schiedssprüche）（Einigungsamt II
S. 92）以及菲尔特（Fürth）仲裁所，就镜面玻璃制造业（Spiegelglasgewerbe）案所作的仲
裁裁决（a. a. O. S. 136）。两份裁判无一例外，都对限制协约当事人以个人身份行使终止
权的观点，持否定态度，尽管这种限制是能够从合伙关系（Gesellschaftsverhältnis）的假
定基础中被合法推导出来的。菲尔特仲裁所指出："纯粹的法律解释或许会得出以下这
样的结论，即在一份由数个组织所签署的团体协约的履行过程中，哪怕其中只是一个
可能拥有极少组成成员的组织，都会对其他拥有极其多组成成员的组织，行使合法行
为（例如合同终止）产生阻止作用。这事实上无异于极少数人将他们的意志强加给了大
多数人……同样地，一旦少数人有能力违背大多数的意志，而对团体协约的整体存续，
起到干涉作用的话，我们相信大多数的雇主，也难免会遭受一样的不利益。因此，这
样严格的法律观点，在经济上，并不具有可操作性；或者说，它会造成诸多不可接受的
态势，尤其是会导致我们，将极难把各种不同类型的团体，联合起来签订一份一模一
样的团体协约。而相较于这种经济上几乎无法预见的后果，多数合同相对人中之一人，
擅自从合同关系中脱离，对一方当事人所会造成的不利益，就是次要问题了。"

的作用。该规则必须满足以下基本要求：兼顾多方协约当事人的共同利益与特殊利益，也就是说，共同利益和特殊利益各自都不能独大，为此权利的共同性与权利的多样性之间应在范围上相互交融。事实上，一种以共同共有原则（Prinzip der gesamten Hand）统合统一性与多样性的债法关系（obligationsrechtlich），对于法学来说，并不陌生。[①] 这里的问题仅仅是，须有立法能在有疑问时，准确找到两者之间的范围边界，以准确分辨出前述两者。为此，我找寻到下述法律条文：

当参加团体协约的一方协约当事人系属多数时，任何个别的协约当事人，都无权订立在内容上有悖于既有团体协约的特别约定。另外，协约当事人根据团体协约的约定，独立行使权利，并承担义务。

对于为什么不允许团体协约的协约当事人，私自订立特别约定的原因，笔者在上文中已经交代过了。[②] 同时，在团体协约实务中，协约当事人的这种不得为特别约定的法律地位，也已被视为一种理所当然。[③] 然　86

---

① **Gierke**, Genossenschaftstheorie und deutsche Rechtsprechung S. 361 Anm. 3, dazu S. 343 unten und S. 344 oben, auch S. 358 zu Nnm. 2.

② 对此，笔者还建议可类推国际公法合同（国际条约）的相关规则。国际公法条约也是承认多方关系的，这正如霍尔岑多夫（**Holtzendorff**）在其所著《国际公法手册第一卷》（Handbuch des Völkerrechts I）第 106 页中所述："当……在某些确定的国家群体内部存在有法规性合同时，客观上也就不可能允许，在所涉相同的法域中，再以**特别合同**（**Spezialverträge**）的形式，作出与其完全相悖的法律行为合意。这就是说，以集体合同（Kollektivvertrag）的形式而客观存在的法源，其所涉的一般命令性或禁止性规定，是不可以由某些确定的共同缔约人（Mitkontrahenten）的合意法律行为，或特别法（*jus particulare*），而嗣后受到减损的。在这里以国际法为基石的法源和法律行为的存在状态，与国家内部生活中的公法（*jus publicum*）和私法（*jus privatum*），并无不同。"

③ 例如请参见**建筑行业地方团体协约**示范合同文本（das Vertragsmuster für die örtlichen Tarifverträge im Baugewerbe）（Einigungsamt I S. 120 unten）第 1 条第 3 项："协约当事人不得与其他组织，或者雇主和劳动者个人，达成与本协约不同之规定。"另外参见德意志建筑行业中央仲裁法院第 289 号裁判书（die Entsch. des Zentralschiedsgerichts Nr. 289 für das deutsche Baugewerbe）（Einigungsamt I S. 15）：不来梅建筑商联盟作为一方，与自由工会和其他作为共同协约当事人的工人组织作为另一方，签订了一份团体协约。但嗣后，

而，我们不能否认的是，由多数的协约当事人所交织而成的共同体的生存空间，也必然会因此而陷于内耗，并最终荡然无存。因此，正如笔者在上文中所阐述过的，立法只应允许团体协约的协约当事人，以个人名义独立行使终止权。而这也同样适用于其他基于团体协约而产生的权利义务。这也就是说，团体协约所生的权利义务，乃是专属于个别协约当事人自身特殊领域的事物。而之所以我们必须承认上述权利义务独立性的理由，还特别在于这样一个天然的客观事实，那就是只有个别协约当事人自身，才能够真正作出违反团体协约之行为；同时也只有个别协约当事人自身，才能够真正作为团体协约违反行为的归责对象。再者，除了相关团体协约之协约当事人以外，其他人对于该团体协约中的权利义务，也不会有真正的直接利害关系。至于某些情况下，个别协约当事人之间的特别权利关系（das sonderrechtliche Verhältnis），尤其是终止权关系，如何能够对其余的协约当事人的权利地位（Rechtsstellung）产生间接影响，笔者将在下文详述（参见页边码第 125 页的相关内容）。

三、协约成员

1. 有关雇主和劳动者双方作为协约成员的规定

团体协约的协约成员是指那些虽属团体协约之参加人，但就团体协约无处分权者。具体来说，所有现在或曾经受团体协约之社会魔力（sozialen Bann）所掌控者，都会被视为团体协约之协约成员。另外，协约成员还可再被分为两类。其中第一类，系指团体协约组织之现有组成成员。而与此相对的第二类协约成员，其虽现已不再属于任何团体协约组

联盟与自由工会就该团体协约，又单独订立了一份补充协议。中央仲裁法院在此认为，这无疑是一种团体协约的变更行为。而此种团体协约之变动，唯有经全体协约当事人之同意，方能获得正当性。

织之组成成员，但其于该团体协约有效期内，却曾为团体协约组织之组成成员。我们将第一类协约成员称作**有组织性协约成员**（die organisierten Vertragsmitglieder），而将第二类协约成员称作**无组织性协约成员** [①]（die nichtorganisierten Vertragsmitglieder）。

（1）所谓**有组织性协约成员**，系指所有以团体协约订立为宗旨的组织（den vertragschließenden Organisationen）之所属成员。这样的规定与团体协约的实务意义是完全贴切的。而下述《德意志印刷工人团体协约共同体合同》第 2 条和第 5 条的规定，则正是有组织性协约成员规定的经典范例：

《德意志印刷工人团体协约共同体合同》第 2 条规定："有关店主（Prinzipale）和助手（Gehilfe）之间权利义务的决定性规则，由德意志印刷工人团体协约予以确定。同时，包括团体协约组织的有关组织规则，以及团体协约主管机构所颁行的各种团体协约评注（Tarifkommentar）在内的所有与前述团体协约相关之内容，**对以团体协约订立为宗旨的社团及其所属成员，均产生绝对之拘束力。**"

《德意志印刷工人团体协约共同体合同》第 5 条规定："德意志印刷工人团体协约，具有基于自愿合意而成立的工资法之性质。对于该工资法的义务遵守问题，双方社团谨在此签字承诺将通过各自之总董事会负责之。**为此，双方社团应与各自所属之成员，就前述团体协约所约定的所有权利义务内容，达成合同合意。**"

具体而言，我们可以总结出这样的原则：

社团成员是于团体协约签订时已属该社团之成员，或是之后于团体

88

---

① 无组织性协约成员这个称谓实际上并不十分准确。因为这个称谓并没有排除那些本身其实就属于一种组织的协约成员。只不过，对于这些"无组织性协约成员"而言，他们只不过没有加入到团体协约组织而已。因此，无组织性协约成员在这里真正的意思，是指那些没有被组织进，团体协约组织的协约成员。

协约之有效期内才参加成为该社团之成员，在结果上并无不同。^① 当然，在后一种情况下，往往会产生一种权利纠缠问题。具言之，当团体协约订立后新加入的成员，在加入该团体协约之前，已经受有一个团体协约之拘束时，就会出现一个问题，即既往已加入的旧团体协约，是否在效力上应优先于该新加入的团体协约。从迄今为止的团体协约实务见解看，对前述问题的答案是肯定的。^② 除此之外，这里还存在这样一种情况，即有关组织和雇主通过加入现成的团体协约组织，可直接受适用于该团体协约组织的团体协约之拘束。如此，有关组织和雇主可避免于订立特别的团体协约，而与他方进行专门的劳动斗争。笔者主张，法律对此是不必采取任何事先专门性的预防措施的。可是，当事人在此也必须要留意，在必要的情况下，须采取一定的手段措施，以防止该团体协约中出现这样的约定，即团体协约成员资格，须经其他当事人进行逐一的个案审查同意方能生效。当然，法律对团体协约的这种约定，保持一种自由开放的态度，就足够了，是故没有必要就此制定强制性的规则。

89 据此，团体协约组织的组成成员，得无须经该组织就某团体协约的订立所为的实际或推定的同意，就可直接基于法律，成为该团体协约之成员。并且即便团体协约组织的个别成员，在有关订立该团体协约的投票中投了反对票，也不影响该个别成员依法自动成为此团体协约之成员。

---

① 参见《罗森塔尔法律草案》（Gesetzentwurf Rosenthal）第 5 条、《匈牙利草案》第 712 条、《法兰西草案》第 15 条、《瑞典草案》（schwedischer Entwurf）第 3 条以及《苏尔茨-洛特玛草案》（Entwurf Sulzer–Lotmar）第 4 条。《沃尔布林法律草案》第 4 条规定："除了作为同业合作社员的雇主和工人，以追求他们共同的经济利益为目标，而成立的同业合作社团（同业社团）以外，成员本身也会被视为协约当事人。"当然，对于团体协约组织的组成成员参与团体协约的具体形式，从前述规定的情况看，显然目前并没有一个明确的占统治地位的处理办法。

② 参见建筑行业中央仲裁法院的裁判［参见普伦纳（Prenner）的报告（Einigungsamt I S. 6 unter 2b und 2c）；慕尼黑工商法院团体协约事务庭的仲裁裁决（a. a. O. II S. 23, 25 oben）］。

这是因为，从合同自治的角度出发，团体协约并非产生法律行为性效力，而是产生了所谓法规范性之效力。而团体协约这样的法规范性效力，是不会由个人自身意思所决定的。在此，个人对自我意志的屈从，不应也不会凌驾于对社团决议(Vereinsbeschlüsse)和劳动纪律(Arbeitsordnung)等的服从。也就是说，自个人加入有团体协约能力的同业社团伊始，他就自动地处于规范性效力的拘束之下。当然，如果该同业社团的章程，并没有就规范性效力作出规定，则又要另当别论。对此，**科佩**(Koeppe)作为专题负责报告人，于卡尔斯鲁厄(Karlsruhe)举办的第 29 届德意志法律人大会上，代表大会做了有关团体协约法律规则的报告。在报告中，他提议，应当为持有异议的成员在一定期间内保留退出的权利。[①] 他认为[②]："我们无法不规定这样的(规则)，因为如若不然，我们必将陷入少数人无以复加的暴政之中。"但这些话无疑是让人难以理解的。正如**格斯勒**出于他丰富的经验对此所指责的那样，科佩所主张的这种法律规则无异于"一种对刺头的专门保护法"[③]。而我本人也在会上表达了这样的观点：如此的建议在根本上等同于要为《工商条例》第 152 条再制定一个新的第 3 款。而依据这个新的第 3 款的规定，当事人无异于不仅可随意退出同盟组织，甚至还可随意退出团体协约。[④] 虽然，此次法律人大会的分组会议，对**科佩**所阐述的观点表达了认同，并采纳了他的建议。但是，在全体大会上，由于**格斯勒**充分证明了科佩观点的荒谬性，因而他的建议毫无悬念地只能就此作罢。可不幸的是，**罗森塔尔**在他的法律草案中，

90

---

① 有关提议的原文是："德意志法律人大会有推荐一种有关劳动团体协约权利的法律规则：……d) 当事的同业社团的所属成员，有权在一定的期间内，通过在登记机关(Registerstelle)为意思表示的方式，表达拒绝团体协约共同体的意思……"（Verhandlungen V S. 19, 20）

② A. a. O. S. 107.

③ A. a. O. S. 81. Vgl. auch die Ausführungen **Sinzheimers**, ebenda S. 73, und **Kulemanns**, S. 93.

④ A. a. O. S. 73.

又再次采纳了科佩的这种理论。无独有偶，法国起初的立法，亦曾尝试过它。[①] 通常来说，采纳科佩的这种理论，会导致我们无法订立任何团体协约。因为我们知道，这个世界总是不缺乏持有异议的少数派。对此，我们只要看一下印刷工人团体于每次新订团体协约后都会习惯性爆发的内部斗争，就可见一斑了。而这些内斗，无疑将会对团体的统一行动起到破坏作用。另外，人们对此也会联想到各类雇主团体的情况。总之，如果允许有异议的成员，只要在他们所隶属的团体签订的团体协约不合他们心意之时，就有权立即退出团体的话，那么该团体协约的存续，就会永远处于危险之中。而之所以人们会去订立团体协约，正是因为目之所及的所有团体协约参加人，都会因此得以被适用同样的条件。现在一些参加人可得通过退出社团的方式，于团体协约订立后，终止与团体协约效力关系。这样做，无异于在根本上摧毁了其他参加人在同意订立团体协约时，所假定存在的先决条件。从而，这些其他参加人完全有权利要求，从现在开始，该团体协约也对他们不再具有法律拘束力。而法治是绝不能迁就这种蓄意阻挠行为的。我们必须认识到，个人主义的法律思想方法，是无法正确表达团体协约的社会意义的。[②]

91　　（2）有组织性协约成员是可能嗣后失去其社团成员身份的。也就是说，他们可能会退出团体协约组织，或被团体协约组织所开除。另外，团体协约组织本身的存续资质，也可能被嗣后终止，譬如因行政机关的解散处分而终止。而在以上这些情形下，协约成员即成为**无组织性协约成员**。

---

① Gesetzentwurf **Rosenthal** § 5 Abs. 1. Ebenso Gesetzentwurf **Sulzer-Lotmar** unter IV 2.

② 团体协约的实践，也证明了此一见解的正确性。例如德意志绘画业团体协约总局（Haupttarifamt für das deutsche Malergewerbe）在其裁判中就指出："雇主团体总会承认团体协约的效力，并因此也承认中立的仲裁裁决的效力。并且这种承认在效力上，及于雇主团体的所有组成成员，无论他们其中的个别人士，在投票时是否系为少数派"（Soz-Pr. XXIII S. 214）。

饱受坊间讨论的 1913 年 2 月 24 日枢密法院^①（Kammergericht）裁判
充分展现了^②，将无组织性协约成员纳入团体协约参加人，是多么必要。
该裁判认为，已属于某团体协约适用范围的团体协约组织之组成成员，
只要退出了该团体协约组织，则自然不再受此团体协约之拘束了。尽管
前述枢密法院的裁判观点，是符合现行法的，但这种权利配置模式，无
疑对团体协约的存在价值提出了挑战。因为它完全将团体协约订立时，
就已确定并以之作为前提条件的适用范围问题，交给了个人随意决定。
而在此背景下，退出组织的个人，是需要接受由退出所带来的可能的不
利后果的，然而团体协约的枷锁，却离他们而去。当然，团体协约的实
践，却与前面这一结论背道而驰。^③除非团体协约本身对此另有规定，
否则立法将不得不考虑这样一种观点，即将无组织性协约成员，与有组
织性协约成员一道纳入团体协约的适用范围。实际上，以前的立法提案
中也不是没有出现过前述这样的观点。^④那就是，只要团体协约没有届

92

① 这里的 Kammergericht 直译为枢密法院，其早在 15 世纪就已存在，是德国柏林州的最
高审级法院，故又有译为柏林高等法院或柏林邦法院。（王士帆：《德国联邦最高法院刑
事裁判 BGHSt 63, 82——发送"无声简讯"的法律基础》，载中国台湾地区《司法周刊》，
2020 年第 2036 期；参见台湾大学法律学院、台大法学基金会编译：《德国民法典》，第
1638 页）——译者

② Gesetz S. 16.

③ 例如，参见柏林建筑管道工行业团体协约（Tarifvertrag des Berliner Bauklempnergewerbes）
第 11 条的规定："即便公司于团体协约有效期内，退出其所属的缔约联合体，其仍须于
团体协约届满之前，受本团体协约之拘束"（Einigungsamt I S. 144）。——适用于雇主方
面的规则，在相同程度上，也应适用于工人方面。否则，这无异于为团体协约的不满
者，开辟了康庄大道。

④ 例如参见《罗森塔尔法律草案》第 5 条的规定："嗣后离职的成员于团体协约的整个有
效期内仍须受该团体协约之拘束。"同样也请参见《意大利草案》第 9 条（italienische En-
twurf, Ziff. 9）和《苏尔茨-洛特玛草案》第 8 条最后一句。沃尔布林则在他的草案中，表
现出一种观点上的前后矛盾。根据《沃尔布林草案》第 9 条的规定，退出同业社团并不
意味着免除团体协约上的义务。但问题是，为什么只有团体协约义务不被免除？这样，
如何处理团体协约上的权利？另外还可参见《挪威有关团体协约法和劳动纠纷处理的法

满，无论是无组织性协约成员，还是有组织性协约成员，都应被视为协约成员。

　　然而，在这里我们确实是有必要考虑，保留一个例外规定：当团体协约的届满，系取决于协约当事人的终止意思表示（Kündigungserklärung）之时（例如，当事人约定团体协约的有效期为三年，但如果在一段期间内未行使终止权，则该团体协约继续逐年有效），应允许无组织性协约成员，享有自终止权本应行使之时起，至团体协约届满之前，退出团体协约之权利。该退出应在遵循适用于终止权之期间规定的前提下，向团体协约主管机关表示为之。该团体协约主管机关，可将此情况通知参加人各方。这里的退出自由是应当得到保障的，因为如果不这样的话，这类无组织性的协约成员，在无法对团体协约组织产生任何影响的情况下，难免会在团体协约的参加期内，完全从属于该团体协约组织。另外，对于有组织性协约成员而言，这无疑也给他们开辟了一条通过获取无组织性协约成员资格身份的方式，离开团体协约的道路。至于团体协约的存续在多大程度上会受前述退出行为的影响，还容笔者在后文详论。

　　除了前述应通过**法律**予以规定的无组织性协约成员资格以外，在团体协约有规定的情况下，该**团体协约**也可于个案中，进一步允许这样一些人士成为无组织性协约成员，即那些无论之前的社团成员身份为何，但是现在自愿加入团体协约成为成员者。在团体协约实务中，这样的无组织性协约成员资格，往往是基于私人意思表示而成立的。[①] 当前立法必须使这种无组织性协约成员资格在法治上成为可能，因为该形式背后有重大的利益价值在推动着。立法在此只需要事先确保我们在任何时候

93

律草案》（norwegischen Gesetzentwurf über Tarifrecht und Beilegung von Arbeitsstreitigkeiten）："已订立团体协约为目的的社团之所属成员，纵使退出该社团之后，仍须受该团体协约之拘束"（SozPr. XXIV S. 264）。

① Siehe z.B. Buchdruckertarif § 82d.

都能知道，谁系属于这类"自愿"协约成员即可。因此，我们必须制备一份有关无组织性协约成员的名册。而团体协约可规定由谁负责管理这份名册。假如团体协约对此未作规定，则团体协约主管机关应就此发布必要的规则。[①] 之后，基于团体协约组织的名册信息提供义务，我们就不仅可以确定，谁是有组织性协约成员，或根据法律规定系为无组织性协约成员，而且还可确定，谁系自愿的无组织性协约成员。这一能够随时确定个人团体协约参加情况的制度设计，毫无疑问将对当事人权利追诉，具有特别的意义。而一旦成功加入（在缺乏团体协约本身规定的情形下，从最有利于制度目的出发，最好应向团体协约主管机关为加入的意思表示），则无论是自愿的无组织性协约成员，还是根据法律规定而加入团体协约的无组织性协约成员，都将一视同仁地受该团体协约之拘束。

上文有关协约当事人权利受让（Rechtsnachfolge）的论述（参见页边码第 54、55 页的相关内容），对于有组织性或无组织性协约成员的雇主，亦须准用之。

2. 有关代表的理论

94

处分权（Verfügungsmacht）与参与行为（Teilnahme）的分离，亦即团体协约的协约当事人与协约成员之间的区别所在，无疑避免了许多因个人干涉行为，而对团体协约的订立和履行所造成的干扰。可是，由于我们不仅允许组织内部的个人，而且也允许组织外部的个人成为协约成员，从而还会存在来自另一个方向的干扰。那就是，由于以个人身份参与行使团体协约权利，协约成员会因违反团体协约而享有诸多权利（请求权）并承担诸多义务。与此同时，这种团体协约违反行为的本质，也正体现

---

① 目前至少**印刷工人团体协约**已经规定有店主成员名册［《印刷工人团体协约》(Buch-druckertarif) 第 82d 条］。该名册由团体协约主管机构负责（《印刷工人团体协约》第 87 条）管理之。

在它所经常导致的群体性权利（请求权）与义务现象当中。关于这点，只要我们想想团体协约期间的闭厂或罢工行为，就可见一斑了。而面对这类常常动辄波及数千人的情形，我们不禁要问，这其中的每个人如何能针对其他每个人都一一主张其个人权利（请求权）？显然这些权利（请求权）只有在统一行使的情况下方能实现。是以，我们有必要创设一整套能够保证行为统一的制度体系。为此，协约成员必须要在权利追诉上实现社会化的拘束力。

这种社会化拘束，是可经由权利义务**代表理论**（den Gedanken der Repräsentation in Recht und Pflicht）而予以实现的。该理论认为：只有统一的单个主体，才能真正有效主张个人权利（请求权），而面向个人的权利（请求权），也只有向这类统一的单个主体为之，方才能得到真正的实现。[①] 这里我们将论述限制在代表制度的**积极方面**，即权利方面。因为该单位能否有效履行义务的问题，实际上关涉一个特别重大的交叉理论问题，即**自己执行理论**（der Gedanke der Selbstexekution）。而对此理论，我们需要在随后的下文中设置专门章节予以讨论，这里就不予赘述了。

（1）对于**有组织性**协约成员而言，他所属的**团体协约组织**享有天然的代表资格。团体协约组织作为其成员利益的受托人，维护这些成员之利益，自然也是他自身利益之所在。而团体协约组织，之所以能够维护这些个人的利益，也是因他们可对其所属成员，行使人身权上的权力（die personenrechtliche Gewalt）。正是这种权力使得团体协约组织有能力，将诸多的个人利益团结在一起。这就是说，这些团体协约组织在维护其成员个人权利（请求权）上所采取的措施手段，与以往旧时代各种统治团体和合作社团体（Herrschafts- und Genossenverbände）为实现

---

① 这样的规则必须要具有强制性。否则有效追诉团体协约权利背后所要实现的公共利益需求，就可能依然是无法得到满足的。

其成员权利，所采取的措施手段之间，并无不同；甚至也与当今国家为实现其公民的战争损害赔偿请求权，而针对他国所采取的措施手段如出一辙。总而言之，为了顺应时代洪流的召唤，个人行动需要逐渐让位于组织领导。这正如**西克尔(Sickel)**所曾经恰当指出的那样：“只有统治才能保证防御”。当然，我们不能采取法律意义上代理的形式，来建构这里的“防御”制度。为此，团体协约组织不应以任何个人名义来主张这些权利(请求权)。换言之，在这种情况下，我们所正要排除的恰是个人本来所应享有的这种针对自身权利(请求权)的独立处分权。我们将此理解为，国家基于合目的性的要求，而授予该组织的一种“依职权”(kraft Amtes)的保护力(Schutzgewalt)。[1] 是以，团体协约组织在行使这些权利(请求权)的时候，须是完全以自己的名义为之，并且不仅要从个人利益出发，还要从组织利益出发。而我们知道，组织行为是完全独立于个人意志的。如此，作为独立债法强制性权利关系(selbständige obligatorische Rechtsbeziehungen)的有组织性协约成员之权利(请求权)会荡然无存，相反该权利将完全融入成员与其团体之间的社会法关系(dem sozialrechtlichen Verhältnis)当中。有组织性协约成员，是不会就其团体协约权利(请求权)与对方当事人进行直接的讨价还价的，相反他会就此与他的组织算账，而他的组织才是真正与对方当事人直接进行谈判的那个。[2] 这种社会法下的讨价还价具体如何进行，乃属于团体协约组织自由裁量(die freie Sorge)的范畴。这意味着，团体协约组织既可以通过事

96

[1] 有关的一般性问题请参见 Stein, Zivilprozeßordnung, 5. Aufl., 1 S. 129 sub c。另外参见 Kiehl, BuschZ. 30 S. 353：“处分权人之所以是处分权人，乃是因为他是否行使，以及如何行使处分权，仅仅是基于他本人的意愿。换言之，这种意愿能力也恰是法律所赋予处分权人的权能(Befugnis)所在。因此，我们也不应用间接代理制度(mittelbarer Stellvertretung)来理解处分权人。”

[2] **基尔克**早已观察到了这种发生在例如各个城镇和行会中的**从强制性关系向社会法关系转化的现象**(参见 Gierke. Genossenschaftsrecht II, S. 386)。

先制定规章规范的方式，也可以通过个案裁判的方式，就应如何满足个人利益的问题进行规制。当然法治也并不需要去规制那些最好由参加人自己来处理安排的事项。

在迄今为止的立法尝试中，有关通过团体协约组织代表成员，来行使权利的理论，仅得到了不完整的采纳。相关的立法尝试往往半途而废。而究其缘由，莫不在于立法者仍然迷失在个人主义的权利交互思维（den Gedankengängen des individualistischen Rechtsverkehrs）中而不能自拔。而《罗森塔尔草案》和《沃尔布林草案》①就是这些个人主义立法中的代表。《罗森塔尔草案》第 6 条规定道：

"同业社团不仅可以为自己，而且也可以**在其成员同意的情况下**，为其成员，行使团体协约相关之请求权。"

《沃尔布林草案》第 6 条建议道：

"任何同业社团，更准确地说，是作为**其成员之代理人**，都可以就团体协约，提起诉讼。"

97　　上述这些法律草案建议，之所以令人无法接受，乃在于他们都要求同业社团，须对其成员具有权利从属性（die rechtliche Abhängigkeit）。在此，同业社团虽然有权成为其成员的代理人。但是，这也意味着，成员仍然是其权利（请求权）绝对的主人。是以，例如当某团体协约的 1000 名成员，遭受到违反团体协约约定的闭厂措施时，这些成员当中的任何个人，实际上都有权决定，他们的同业社团是否有权以及该如何主张行使他们的权利（请求权）等等。而我们只要看看上述这一事实，就会认识到，为什么个人主义的代理法理论（der individualistische Rechtsgedanke der Vertretung），会在团体协约领域失灵。总之，在此理论下，同业社团是

---

① 同时也请参见《瑞典草案》的第 11 条、《意大利草案》的第 8 条以及《法兰西草案》的第 20 条第 1 款和第 3 款之规定。

否有权主张或行使其成员权利（请求权），将完全取决于成员自己同意与否。这也就是说，成员可以自己亲自主张权利（请求权），也可以让同业社团主张之。而上述例子则向我们说明了，一方面在实践中对权利个人主义（Rechtsindividualismus）神圣的法治信仰，是多么的根深蒂固；另一方面这种个人主义的权利保护（Rechtsschutz）模式，在现实层面上又是多么的徒有其表。因此，即便我们不考虑前述这些技术性问题，我们也不能允许，成员个人随意地决定他们自己权利（请求权）的行使问题，尽管这些权利（请求权）在本质上，确实也已经达到可得行使的程度，因为我们永远都要考虑到团体协约利益的存在。为此，团体本身不能以权利从属性的地位维护团体协约利益，相反它应该享有权利独立性。联系比利时权利个人主义者们，为达到有利于成员个人的目的，而努力废除同业社团的独立诉权（das selbständige Klagerecht）的这一事实，克莱斯亦特别指出了权利独立性对于团体的重要意义。[1] 他说道："这些用于保护个人利益的规定，可能会对团体行为功能，起到一个非常严重的阻碍作用。我们可以设想一下，当一小撮成员，私下与雇主达成以违反团体协约条款为内容的合意时，这类不能证明自己对团体协约享有特定权益的团体，在面对该雇主或其所属成员时，将会是多么的无力。"他的观点无疑是正确的。

（2）对于**无组织性**协约成员而言，我们是不需要为其**雇主方**，设置代表制度的。一般来说，此时参与团体协约的雇主一方的人数，还不至于大到超出雇主自身自助能力的范围。因此，我们不需要制定阻碍雇主作为独立个体，行使其权利（请求权）的法律制度。然而对于群众所在的**工人一方**而言，情况就完全不同了。这里需要指出的是，我们无法在现行法中当然地找到一种能用于无组织性那部分协约成员的现成代表制度。

---

[1] GewKfmG. XV S. 373 ff., bes. S. 376.

所以，创制一种代表制度的使命，就落在了当下法治的身上。这样的代表制度可以是这样的，即经由设置专门的**团体协约律师**（Tarifanwalt）来将相关人士团结起来、统一行动，以贯彻实现其利益。①

　　团体协约律师应该，被建构为一种私人职务（ein privates Amt），以使其有能力以自己的名义，在不受其工作对象之规定拘束的情况下，从事相关活动。这是无组织性协约成员在行使其权利时，能够同时兼顾团体协约利益实现的唯一进路，也只有如此，合众为一的权益表达亦才有可能。而从现行法的规定看，前面所称的团体协约律师的权利地位，基本上与遗嘱执行人相当。遗嘱执行人也是以自己的名义，行使一种私人职务，并且不受利益相关各方不断变化的意见所束。② 在诉讼中，遗嘱执行人亦可以自己的名义参加诉讼。当然，相关裁判文书必须载明谁是请求权人或谁是被请求权人。否则，团体协约律师将无法将争议的任何结果，分配到利益所涉的协约成员身上，而以各个成员为对象的判决，其强制执行也会因此断难实现。在这里，协约成员的债权人可以得到特别的照顾。因为我们知道，在某些情况下，对于协约成员的债权人而言，其是很难针对所有成员都进行强制执行的（例如我们可以想象一场罢工所会带来的后果）。这时，在预支费用的前提下，经债权人提出请求，团体协约律师依职权是有义务，为了债权人的利益，负责去处理该强制执行事务的。在此，一切的决定都将取决于他尽职尽责的自由裁量。而他也将为其违背义务的行为，承担相应的责任。在此框架下，团体协约律师的地位越自由，他的业务活动，也就越果断有效。与此同时，他亦会

99

---

① 在迄今为止的文献和立法尝试中，有关无组织性协约成员代表制度的问题并没有得到回应。对此，只有**斯廷兴**（Stinßing）在他就沃尔布林有关计件工资合同（Akkordvertrag）和团体协约专著的书评中略有提及（ZStaatsW. LXV S. 172 ff., 175）。而**耶林**则已论述过有关的技术性基础理论问题（Jhering, Geist des römischen Rechts III S. 221 ff.）。

② **Dernburg**, Deutsches Erbrecht (5. Bd. des „Bürgerlichen Rechts"), 1905, S. 377 ff.

努力寻求与无组织性协约成员保持必要的沟通。在无组织性协约成员人数很多的情况下，团体协约律师可以通过召集大会，来了解他们的愿望和利益。在此，团体协约律师将会以无组织性协约成员心腹知己的角色，于情于理地教育他们，形成对团体协约的忠诚。此外，法律不能企图就团体协约律师的行为活动，给出事无巨细的指示，否则就会走上错误的道路。相反，我们应让团体协约律师的老练和手腕，以及他实事求是的旨趣，在此起到主导作用。为此，享有团体协约律师任命权的团体协约主管机关在遴选任命人选的时候，可充分考察候选人本人的志向，以及其是否适合从事团体协约律师工作。同时，团体协约主管机关自身所享有的监督权，也给了其随时影响团体协约律师工作和见解的可能。最后，我们不建议在遴选的时候，假定某类人群一定适合从事团体协约律师工作。与此相对，团体协约主管机关应放开手脚，广开进贤之路、广纳天下英才。

以上的制度设计，都是以排除协约成员权利为内容的代表制度其基本思想的必然结果。是以，《民事诉讼法》第 64 条至第 77 条有关第三人参加诉讼的规定，是无法适用于团体协约纠纷的。这与是团体协约组织，还是团体协约律师，对协约成员行使保护力，并无关系。当然，顾及协约成员的利益，团体协约主管机关，还是有权依职权，主动发起第三人参加之诉（参见页边码第 125 页的相关内容）。总而言之，这也是在不损害程序的社会统一性原则（der Grundsatz der sozialen Einheit des Verfahrens）的情况下，允许个人在必要时，参与团体协约纠纷解决的有效方式。

3. 协约成员与协约外人

团体协约的协约成员，不应与不受团体协约拘束，但仍可能受其条款影响的人相混淆。当团体协约规范的适用范围超越协约本身的约定范围时，这种混淆就会发生。其中一种情况是，以将来订立的劳动合同内容为规制对象的团体协约，规定其适用对象为参加团体协约的雇主，在其工厂内（团体协约适用工厂）所签订的所有劳动合同，且不论作为相对人的个别工人，是否已属该团体协约的成员（参见页边码第 101 页的相关内容）。另外一种情况是，将团体协约的个别条款，规定为一种行业的实践或习惯性做法，以至于那些本身并没有参加团体协约的雇主，也会受到这些个别条款的效力影响，即所谓的远程效力（Fernwirkung）。[①]以上两种情况都仅仅涉及既有团体协约对于某些特定人群的反射效力（Reflexwirkungen），而非有关团体协约权利和义务的设立问题。我们将这类受到反射效力的人称作协约外人。具体来说，上述见解的实际后果是，协约外人在团体协约领域，不受因参加团体协约而生的和平义务之拘束。[②]

101

第三节　团体协约规范的效力

一、团体协约规范的一般效力、补充效力与强制效力

按照我们的基本观点，团体协约规范是一种基于合同而产生的客观法（客观权利）。而立法的任务则在于，确保此客观法能对以它为成立基础的各种关系一直产生影响力。因而这里，我们首先顾及的就是，那些受团体协约规范约束的劳动合同。而为此目的而设计的制度体系，在内容上则应总结归纳为以下三句话：

[①]　Vertrag II S. 21 ff., und Gesetz S. 18.

[②]　也有观点认为，协约外人与协约成员之间并无差别。基于此观点，例如柏林工商法院，就在一则裁判（GewKfmG. XIII S. 209, 210, Nr. 66）中认为，工人方面的团体协约外来者（Außenseiter），也应遵守团体协约。而针对这些外来者，该裁判强调："团体协约存在的目的，正在于维护工商业之和平。从而外来者亦不被允许从事违背此目的之活动，以及为相关之罢工行为。"

（1）团体协约规范适用于所有在团体协约适用工厂中所签订的劳动合同，然团体协约本身明确规定有其他的适用范围边界者，不在此限；

（2）团体协约的有效适用性，并不取决于劳动合同当事人双方对它知悉与否；

（3）即便劳动合同当事人双方认为，团体协约规范违反了他们的意愿，并为此达成了另外的合意，团体协约规范也仍然具有适用效力。

第一句的规定内容，无疑是团体协约目的的一般性要求的结果，且亦得到了现行法的承认。而在此范围内，现行法还蕴含了这样一种理论观点，即作为团体协约参加人的守约雇主，有义务仅按照团体协约标准，在其工厂中与那些团体协约以外的工人，订立劳动合同。[①] 与此同时，一些相关法政策（rechtspolitisch）的实验性方案，也已对前述这种理论观点，作出了一定的回应。[②] 然而，这里需要指出的是，众所周知，在团体协约适用工厂中，除了会有参加团体协约的工人以外，同样也存在没有参加团体协约的工人。而这些没有参加团体协约的工人，则要么还没有完全被组织起来，要么已经成为了其他团体协约组织的成员。如此，团体协约若约定，允许对团体协约适用工厂中，没有参加团体协约的，即团体协约以外的工人，予以法律上特别对待的话，难免会在很大程度上危害到团体协约本身的实践效果。这就是说，当雇主对某些团体协约规范不满意时，他可以完全在实践层面上，随意规避它们的适用。具体的规避方法是，雇主可以雇佣团体协约以外的工人，以取代那些参加了团体协约的工人；并基于此，与这些团体协约以外者，不受法律约制地随意

102

---

① 参见 Vertrag II S. 15 ff。但新近的安贝格区域法院（Landgericht Amberg）的判决有相反观点，参见 Einigungsamt III S. 139 Abs. 5 oben。

② 《罗森塔尔草案》第 9 条第 3 款、《意大利草案》第 4 条、《沃尔布林草案》第 2 条明文规定，团体协约规范的效力范围，仅限于团体协约参加人之间，所签订的雇佣合同。

达成有悖于团体协约规定的特别约定。[1] 而这样的结果必然是，一方面作为协约成员的工人，将不可避免地面临被解雇的危险；另一方面，其他也属于该团体协约的雇主，也不得不陷入一场以解雇协约成员为目的的肮脏竞争当中。而这样的肮脏竞争，恰是团体协约制度所要根本排除的。对此，立法可采取这样的应对措施，即如既有的个别一些团体协约所明文约定的那样，[2] 将团体协约的效力适用范围，与"工厂统一性"[3] 绑定在一起。可是，这样做的话，也确实会产生一定的副作用，即会导致权利义务关系的复杂化。而症结则在于，雇主是完全有权，就他工厂的同一工种，同时订立多份团体协约的。例如雇主在与自由工会，订立有一份团体协约的同时，也有权与基督教工会，或者希尔施-东克尔工团，各保有一份团体协约。而当出现这种多份团体协约并存现象时，团体协约以外的工人，就不可避免地要面对团体协约规范冲突的问题。申言之，他们此时究竟应该遵守哪个团体协约呢？当然只要并存的几份团体协约，在内容规定上完全一致，自然也不会发生规范冲突问题。但是，倘若他们的几份团体协约在内容规定上并不一致的话，则就需要采取相应的法律措施，去解决这种冲突问题。具体的解决办法是，立法可以规定，在工厂中最初订立出来的那份团体协约，对于团体协约以外的工人，具有永久的优先效力。[4]

第二句则是就团体协约规范的补充效力作出了说明。也就是说，团体协约规范应自动适用于受其效力拘束的劳动合同，除非该劳动合

[1] Pap in GKG. XV S. 385/86.

[2] 例如可参见《柏林电梯工人团体协约》(Tarifvertrag der Berliner Fahrstuhlarbeiter) 的规定 (Einigungsamt V S. 145)："本协约对所有属于本协约效力范围的工作场所地点都具有适用效力。"

[3] **Lotmar**, Die gesetzliche Regelung des Tarifvertrags, DJZ. 1908, S. 902 ff.

[4] Gesetz S. 20 f., Referat S. 31, 32 und Leitsatz II 7 S. 53.

同的当事人双方另有约定。且团体协约规范甚至在效力上应优先于法律的补充性规定。当然，现行法目前还尚未承认团体协约有这种补充效力，因为这样的话，就只有当事人所意欲的权利内容，才会发生法律效力了。当然，按照兰**茨贝格**的观点，[①] 一种习惯法大概率已经在现行法的基础上，实际形成发展起来了。该习惯法要求，团体协约规定（Tarifbestimmungen），应对劳动合同产生直接的适用效力，即便劳动合同当事人双方对此团体协约规定既不知道，也不想要。可是，兰茨贝格的这种习惯法规则，在含义上还是太过模糊，其到底是否真的存在，恐怕也并非没有争议。以至于，立法机关目前还无法找到，宣示团体协约规范具有这种补充效力的正当理由。即便如此，不容否认的是，团体协约规范的补充效力，确实是其客观法本质（objektiven Rechtsnatur）的必然要求。

第三句表达了团体协约内容的强制性。对此，我们需要面对当前所有团体协约文献[②]中最核心的争议问题之一。首先，各方在不能容忍违反团体协约内容的个别劳动合同约定的存在这点上，并无不同观点。因为如果允许当事人能够订立与团体协约相矛盾的劳动合同的话，那么团体协约制度本身，也就失去了合法存在的价值。换言之，团体协约法律效力的核心意义，就在于通过在权利上消除个人意志对劳动合同的影响，来有利于团体协约效力的贯彻。因而，在现行法框架下，对于有悖于团体协约的劳动合同，是否应被允许具有合法性这一问题，并非大家的争议所在。这里所争论的问题仅仅是，这些有悖于团体协约的劳动合同，是因团体协约规范的强制效力（zwingende Wirkung），而自其订立之

104

---

① Einiges zur Gestaltung des Tarifvertrags S. 181/82.

② Über ihren Stand unterrichtet neuerdings **Oehlckers**, Über die Wirksamkeit tarifwidriger Arbeitsverträge (Flugschriften zur Schaffung sozialen Rechts, hrsg. von Potthoff, Sinzheimer, Falkenberg, Heft 4), 1914.

时起，就应处于自始不能呢？还是因债法的强制性效力（obligatorische Wirkung），而于其订立之后，又应被废止呢？可见，这里所争议的，并非是有关个人意志的法律拘束力"是否应存在"的问题，而只是有关其"如何不存在"的问题。或者说，这是一个有关技术性，而非原理性问题的争论。而从现行法的框架基础出发，我们又会发现团体协约的这种强制力（zwingende Kraft），其实目前并没有得到承认。之所以如此，乃是因为现行法观点认为，团体协约作为一种法律关系，与其他法律关系并无不同。当然，与此针锋相对的是，还有观点认为，团体协约自身的法源属性，就足以允许劳动规范（Arbeitsnormen）依其本质，而能自动具有强制特性。只不过它还需要为其合法的表达形式，披上一层实在法的外衣而已。而当这些规范得以真正成为法律条文，并成为合同自治性规则时，它们就不仅具有补充性，而且还具有强制性。问题是，未来立法是否真的应当承认团体协约规范的这种强制性？当然无论立法今后的答案为何，有一点是可以肯定的。那就是，其答案与团体协约规范强制性是否得到了现行法的有效支持，并无关系。也就是说，不论如**洛特玛**所认为的那样，现行法实际上已经承认了团体协约规范具有这种强制性效力；还是如当前工商法院和普通法院在司法实务中，所几乎毫无例外主张的否定见解那样，在结果上都不会影响未来立法的判断。而鉴于这个问题的重要性，对其进行特别研究，无疑是具有必要性的。

二、非任意性的意义，以及它的形式与后果

为此，我们必须首先弄清楚**非任意性**（Unabdingbarkeit）这个概念的思想内涵。当然我们知道，在这个世界上，绝对清晰的概念实际上并不存在。无疑所谓非任意性，它的第一要义就是，所有与团体协约规范有悖的约定一律无效。这些无效的约定一方面可经由劳动合同的当事人双方，以劳动规范为内容目的在个体意义上达成；另一方面，也可经由工

厂的全体工人或其中个别部门的全体工人，以劳动规范为内容目的在集体意义上（im solidaren Sinn）达成。[①] 而从民法总则规定，亦即《民法典》第 139 条 [②] 的角度看，前述所谓无效也本就意味着，相关劳动合同之全部，原则上皆属无效；当然，若除去无效之部分，该劳动合同仍可成立者，不在此限。然而，有观点认为，这种有关劳动合同中的无效约定的一般效力规则，不单无法有效维护团体协约之效力，恐怕还会对其起到危害作用。这表现在，劳动合同中任何违反团体协约的约定，都反而会对劳动合同的权利稳定性（Rechtsbeständigkeit）提出挑战。因为无效的劳动合同，随时都是有可能被消灭的。[③] 此时，根据《民法典》第 818 条第 2 款 [④] 的规定，对于已经给付的劳务，工人只能就他已经履行的劳动给付（Arbeitsleistung）利益，按照客观上可得计算的价值请求返还之。并且，实际上也没有任何人能够保证，返还给工人的劳动给付利益，按其价值，在任何情况下，都能与团体协约所要求的工资，即团体协约工资（Tariflohn）完全相符。此外，团体协约中所有涉及劳动合同的保障和保护措施，例如限制雇主终止权（der Kündigungsmacht des Arbeitgebers）的

---

① 参见 Vertrag I S. 5, 36, 37, 48 ff.; II S. 44 ff., 50 ff., 63 ff.。据此，工人个人是没有能力对集体规范（Solidarnormen）予以改变的。例如工人个人是没有权利要求工厂，不得适用特定的学徒分配标准（Lehrlingsskala）的。并且这样的约定，纵使存在，也不影响工厂既有的人事组织规则的适用效力。

② 本书所称的德国《民法典》第 139 条，应是 1896 年 8 月 18 日的德国《民法典》第 139 条："法律行为一部无效，全部皆为无效。但除去无效之部分，法律行为仍可成立者，不在此限。"（同时请参见台湾大学法律学院、台大法学基金会编译：《德国民法典》，第 121—122 页）——译者

③ 沃尔布林在其草案的第 3 条中建议，可以对违反团体协约的劳动合同，行使即时（fristlose）终止权。然而他的这个建议，并不能对团体协约效力，起到保障作用，相反会以牺牲团体协约效力为代价。

④ 本书所称的德国《民法典》第 818 条第 2 款，应是 1896 年 8 月 18 日的德国《民法典》第 818 条第 2 款："依所取得利益之性质不能返还，或受领人基于其他事由不能返还者，受领人应赔偿其价额。"（同时请参见台湾大学法律学院、台大法学基金会编译：《德国民法典》，第 730 页）——译者

行使，以及当事人双方终止预告期间的均等化等，都将因劳动合同的无

106　效，而无法再有效适用。因此，对于劳动合同中，那些有悖于团体协约的约定而言，无效绝不应是其唯一可供选择的法律后果。[①] 相反，我们必须在此加入具有积极性的规定，即劳动合同的有效性，不受有悖于团体协约的约定之无效的影响。因之也就是说，《民法典》第 139 条的规定，不应在团体协约领域予以适用。这样的话，就只有有悖于团体协约的约定，其自身的消灭，劳动合同的其他部分并不会受到其影响。与此同时，其消灭所带来的漏洞，也将会由团体协约规范所填补。当然，上述观点的成立，是以有关劳动合同在内容上，与团体协约规制相关为前提的。是以，若团体协约的目的，只是在于防止有关无效约定的产生，而非对其进行漏洞填补的话，则我们反而完全有必要，维持该有悖于团体协约约定的单纯无效。譬如在某团体协约明令禁止家庭劳动[②]（Heimarbeit）的情况下，受该团体协约拘束的当事人，所达成的家庭劳

---

① 对此，**普伦纳**一直都持有不同意见（z. B. im Einigungsamt III S . 158 f.）。按照普伦纳的看法，让有悖于团体协约的约定，处于纯粹无效的状态，不仅是理想的解决方案，而且也是现行法的即成结论。然而，他的这一看法，却完全没有被新近的司法观点所接受（Urteil des Landgerichts Amberg, Einigungsamt III S. 139, und Urteile des Gewerbegerichts und Landgerichts Berlin a. a. O. S. 314 f.）。事实上，无效确实是可能的后果，但他只是众多可能的后果当中的一个而已。另外，普伦纳的错误观点还体现在，他认为团体协约工资，对于无效的工资约定（der nichtigen Lohnabrede），具有永久的替代效力（vgl. die Entscheidung des Haupttarifamts für das **deutsche Malergewerbe** a. a. O. I S. 333, 334 a. E.）。并同时参见 allgemein **Oertmann**, GewKfmG. XX S. 153 ff.。

② 所谓家庭劳动者，是指于自己选定的劳动场所（自己的住宅或其他自己所选定的工作场所）内，独自或与其家庭成员共同，在商人或中间商的委托下，通过自行置办劳动所需之原料和辅料，从事营利性劳动，且其劳动成果直接或间接，交由委托商予以评价者。德国目前的通说，虽然不承认家庭劳动者属于劳动法意义上的劳动者，但一方面德国《家庭劳动法》（Heimarbeitsgesetz）规定了大量比照劳动法的，针对家庭劳动者的保护措施；另一方面德国法院也在判例中，力主劳动法的一些规则，类推适用到家庭劳动者身上。（参见 Wolfgang Hromadka/ Frank Maschmann: Arbeitsrecht Band 1 Individualarbeitsrecht, 7. Aufl., Heidelberg: Springer, 2018, S. 63）——译者

动合同（Heimarbeitsvertrag）自然无效。同理，以工厂劳动条款为内容的团体协约，也不会对家庭劳动合同，产生任何的排除效力。这是因为这些条款只适用于工厂劳动合同，而非适用于家庭劳动合同 ①。

由此，坊间对于非任意性产生了一种单纯的理论认识，即认为**团体协约所规定的内容，对于劳动合同中，那些与团体协约有悖的约定内容，具有当然的替代效力**。对此，**洛特玛**首次进行了阐述和论证。且 107 该理论亦被贯彻入 1911 年 6 月 30 日《瑞士债法》（des Schweizerischen Obligationenrechts）的第 323 条当中。当然，该条所规定的团体协约非任意性，在适用边界上，与前述的这种单纯理论认识，还是有所不同的。具体来说，《瑞士债法》第 323 条所规定的非任意性，仅仅适用于那些有团体协约义务的工人。同时，该版本的《瑞士债法》第 323 条，还在其他方面表现有缺陷。②

然而，对此等理论的认识，是存在好些不同意见的。当然，其中只有那些并非依据现行法，公然反对非任意性，而是出于立法论（de lege ferenda）抵制非任意性的观点，才有在此予以讨论评价的必要。而**沃尔布林**③ 毫无疑问是他们中的典型代表。此外，**格斯勒**④、**克莱斯**⑤ 以及**兰茨贝**

---

① 这样**沃尔布林**的例子中，所提出的有关反对非任意性的问题，也就迎刃而解了（Tarifvertrag und Akkordvertrag, S. 404 sub e）。沃尔布林实际上也在本质上正确表达了这一原则（Tarifvertrag und Akkordvertrag, S. 402）："当然，非任意性的适用范围，必须限定在那些团体协约的规定，可得完全自动替换其条款的雇佣合同之内。"

② 《瑞士债法》第 323 条规定："受集体劳动合同（Gesamtarbeitsvertrag）拘束的雇主与工人之间，所签订的雇佣合同，若与集体劳动合同的规定相矛盾，无效。相关无效的规定，由集体劳动合同的相应规定替代之。"

③ In seinem Buche, Der Akkordvertrag und der Tarifvertrag, S. 388 ff., und in seiner Rede auf dem Deutschen Juristentag, Verhandlungen 1908, V S. 83 ff.

④ In seiner Rede auf dem Deutschen Juristentag a. a. O. S. 79 ff. und ausführlicher in Seufferts Blättern für Rechtsanwendung, 4. Bd., S. 50 ff. und S. 388 ff.

⑤ Le Contrat collectif de Traivail, S. 231 ff., 296. 在此书中，克莱斯虽然是基于现行法进行阐述的，但他论证所得的观点，无疑又是属立法论的。

格^①亦是重要的代表人物。另外，**齐默尔曼（Zimmermann）**教授，于社会改革协会^②（Gesellschaft für soziale Reform）就此所作的观点调查，其中所呈现的支持和反对意见的多样化，更是给人留下了特别深刻的印象。并且，我们也知道，此项观点调查，也是 1903 年在杜塞尔多夫举办的社会改革协会第六届全会的研讨基础。可是，所有这些论述都表明，非任意性学说（Unabdingbarkeitslehre）在立法论上仍饱受争议，尽管从法政策的角度看，该学说却几乎是问题的最佳解决方案。由于这些争议，乃至到今天，各方也未能就非任意性学说的核心问题达成一致共识。无怪乎即便 1908 年在卡尔斯鲁厄所举办的德意志法律人大会通过决议主张：劳动团体协约对于在其适用范围内而订立的劳动合同具有"直接法律效力"，也没能平息所有争议。因为正如**沃尔布林和兰茨贝格**所已经指出的，"直接法律效力"在措辞上是极其模糊的，以至于根本无法服众。换言之，德意志法律人大会在这里所提出的直接法律效力，并没有解答这个疑问，即究竟团体协约规范，就此同时具有了非任意性效力，还是仅仅是说，其不过只具有补充性效力？与此同时，我们知道，团体协约本身的含义信息，实际上也是很难得到明确的。可见，上述争议就更难得到答案了。当然，毋庸置疑的是，团体协约究其本意来说，肯定是要对任何个别意志（Sonderwillen）都起到压迫作用的。但是，团体协约规范，是被团体协约视为一种非任意性规范，还是只被看成一种可强制执行的规范，也是令人怀疑的。这样的不确定性，譬如就体现在：一方面印刷工人的仲裁法庭（Schiedsgerichte der Buchdrucker）对团体协约的非任意性，表达了明确的反对意见；^③另一方面德意志建筑行业中央仲裁法庭，

---

① Einiges zur Gestaltung des Tarifvertrags S. 165 ff., 187 ff.
② Heft 42/43 der Schriften der Gesellschaft für soziale Reform.
③ Vertrag II S. 70.

又同时在其裁判中对非任意性表达了支持意见。[①]

(1) 首先我们必须承认的是，非任意性确实有害**诚实信用**原则（Grundsatz von Treu und Glauben）。因为在团体协约规范系为非任意性的情况下，即使工人同意放弃适用该规范之后，工人也有权随时请求对方，补齐团体协约工资与经其同意而支付的工资之间的差额。当然，若此时有诉讼时效适用之必要者，不在此限。这样可能的补齐请求（Nachforderung）显然是不合理的，并且在个案中会导致很多让人难以忍受的不公正结果的产生。此外，这样的补齐请求制度，也伤害了那些忠诚于团体协约工人的利益。因为他们如此就要一方面去面对那些不忠诚于团体协约，且对他们形成低价优势的工人，所带来的市场排挤问题；另一方面还要眼睁睁地看着，那些不忠诚于团体协约的工人，却能享有请求补齐差额的权利。因此，非任意性确实造成了"一种犒赏团体协约违反者"（einer Belohnung der Tarifbrüchigen）的后果。当然在评价此不同意见时，我们可以确定的是，该不同意见的成立理由，实际上仅对工资规定有效。至于其他有关方面，如工作时间的确定、终止权的行使以及职工福利等的非任意性效力，并不会因该不同意见的存在，而被消灭。然而，我们需要指出的是，倘使不同意见，是针对工资规定的强制效力的，那么该不同意见，显然**在原则上**都是没有道理的。这是因为，强制性规定的本质就在于，即便与当事人的合意相悖，有关的强制性规定，也依然具有适用效力。另外，在此情形下，已经就不适用强制性规定，事先达成合意者，无疑也完全可以不顾该合意之存在，而径行援引强制性规定。但这种援引，在很大程度上，是有悖于诚实信用原则要求的，以致现行法之大部效力，难免都会因此而从内部被瓦解掉。按

109

[①] Einigungsamt I S. 6 unter 2e.

此，如果今天有工人就一项有悖于《工商条例》第 119a 条 ① 的工资扣除（Lohneinbehaltung）规则，或者就一项违反《工商条例》第 134 条第 1 款 ② 的工资拒付（Lohnverwirkung）规则，表达了同意的意思表示，则该工人还是可以毫无阻碍地按照前述法律条文，请求支付所欠工资，且不会遭受迄今为止既有的任何来自诚实信用原则的不同意见。同样，即使有工人与雇主达成合意，同意雇主违反《工资扣押法》第 2 条第 2 款 ③ 的规定，通过从其工资中，扣取相应数额的方式，对其给予贷款，也不影响工人不顾该合意的存在，而主张该贷款无效。这样的事例在所有的法域，尤其是劳动法领域，可谓比比皆是。之所以会出现上述这些事例，一方面是因为一种认为有必要保护经济弱者，免受自己侵害观点的存在；另一

---

① 1900 年 7 月 26 日重编公布版的《德意志帝国工商条例》（Bekanntmachung, betreffend die Redaktion der Gewerbeordnung für das Deutsche Reich vom 26. Juli 1900）第 119a 条：

　　工商业企业主为担保，因非法解消劳动关系，所造成的损害赔偿，或者为此情况所约定的处罚的可得履行，而扣除的工资，每笔不得超过个人所应得到期工资的四分之一，且其总额不得超过平均每周工资。

　　乡镇或其他地方团体，有权以规章规定（本法第 142 条）的形式，为所有工商业机构或某些特定类型的工商业机构，制定以下规则：

　　1. 工资及其部分支付（Abschlagszahlungen）必须在固定期间内支付，该期间不得超过一个月，不得少于一周；

　　2. 未成年工所挣工资应支付给其父母或监护人。只有在其父母或监护人书面同意，或证明系为受领最后一笔工资时，才能直接支付给未成年人；

　　3. 工商业经营者应在一定期间内，将支付给未成年人的工资数额，通知其父母或监护人。——译者

② 这里应为作者笔误，经考证，此处应为 1900 年 7 月 26 日重编公布版的《工商条例》第 134 条第 2 款："通常所雇工人人数至少超过 20 人的工厂企业主，因工人违法解消劳动关系，而可得拒付的已拖欠工资，其额度不得超过平均周工资。本法第 124b 条的规定，对本条所涉工厂的雇主和工人，不适用之。"——译者

③ 《工资扣押法》（LohnBG）即 1869 年《劳动或雇佣工资扣押法》（Gesetz, betreffend die Beschlagnahme des Arbeits-oder Dienstlohnes）。其第 2 条第 2 款规定："依本法之规定，须禁止扣押者，任何基于让与、指示、出质或者其他法律行为而为的处分行为，同样也不能取得合法之效力。"——译者

方面公共利益（allgemeinen Interesse）也一而再再而三地要求人们，去行使那些从违反强制法（Verletzung zwingenden Rechts）中产生出来的请求权。我们知道，任何主张强制法者，必然都是希望出现这样的结果，即世间的一切都不应与强制法相违背，纵使有参加人明示意欲出现这种违背。在此，我们发现，实在法律的强制法属性与合同自治的强制法属性，实际上并无不同。因为无论是实在法律还是合同自治，它们在本质上都属于客观法或称客观权利。这或许是正确的，即强制法不应是一个重视信守承诺的法治共同体（Rechtsgemeinschaft）的价值理想所在。但是，只要强制法的必要性还存在——目前其必要性还没有受到任何挑战——强制法的客观存在就是不可避免的。而当强制效力的反面，即劳动规范自身的可强制执行性（Erzwingbarkeit），相比于其可能的非任意效力，包含有对诚实信用原则更大危害时，我们自然就会认识到，上述基本立场观点，所具有的更强的合理性。具言之，劳动规范自身的可强制执行性宣称，有悖于团体协约的劳动合同，也是有效的，只不过当事人对此劳动合同，享有废止或变更请求权罢了。以至于，例如当签订了有悖于团体协约劳动合同的工人，于工商法院起诉时，该有悖于团体协约的劳动合同，也仍须被认定为有效，即便该劳动合同的存在本身，已然是一种团体协约违约行为。而这种容许，只能通过违反另一个合同，才能使当下合同成为可能的法律状态，以诚实信用原则的标准判断看，也是绝不比非任意性的法律状态，更加可取的。

可是，将来的立法可能还是会，将这些与劳动规范的强制效力相联系的不公正性（Unbilligkeiten），予以排除的。而**沃尔布林**也已明确指出了此种不公正性。他举例道，某特定工作岗位，按照常年的成例，被认为系属 X 级工资率（Lohnsätze）为 5 马克的岗位，但随后的团体协约却把该工作岗位，定位为 Y 级工资率为 6 马克的岗位。按照强制效力的逻辑，工人完全会请求补齐多年来被少付的团体协约工资。而这无疑会对企业主造成不公正的结果。而我们有理由相信，如果企业主一开始就能预见到是这样一个结论结果，他或许压根就不会签署相关的劳动合同，亦不会受领由此而来的任何劳动给付。当然，为了避免这种不公正的结果，我们也并不需要完全抛弃非任意性原则；我们只需要思考相应的权利架构即可。在此我们知道，这类团体协约工资补齐支付请求权（Ansprüche auf Nachzahlung）的行使，是须与特定的期间绑定在一起的。该期间系从工人退出雇佣关系时开始起算，于其届满后，得致使请求权丧失效力。①

（2）非任意性亦被指责缺乏必要的**法律效力**。他们指出，之所以会如此，是由于非任意性为了保障劳动合同，而排斥了作为团体协约力量来源的团体协约组织。非任意性虽然为劳动合同，能够在内容上合乎团体协约规定提供了保证，但是并没有为劳动合同能够按照团体协约规定予以履行提供保证。因为是否坚持按照团体协约规定的要求，履行劳动合同的选择权，依然掌握在劳动合同当事人的手中。换言之，我们目前没有一条对按照团体协约规定订立的劳动合同之遵守，能够起到影响作用的团体协约制度路径。尤其对于工人一方来说，可能有太多的理由，足以让其对行使团体协约规定的请求权敬而远之。从而在许多个案中，由于需要牺牲团体协约请求权，团体协约利益在事实上，并无法得到有效实现。然而，笔者需要指出的是，前述这类有关非任意性的不同意见看法，实际上在两个方面，误读了团体协约的意义。而当立法真正考虑到团体协约意义时，团体协约的非任意性，自然也就绝不会成为其有效性的绊脚石了。

---

① 为此，我们遵循**格斯勒**的倡议（参见 Referat S. 29 und namentlich den Leitsatz II 3 S. 52）。而本书所主张的权利架构版本，应该也使得**莱帕特**的担心成为了一件多余的事情（Verhandlungen der Gesellschaft für soziale Reform, Heft 45/46, S. 82）。

　　我们必须指出，团体协约参加人所订立的劳动合同，应被看作一种具有混合法律后果的要件事实。这意味着，团体协约参加人，未能按照团体协约规定的要求，履行符合团体协约规定的劳动合同，不仅会构成劳动合同违约，而且也会构成团体协约违约。也就是说，团体协约要求其参加人，不仅要合乎团体协约地订立劳动合同，而且还要按照团体协约规定的要求履行劳动合同。团体协约参加人在此是具有双重身份的，就其违反劳动合同的方面而言，是劳动合同当事人，而就其违反团体协约的方面而言，则是团体协约参加人（参见页边码第137页的相关内容）。因此，即使团体协约的内容，因团体协约规范而被确定为非任意性，团体协约相关制度，也不会由此被排除适用。因为以违反团体协约为内容的劳动合同违约行为，也是不遵守团体协约的行为（参见页边码第138页的相关内容）。实在的法律体系也存在同样的现象。例如，劳动合同中特定的行为，不仅会导致民法合同制度上的后果，而且也会招致公法上的各种保护措施和处罚的适用。而对于团体协约制度，如何干涉这种不遵守行为，以及其如何与劳动合同当事人，所采取的手段一起，并独立于这些手段，来实现对劳动合同的保障，我们将会在下文予以讨论。[1] 稍后的研究也将表明，像格斯勒所建议的那样，通过公法处罚措施（öffentliche Strafe），来保障劳动合同能按照团体协约的要求予以履行，是完全没有必要的。[2]

　　据此，保证团体协约参加人，能够行使他们的团体协约权利，是任何一个团体协约的本质所在。在许多团体协约中，都会明文规定有"处分"这样的禁止性规则。根据此种规则的要求，任何参加了团体协约的工人，都不得因其可能行使团体协约权利，而被解雇或者以其他

---

[1]　借此可解答莱帕特的疑惑（a. a. O. S. 83）。

[2]　这在战争时期已经体现出来了；参见 die Bekanntmachung des Oberkommandos in den Marken vom 21. Dezember 1915 (SozPr. XXV S. 287)。

112

方式承担不利之后果。此种禁止性规则对于由工人组织所任命的，于团体协约适用工厂中，负责监督团体协约规范遵守情况的组织代表（Vertrauensmänner）尤为重要。因为，禁止性规则可以有效地避免组织代表，因发挥委派给他的功能而被解雇，进而无法有效履行其职责的情况。

因此，团体协约规范的现实有效性，要求保障所有劳动合同的团体协约合规性。《印刷工人团体协约》第 10 条的规定，可谓是这种保障的典范。其规定：

> 某一组织或互助机构的成员身份，不应成为职位取得以及在位期限的必要条件。
>
> 助手假如因上述理由被解雇，视为受到处分。若助手因行使团体协约权利或因作为组织代表而被终止关系，亦然。

如此解雇的法律后果，乃是雇主一方构成受领迟延（Annahmeverzug），并会因其不遵守之行为，而产生相关的特别后果。若由此而发生其他之不利益，当事人除了可行使终止权以外，还可请求损害赔偿。可见，如果实在法能够对此种保障措施予以普遍承认的话，则无疑可以降低工人因畏惧不合理的解雇或不利益，而害怕行使其团体协约权利的危险程度。①

（3）另外，非任意性还被指责过于**僵化和公式化**，以至于无法适应满足个人不断变化的所有现实需要。众所周知，团体协约规范的灵活性，毋庸置疑是团体协约的生命所在。对此，有人赞扬道，单凭对劳动条件主仆关系式的规定，就能够很容易地灵活适应个案的所有具体情况。当然，这种观点是否正确，或许依旧是一个悬而未决的问题。然而，无论

---

① 这有效反驳了**莱帕特**的论述（a. a. O. S. 83）。

如何，团体协约必须具有相应的灵活适应性，才能形成技术上的供给能力；并且这种灵活适应性，就其在确定劳动条件的其他形式方面所能发挥的作用问题上，也受到了广泛的赞誉。实际上，在笔者看来，只要我们能够正确理解并运用非任意性，团体协约的上述技术因素是绝不会因非任意性而受到束缚阻碍的。

　　首先，我们知道，除非团体协约本身有明文的其他规定，否则团体 114
协约规范所确定的劳动条件无疑系最低条件。[①]团体协约制度在此实现了对工人最低文明[②]生活予以保障的理论思想。因此，依据现行法的规定，团体协约制度无疑是允许劳动合同的当事人之间，订立以相比于团体协约规范所已经确定的更优惠的劳动条件为内容的劳动合同的。这也就是为什么在许多实行团体协约的工商行业（Tarifgewerben）中，真正被支付的工资常常会高于团体协约工资的原因所在。所以，非任意性的团体协约，并不会对那些自身就能干的工人或者仁慈的雇主起到阻碍作用。非任意性所要阻止的，只是当事人的生活状态，低于一般公认的生活必要水准这件事情。也就是说，非任意性的制度目的在于保基本，而非保高端。鉴于团体协约这种公认的本质，立法应有能力将自身限于就含有"更优惠劳动条件"（günstigere Arbeitsbedingungen）之内容约定，赋予确定之合法性上。以《匈牙利草案》第 713 条的规定为榜样，我们可以看到，立法应当当事人可得协议达成的更优惠劳动条件做出定义。这里，所谓的更优惠劳动条件，系指更高的工资，包括更短的工作时间在内的更少的劳动给付，以及更高的福利。这样的明文规定是必不可少的，因为不然的话，例如难免就会出现这些疑问：一个团体协约所限定的终止

---

① 　Vertrag II S. 60.

② 　原文这里用的是德语 kulturell，一般现在多翻译为"文化的"。然而实际上，此单词亦有"文明的"的意思。具体涵义需要结合全文判定。这里译者认为主要还是偏向"物质层面"的内涵，故翻译为"文明的"。——译者

预告期间，是否真的也属于一种可得改变的最低条件？而之所以会有这样的疑问，也是因为人们并不知道，在个案中是规定更长的，还是更短的终止预告期间，才属真正事实上更优惠的劳动条件。

115　　此外，我们需要承认，在某些情况下，低于团体协约规范所要求之标准，也是必须的。对于这类情况，人们会想到诸如团体协约规范所无法客观应对的企业工厂技术革新问题。同时，为与失业问题做斗争，所或采取的于一定时间内降低计件工资标准，以及歇班（Feierschichten）等必要措施，亦属于这种情况。对此，协约当事人将首先有权自行判断，是否采取相应的预防措施，以避免发生此类情况。具体来说，他们可以约定，只有所有当事人都达成一致，才能正当化此种低于团体协约规范标准的例外规则。协约当事人还可以通过一些制度设计，以达到对例外规则进行规制的目的。然而，无论如何，只有在协约当事人各方，都无法做出规则措施的情形下，补充性的立法措施才是应当且必须的。当然，这也是以团体协约参加人于个案中，认为相关例外规则确属必要为前提的。笔者于1913年为社会改革协会所做的报告中，所提出并坚持的论点，也正是这个意思。可是，笔者的这个论点，与**莱帕特**的论证相左；他对此论点提出了针锋相对的反对意见。当然，如果笔者的论点的意思内容，真的是意指强制法的话，那么莱帕特的论证，或许也是说得通的。笔者的论点[1]是这样表述的：

> 在例外的特殊情况下，经作为劳资同权的团体协约主管机关（paritätischer Tarifbehörde）的工商法院，或其他协约约定的机构的同意，与团体协约有悖的特别约定亦可合法达成，然有害参加人之利益或一般团体协约利益者，不在此限。

---

[1]　Referat S. 52.

上述规则背后的基本理论是，有关团体协约最低标准的个别例外性规定的许可，不能由劳动合同当事人的自由意志决定；相反——在不受自己团体协约规则的阻碍下——应交由那些真正能够关注团体协约目的，并能实现团体协约集体意志（Kollektivwillen）的机关管辖之。由此，非任意性的意义目的，即社会意志（Sozialwillen）优于个人意志（Individualwillen），一方面不会受到损害，另一方面，也只有如此，其才能亦免受僵化的公式主义的摧残。

（4）最后，我们会发现，所有针对非任意性的不同意见，其理由实　116
际上都出自**个人主义的法原则**。而个人主义的法原则，明显是与团体协约所要追求的社会化规则背道而驰的。对此，人们是无需惊讶的。因为一方面旧有的习惯性观念——尤其是在法律人圈子中——并不会轻易地快速消亡；另一方面非任意性，无疑也是团体协约社会化理论内涵的最清晰及最高端的表达形式。在此背景下，有人断言，非任意性会将工人置于工会的奴隶式的从属关系之下，进而有悖于《民法典》的基本原则，[①]并也意味着对劳动合同制度本身的一种强奸，[②]以及对合同自由的侵犯等等。这些反对非任意性的理由，是建立在一个奇怪的矛盾之上的。因为每个主张这些理由的人，也都会承认团体协约，是具有债法强制性效力的。据此，团体协约参加人有义务不签订有悖于团体协约的劳动合同。可见，如果有人真的允许并赞同，就有关禁止签订有悖于团体协约约定之规则，赋予债法上的强制性效力，那么他也就不应该出于个人主义的原因，再反对就该规则，赋予团体协约法上的强制效力。因为通过权利强制，而非仅凭个人意愿，以实现团体协约权利，一直都是客观存在的现象。只不过相关的具体表现形式千差万别而已。是以，如果有人相信，

---

① **Landmann** a. a. O. II S. 236.

② **Landsberg** a. a. O. S. 187.

可以用个人主义的理由，来反对团体协约的这种绝对有效性，那么也必须完全拒绝团体协约规范，对劳动合同具有法律有效性，并抵抗来自团体协约的所有侵犯，以维护所谓的劳动合同自由。简而言之，他必须完全放弃团体协约的法原则。而这一法原则是非国家群体的社会意志，能够高于个人的个人意志的先决条件。人们可以拒绝非任意性的技术优越性，但不能出于个人主义的原因，从根本上反对它背后的思想理论。有鉴于此，诸如科佩于1908年德意志法律人大会，为攻击非任意性而大声疾呼的"我们合同概念需要重大变革"，其真正需要的原因，也并非在于非任意性理论出了问题，而是团体协约事物的本质要求。也就是说，团体协约的事物本质，要求法治必须要在技术上为其实现提供必要的路径保障。

因此，我们可以确定的是，最近有关非任意性理论，甚至从立法论角度上的不同意见，是完全无法动摇其在理论上的正当性的。对此，我们之前已经尝试从不同立场，予以详细证成了。[1]而这些不同意见也只会使相关的基本理论，日臻获得个案成熟的法律表达形式，并凭此达到全方位的公正性。

三、团体协约规范、劳动纪律与下级团体协约

团体协约规范在效力上，不仅要被证明能够对抗劳动合同，而且还要被证明能够对抗**劳动纪律**和**下级团体协约**（Untertarifvertrag）。

根据现行法，团体协约规范与劳动纪律之间的关系是很令人怀疑的。[2]**洛特玛**就根据《工商条例》第134c条第1款[3]的规定，否定了团体

---

[1] Vertrag II S. 283 ff.

[2] Vertrag II S. 88 ff.; Gesetz S. 23 ff.; dazu Lieb, Arbeitsordnung und Tarifvertrag, Einigungsamt III S. 97 ff.

[3] 本书所称的《工商条例》第134c条第1款，应是1900年7月26日重编公布版的《德意志帝国工商条例》第134c条第1款："劳动纪律内容对雇主和工人具有法律约束力，然其与法律有违背者，不在此限。"——译者

协约规范相对于劳动纪律具有合法优先性。然而，司法实务却没有遵从他的观点。当然，这在极大可能性上说明，除了《工商条例》第134c条第2款①所规定的劳动纪律的强制适用以外，其他与团体协约相冲突的劳动纪律都是无效的这一观点的正确性。同时，针对劳动纪律会有悖于团体协约规定的情况，现行法至少也还规定了，当事人有请求设立符合团体协约规范之劳动纪律的权利。当然，这种法权状态还无法令人满意。从历史解释的维度出发，之所以会出现当前这样的法权状态，究其缘由是在于劳动纪律相关法律规则出现之时，团体协约制度还几乎尚未诞生。②为此，将来的法治必须要理顺团体协约与劳动纪律之间的关系。它必须要能够衡平好劳动合同的这两大并列的决定因素。因此，相对于劳动纪律规定，团体协约应具有一般的合法优先性地位（这与《工商条例》第134c条第2款的规定内容是相反的）。是以，与团体协约规定相悖的劳动纪律，是没有适用效力的。换言之，团体协约背后的意思一致，必须要能对劳动纪律背后的单方处分（einseitige Verfügung）起到废止作用。对此，《沃尔布林草案》第2条与《罗森塔尔草案》第8条第2款，也分别持有相同的观点。当然，这并不意味着团体协约的优先性能突破法律和命令（Verordnung）的边界。或者说，如果有法律或命令就劳动纪律作出了特定的规定，则该规定内容在效力上，仍然得凌驾于团体协约。这是与合同自治受强制法制约的本质相符合的。对此，我们可以看一下《工商条例》中的相关法律规定。例如第134b条第2款③有关处罚的规则，

118

---

① 《工商条例》第134c条第2款规定："劳动合同不得约定与劳动纪律，或者本法第123条和124条规定不同的解雇和退出劳动岗位之理由。不得向工人施加劳动纪律既有规定以外的处罚。处罚必须即时确定，且应告知劳动者。"——译者

② Gesetz S. 24 f.

③ 《工商条例》第134b条第2款："劳动纪律不得包含有辱当事人自尊心或有害善良风俗的处罚规则。罚金额最高不得超过平均日劳动报酬的一半；但是，因针对同事的暴力行为、有损善良风俗的重大行为，以及为维护工厂秩序、保障安全运营或者贯彻工商

以及第 134c 条第 3 款 [①] 有关罚金的科处规则（并参见同法第 139k 条）。另外，我们也可留意一下 1865 年 6 月 24 日的《普鲁士国家一般采矿法》（Allgemeinen Berggesetzes für die preußischen Staaten vom 24. Juni 1865）的相应规定（第 80d 条和第 80e 条第 3 款）。另外，我们还可以再看一下联邦参议院为实施《工商条例》第 120e 条而颁行的诸多部分包含劳动纪律特定内容的规定。[②] 在上述所有这些情况下，如果劳动纪律遵从了这些规定，但团体协约却违反了这些规定，则此时团体协约必须要让位于劳动纪律。[③] 团体协约优先于劳动纪律规则在对外表达形式上，还应遵循《印刷工人团体协约》第 14 条的范本要求。该条规定："劳动纪律不应规定有悖于团体协约的内容。而在劳动纪律有悖于团体协约的情况下，该劳动纪律应被调整至与团体协约保持一致的状态。"而在事实上废除此类有悖于团体协约的劳动纪律，则还要仰赖诸多用于解决不服从团体协约问题的手段。

就团体协约与**下级团体协约**之间的关系问题而言，同样的原则也是适用的。我们知道，团体协约制度是存在持续集权化（Zentralisierung）趋势的。但是，此一趋势却会被以下事实所拖延，即中央团体协约常常只

条例规定所颁行的纪律规定，所处之罚金额最高不可高于平均日劳动报酬之全额。所收入之罚金必须用于工厂工人的利益。雇主请求损害赔偿的权利，不受本规定之影响。"——译者

[①] 《工商条例》第 134c 条第 3 款："被科处之罚金应登记于专用表格。该表格应记录有被处罚者的姓名、处罚的日期和理由以及处罚的具体额度。如有需要，该表格应随时呈交给本法第 139b 条所称之文官以供检查。"——译者

[②] Vgl. z.B. § 15 der Bekanntmachung, betr. die Einrichtung in Betrieben gewerblicher Anlagen zur Vulkanisierung von Gummiwaren, vom 1. März 1902 (RGBl. S. 59).

[③] 另外，我们也应当思考一下，如何将团体协约法的规定，与劳动纪律的规定协调一致的问题。例如《普鲁士国家一般采矿法》第 80c 似仍作如下修正：矿工计件工资的结算时点，不仅应取决于劳动纪律所确定的时点，而且在团体协约对此时点有规定的情况下，也应取决于团体协约所规定的时点。

会就框架性和范本性的内容作出规定，从而这些规定是需要相对较小的共同体，再通过团体协约予以补充完善的。而后者即所谓的下级团体协约。如此，地方共同体的团体协约的特别规定，与中央团体协约的基本原则之间，难免会存在冲突。这种冲突首先就出现在建筑行业当中。因为建筑行业的总团体协约往往会要求，德意志帝国境内的所有下级团体，在缔结其团体协约时，须满足一些不容改变的原则性规定。对此，难免有人会提出疑问：与总团体协约相悖的下级协约能否有效，以至于是否需要通过废止之诉（Aufhebungsklage），以使其能够与总团体协约再协调一致？或者对于这样的下级协约，有关非任意性的原则制度，是否亦可得适用之？这里，我们的回答是，非任意性的原则制度，在此当然有适用之必要。赞同的原因与我们支持劳动合同采用非任意性的原因考量是一样的。同时，例如建筑行业中央仲裁法院的裁判实际上也说明，这样的回答也是符合团体协约当事人之意愿的。[1]

第四节　团体协约的形式、内容与解消

120

一、形式

毫无疑问，任何团体协约的存续都是建立在，对权利能够自由表达意思一致之基础上的。[2]因此，《民法典》有关合同法的所有一般规定，

---

[1] Einigungsamt I S. 5 unter 2a, S. 7 unter III 2; dazu die Verhandlungen über die Erneuerung des Reichstarifvertrags für das deutsche Baugewerbe a. a. O. S. 117, bes. § 1 der Vorschläge der Unparteiischen.

[2] 意思一致的表现形式可以是多样的，例如基于仲裁裁决［《工商法院法》（GGG）第71条和第72条］而成立的团体协约。当然这里的仲裁裁决能产生合同拘束力的前提，乃是协约当事人对此仲裁裁决，表达了接受的意思表示，或者于该仲裁裁决宣判前，对此仲裁裁决，表达了同意的意思表示。主管机关的仲裁裁决以外的裁决，亦然。

对于团体协约亦具有适用效力（参见页边码第 49 页的相关内容）。所以，在没有特别的形式规定要求的情形下，团体协约本质上也是可以不拘形式（formlos）而予以成立的。可是，团体协约无可争议的普遍重要性，却致使这种不拘形式乃是不可取的。为此，团体协约实务早已经发展出了诸多的通用形式，以起到保存团体协约内容、使团体协约公文书化，并确保团体协约为公众所知的作用。如此，现在一般情况下，团体协约都会以书面形式予以缔结，在许多情形下还会被交存于工商法院，并常常亦会于团体协约所要适用的工厂中进行张榜公示。而立法者则可通过赋予这些团体协约的形式规定，以普遍的债法强制性效力的方式，采纳并贯彻这些已成为习惯的形式要求。具体来说，立法者从合目的性的角度出发，会将书面形式规定为团体协约有效性的前提条件；另外还会将团体协约交存于团体协约主管机关，以及于团体协约适用工厂中进行张榜公示，规定成团体协约当事人，以及作为团体协约参加人之雇主，所要承担的一种具有可强制执行性的义务。同时，立法者也会规定对团体协约的任何修改行为也要满足前述要件。当然，对于团体协约的形式要求，我们在此也没有理由再予以苛求了。尤其是，我们没有必要如第 29 届德意志法律人大会所要求的那样，[①] 效仿商事登记簿（Handelsregister）和夫妻财产登记簿（Güterrechtsregister）等，去设立所谓的团体协约登记簿制度。因为我们知道，立法的任务应是尽最大的努力，不给相关参加人带来权利上的负担，并为此避免制定任何多余的强制性措施。而这无疑也是我们在处理团体协约法有关的形式性问题时，所应遵循的一个基本原则。

121

---

① 29. DJT. V S. 19, 20 unter 3c.

二、内容

就团体协约的内容而言，我们所要讨论的主要问题在于，法律是否应就团体协约所必须包含或不应该包含的内容进行规制。我们认为，对团体协约的内容发展，所为的任何法定管束和家长制手段，都是有问题的。因此，我们对此持拒绝的态度。而迄今团体协约制度存续的重要意义恰在于，它能够不受任何固定的法律模版的束缚，而根据自身的需要自由地发展。一言以蔽之，成熟的法律是不会阻碍团体协约的这种内在驱动力的。为此，我们应一如既往地支持团体协约当事人自己，去决定自己所意欲遵守或避免的团体协约关系。当然，民法的一般制度也告诉我们，团体协约内容在本质上也是存在消极边界的。换言之，团体协约在内容上既不能有悖于善良风俗（die guten Sitten），也不能违反法律的禁止性规定（ein gesetzliches Verbot）。与此相对，团体协约的传统概念，则为我们展示了团体协约内容的积极边界，且发展出了更进一步的现实表达形式。[1] 这种灵活的制度因素，不单应当继续保留，而且还要能保证不会被僵化的法律规范所禁绝。因而，迄今绝大多数的立法尝试，都以既成的团体协约概念为前提的做法，无疑是正确的选择。[2] 而也只有基于这一概念版本，目前为止的团体协约才能发展出如此丰富的多样性内容。这样的团体协约，不仅能在最广泛的意义上，就将来劳动合同的内容进行规制，而且还能常常跳出就将来劳动合同的内容进行规制的目

122

---

[1] 国务秘书德尔布吕克博士偶尔表达了这样的信赖（至少就现行法而言）："我个人认为，即便在目前情况下，法院的司法实务也完全有能力判定，团体协约应包含哪些可能内容，因为这样的内容一定是符合善良风俗要求的；相反它亦完全有能力判定，团体协约不应包含哪些可能内容，因为这样的内容一定是不符合善良风俗要求的。"（Verh. des Deutschen Reichstags 1911, S. 5387）

[2] 例如参见《沃尔布林草案》第 1 条的规定："团体协约必须明确其在空间上和属人上的适用范围，并分别列明个体与全体的权利和义务。"

的，而致力于创制一些制度和规范，以实现协约当事人之间，与劳动交易总体有关的其他一些关系的秩序化。① 在部分程度上，团体协约的规制领域，甚至已经超越了劳动交易，而延伸到所有的销售经营问题；譬如《印刷工人团体协约》② 和《绘画业团体协约》③（Malertarif）中，就有为防止和打击肮脏竞争的协约性内容约定。另外，根据本书所发展出来的观点，团体协约还应当具备客观法产生效力。但需要注意的是，我们在这里不要因为前述这种思考，就对团体协约内容需要自由自决（freien Selbstbestimmung）这一结论，产生任何的动摇。同时，我们需要指出的是，客观法也永远不可能超越由公共利益（das allgemeine Wohl）所划定的各种边界。而这一事实也保证了客观法需要从属于民法一般制度的要求。换言之，正如本书已经说过的，客观法既不能违反善良风俗，也不能有悖法律的强制规定。另一方面，人们在运用法律来规制客观事务时，原则上也不应如以往惯常的那样，一开始就考虑如何限制自由，以防止可能的权利滥用行为之发生；相反，应在信赖自由可得自己独立存续的前提下，去思考如何拓展自由。总之，我们依旧只应在有权利滥用行为之时，才可采取相应的打击措施。另外，我们的立法机关，在此方面的工作，也可以说是及时迅速的；只要有团体协约超越了其作为法源所必须要遵守的界限，立法机关就总会马上制定必要的规范，以排除任何可能的危险发生。同时，现代国家所固有的警备心与主动性，也足以让我们

① 笔者已经尝试，就迄今为止的团体协约内容，进行权利类型化了（Vertrag I S. 28 ff.）。
② 《印刷工人团体协约》第9条规定："缔约的双方社团有义务，共同采取措施以打击行业中的倾销商（Schleuderer）。此类诉愿（Beschwerden）应向有管辖权的县区代表（Kreisvertreter）提出；主管的县区代表，则应召集于各个县区郊区所设立的荣誉法庭（Ehrengericht），以就相关的责任问题予以审查和裁决。荣誉法庭有义务，将案件事实及其裁判结果连同理由，一并通知团体协约主管机构；团体协约主管机构应据此决定是否采取进一步的措施。"
③ 《绘画业团体协约》第10条第1项："缔约的双方当事人应使其所属成员，在与肮脏竞争的斗争中，履行相互支持的义务。"（Einigungsamt II S. 55）

在此保持乐观与信赖。只是有一点，还需要我们指出，那就是为了保障外部秩序的存在，我们还是需要时刻留意团体协约的内容确定问题。而这里所涉及的，正是团体协约在事物上和空间上的适用范围问题。为此，协约当事人应当有义务在每一份团体协约中，就此类适用范围问题作出明示的规定。[1]

三、解消

就团体协约的**解消**来说，立法者所要面对的首要问题是，当事人是否可得基于重大事由而行使解消权。从现行法的规定来看，人们对于当事人是否可得行使解消权，应不存在争议。具言之，学理文献和司法实务，都越来越倾向于认为，对于继续性债之关系（dauernden Schuldverhältnissen）而言，无疑应适用基于重大事由的即时终止权，而非一般解除权（des allgemeinen Rücktrittsrechts）[2]；而对于多数人参加的继续性债之关系，则应准用《民法典》第 723 条[3]的规定，许其以同样的方式被解消。帝国法院[4]在此还特地将从《商法典》（HGB）第 92 条[5]和

124

---

[1] Vgl. Entwurf **Rosenthal** § 4 Abs. 1.

[2] **Gierke**, Dauernde Schuldverhaltnisse, Jherings Jahrb., II. F., Bd. 28, S. 391.

[3] 本书所称的德国《民法典》第 723 条，应是 1896 年 8 月 18 日的德国《民法典》第 723 条：" 合伙非为一定期间制定者，各合伙人得随时终止之。订有存续期间者，有重大事由时，得于期间届满前终止之。该重大事由尤其是指此情事，即另一合伙人故意或重大过失，违反其依合伙合同所负之重要义务，或该义务不能履行者。定有终止预告期间者，于相同要件时，终止得不按期间为之。

终止不得于不适当之时期为之。但就于不适当时期终止有重大事由者，不在此限。合伙人无该重大事由而于不适当时期终止者，应赔偿其他合伙人因此所生之损害。

合意排除终止权或违反本条规定而限制之者，其合意无效。"（同时请参见台湾大学法律学院、台大法学基金会编译：《德国民法典》，第 688—689 页）——译者

[4] RG. 78 S. 389 Nr. 88; dazu 65 S. 38 Nr. 11; 53 S. 19 ff., 22 Nr. 6.

[5] 依据 1953 年 8 月 6 日的《商法典修正法》[Gesetz zur Änderung des Handelsgesetzbuchs (Recht der Handelsvertreter) vom 6. August 1953] 的规定，并考虑到本书 " 缩略语 " 部分有

第 133 条 [①]，以及《民法典》第 626 条 [②] 和 723 条中所得的原则性规定，上升为一般法律原则（ein allgemeiner Rechtsgrundsatz），即"较长期的法律关系的存续，是需要各方参加人之间，建立起个人合作关系，并由此形成良好和睦关系的。由此，在有重大事由出现时，该较长期之法律关系可得随时被通知终止之"。[③] 这一法律原则尽管主要是与卡特尔协议（Kartellvereinbarungen）联系在一起的 [④]，但是适用到团体协约，在大概率上应该也是没有问题的。而迄今事实上也已经有立法尝试在团体协约领域部分允许，基于特殊事由，而非常解消（außerordentliche Auflösung）团体协约了。

可是，这些立法尝试正好也表明，我们在面对此类解消制度时，需要持非常谨慎的态度。**例如，罗森塔尔**在其草案（第 15 条）[⑤] 中，就赋予

关"本书的文献和司法资料版本截止于 1915 年 10 月 1 日"的声明，本书所称的德国《商法典》第 92 条，应是 1897 年 5 月 10 日的德国《商法典》（Handelsgesetzbuch vom 10. Mai 1897）第 92 条："本人与代理商之合同关系，若为不定期而制定者，各方得于每日历季终了时，并在遵守终止预告期间的前提下，终止之。有重大事由时，任何一方都可不按终止预告期间终止合同关系。"——译者

[①] 本书所称的德国《商法典》第 133 条，应是 1897 年 5 月 10 日的德国《商法典》第 133 条："有重大事由时，经一名股东申请，可以非经终止而以法院裁判，宣告公司在为其存续确定的一定期间届满前解散，或者宣告非为一定期间所制定之公司解散。

　　该重大事由尤其是指此情事，即另一股东故意或重大过失违反，其依公司合同所负之重要义务，或该义务不能履行者。

　　合意排除股东请求解散公司之权利，或违反本条规定而限制之者，其合意无效。"（同时请参见，杜景林、卢谌译：《德国商法典》，中国政法大学出版社 2000 年版，第 55 页）——译者

[②] 本书所称的德国《民法典》第 626 条，应是 1896 年 8 月 18 日的德国《民法典》第 626 条："基于重大事由，雇佣关系得由合同之任意一方当事人，无须遵守终止预告期间而终止之。"（同时请参见台湾大学法律学院、台大法学基金会编译：《德国民法典》，第 584 页）——译者

[③] RG. 78 S. 389.

[④] **Flechtheim**, Die rechtliche Organisation der Kartelle, 1912, S . 90, 138, 140.

[⑤] S. auch **ungarischer** Gesetzentwurf § 709 Abs. 2; Entwurf **Sulzer-Lotmar** IX Ziff. 4.

了团体协约主管机关，可在经济状况（der wirtschaftlichen Verhältnisse）发生本质改变，尤其是市场形势发生重大变化时，于协约有效期届满前，废止团体协约的权能。然而我们知道，团体协约的意义正在于使工资和劳动条件能够不受经济景气的影响。而团体协约主管机关的上述权能，无疑会掩盖团体协约的这种意义作用。而我们是不会允许立法超越协约当事人的行为情况，而对团体协约的命运产生影响的。当然，如果上述 ₁₂₅事由的存在，确实使团体协约规范的修正在个案上成了一种客观必要的事情，则我们就此情形，也可以考虑采取其他的预防应对措施（参见页边码第 114、115 页的相关内容）。与此相对，为了保证团体协约能够稳定地维持下去，并顾及相关所有合法利益之维系，立法者确实得允许当事人，基于重大事由解消团体协约。这里的重大事由尤其是指，团体协约当事人的行为，对协约之合同目的（Vertragszweck）造成重大危害或者破坏的情形。这类行为可以是过错（schuldhaft）行为，例如团体协约的一方协约当事人，破坏或不服从劳动和平状态的行为；当然，这类行为也可以发生，在协约当事人合法利益的实现活动当中，从而并不具有过错性，例如多方团体协约中的一方协约当事人，经行使终止权，而退出团体协约（参见页边码第 86 页的相关内容）[①]。又或如一方协约当事人，为反对本团体协约所采取的本质上乃被允许的斗争行为（Kampfhandlungen）（参见页边码第 139 页以下的相关内容）。在上述所有情形下，团体协约显然都受到了这样的冲击，即对行为所针对的协约当事人一方而言，团体协约的继续履行，乃是一件不可期待的事情。在此，团体协约的解消制度，无疑成为了消除这种不可持续的僵局状态所必不可少的阀门。然而，这里需要指出的是，允许终止权的存在，却非团体协约解消的最好形式；相反，我们应类推《商法典》第 133 条的规定，即解消权只有通过

---

① 《瑞典草案》第 12 条以一种新颖的规范模式，就这种情形作出了明确回应。

请求法院裁判才能行使，以至于确立团体协约只有通过判决才能最终解消的模式；而这无疑是最好的解消权行使模式。

此外，民法一般制度中所承认的，一切能够致使合同解消的事由，也都可作为团体协约的终结事由（Endigungsgründe）。在此，立法将力求将规范的制定重点，限定在确保终止权行使的有效性上。为此，立法可规定，终止权行使的意思表示，始终只能向团体协约主管机关作出；[1] 与此同时，针对当事人未能就团体协约制定固定期限，并且也未能在协约中就终止预告期间作出约定的情形，立法还会进行相应的补充性规定。[2] 立法甚至还可以更进一步地规定，即便对于有固定期限的团体协约，当事人也始终可以于一个特定期间届满后，例如五年，就能行使预告终止权，以避免团体协约对于协约当事人的过分拘束。

---

[1]　Vgl. Entwurf **Wölbling**, § 14 Abs. 2.

[2]　Vgl. § 322 des Schweizerischen Obligationenrechts.

第四章 团体协约的自己执行

第一节 基本理论

一、自己执行的意义

在研究了团体协约的法律效力问题之后，从现在开始，我们有必要将视野，转移到其**权利实现（Rechtsverwirklichung）**的问题上。这里，团体协约与群众之间的关系问题，将作为难题，再次浮出水面。团体协约法将不仅要对团体协约组织，而且也要对其组成成员产生执行力。然而，这些成员的具体数目是不可估量的。如此，我们不禁要问，团体协约法如何能够适用到他们所有人？行为的集体性（kollektiv）无疑是团体协约违反行为的重要本质。而对此，我们则可以联想到，以罢工和闭厂为手段的那些破坏和平行为。在这些情况下，国家法尽管拥有所有的权柄，但在直接面对具体的每一个人的时候，还是会显得力不从心。因为这些行为本身的大规模群众性，注定了国家的权柄，是无法触及他们每一个个体身上的。

法治一直在呼吁那些活跃在团体协约中的社会力量，要能够起来自己保护自己的权利。而我们也只有在这其中，才能找到解决这些难题的答案。我们知道，这里所称的社会力量，实际上就是指诸多雇主和工人团体本身，也正是他们创造并维系了整个团体协约制度。这里，我们需要雇主和工人团体能够将他们长久以来所积蓄的自治力量服务于法治事业。我们相信，雇主和工人团体作为社会力量，在此项事业上的能力，

亦会是毋庸置疑的。因为一方面雇主和工人团体是了解他们所控制的每

128　一个个人的；而另一方面，这些个人也会对控制他们的雇主和工人团体

产生某种信赖。而他们之间的这种交往关系，是一种随性、直接并且不

具有官僚烦琐性的关系。对于雇主和工人团体而言，其所能采取的维系

和实现团体协约忠诚（Tariftreue）的手段是多种多样的，并能就此灵活应

对所有的特殊情况。我们知道，工人团体尤其在处理群众问题上，是训

练有素的。可见，从功能和使命的角度看，这些团体实际上，与法治不

发达时代的所谓"保人"（Einständern）在地位上是具有相当性。以往这些

"保人"往往不得不动用他们个人的影响力，以使那些应当作为或者不作

为的人，去履行其有关的作为或者不作为之义务。为此，他们甚至会动

用一些国家所不能运用的权利保护手段。**耶林**就曾描述过他们的重要意

义 [1]："简而言之，让那些与权利上的直接参加人关系最密切的人士参与

进来的理论思想，无疑是有利于司法活动（Rechtspflege）的有效开展的。

而一个能有效够减轻法官工作量，并能节省法官精力的法秩序，其本质

要素也正是由它们所构成：一是，由这些关系最密切人士，所提供的有

关直接参加人境况的准确信息。二是，直接参加人对于这些人士，在特

定情形下，所会做出的给予或拒绝行为的信赖。当然，这种信赖会在这

些人士，应当为权利上的直接参加人挺身而出时，受到最大程度的考验。

而考验的方式则要么是通过这些人士所做的保证或誓言，如运用古日耳

曼相互盟誓制度（die altgermanischen Consacramentalen），要么就是通过这

些人士的日常言行。三是，这些人士对直接参加人所会施加的实际影响。

此外，许多法官通过其手段所无法或只能不完美完成的任务，都可以借

由那些与权利上的直接参加人关系最密切的人士之手，而曲线达成。如

此，亲属、社员以及朋友，都可以成为法官的辅助机关。通过他们的影

---

[1]　Geist des römischen Rechts, 3. Teil, 1. Abhandlung, 1888, Vorrede, S. XIX.

响力，他们无疑可以在家里，就能完成那些本对法官而言，难以调查完成之事项的调查。"而在笔者看来，这里自发自然所形成的诸多权利保护手段，应该也是能被计划用来作为实施团体协约的技术手段的。　　　129

　　我们将团体协约遵守问题，由协约合同效力自行解决的制度模式，称为**自己执行**（Selbstexekution）。在团体协约实务中，实际上自己执行制度已有萌芽。这表现在，大多数的团体协约都会规定，协约团体有义务保证其成员遵守团体协约的规定。这无异于也就等于承认了这些团体，拥有作为执行机关维护团体协约的权力[①]。当然，这里所表达者，也并非意思的全部。具体来说，根据现行法的规定，协约团体所要履行的这种对团体协约的保护义务，在本质上还只不过就是一种私法上的合同义务（Vertragsverbindlichkeit），即一种照顾义务（Pflicht zur Sorge）。然而，从我们目之所及的规定看，团体协约组织对团体协约所要履行的这种保护义务，应该并非仅仅是一种私法义务。实际上该义务的存在同时也应意味着一种公法功能的实现。且这一公法功能的实现，不仅是为了协约参加人的利益，而且也是为了国家的利益。因为这种协约团体对团体协约所要履行的保护义务，在总体上也是一种通常乃专属于国家所履行的权利保护义务。可见，团体协约自身所具有的公法与私法因素（参见页边码第21页以下的相关内容）相混合的性质，在这里得到了充分的体现。**与此相应，团体协约团体也是集协约当事人与管理主体的双重角色于一身的。**由此，立法者必须顾及此种混合性质的存在。为此，立法者要使团体协约的权利实现，能够一部分采用公法的效力形式，另一部分又采　　130

[①] 例如参见《德国中部雇主联盟与中央木工联盟团体协约》（des Tarifvertrags zwischen dem mitteldeutschen Arbeitgeberverband und dem Zentralverband der Zimmerer）第9条："缔结协约的当事人有义务，利用其全部的影响力，实施和维系本协约，**并大力打击违反协约或规避协约之行为**，尤其不得以任何形式去支持与协约规定相矛盾的，处于爆发状态的禁止施工、罢工、闭厂或者其他行为。"

用私法的效力形式。而与团体协约的效力问题一样，团体协约在其实现上，也是同时涉及私法关系与公法关系两个面向的。

立法在这里必须要能够克服一个特殊的困难。即它应当有计划地利用好同业社团活动本身所具有的自由性、多样性以及多元矛盾性，以服务于权利保护目的之实现。而只有当立法者能够利用最巧妙的手段，以明白如何将权利保护的安全性与同业社团活动的自由性，相互结合在一起的时候，其使命也才能得以成功完成。

二、作为事实存在的自己执行

自己执行的理论思想，实际上与社会执行（sozialen Exekution）这个事实之间，存在着密不可分的关系，即它利用了社会执行这个既有事实。从而，自己执行理论并非是一个基于逻辑架构的构造品（kein logisch-konstruktives Gebilde）。换言之，它只不过是对已经存在的社会生活形式所进行的归纳总结而已。

我们发现社会执行存在有组织和无组织两种情况。所谓有组织的社会执行，系指由自由团体所直接计划并组织运作的社会执行。这种形式的社会执行，目前尤其特别突出地存在于各种卡特尔和同盟组织当中。具体来说，它们在没有国家干预的情况下，自主建构了一套生活关系的结构体系，并通过强制的方式保障其有效运行。如此，有组织的社会执行，无疑会在国家中催生出一系列新型的权力主体（Machtkörper）。而**弗里茨·凯斯特纳**（Fritz Kestner）最近在谈到卡特尔时，也特别敏锐地抓住了，其作为权力主体的这一特征。他说道："数个世纪以来，它（国家）总是觉得自己是这个世界上唯一的权力主体。然而，即便如此，由于等级组织和教会组织（Standes- und kirchlichen Organisationen）的持续存在，事实上它的这个感性认识，大概也从来没有真正实现过。可是，现在的问题是，只要是明眼人都不会否认，国家在权力上正面临着一个新的强大对手的挑战。且由此，国家将很有可能，无法再在其领域内，像以往那样任意行事了。[①]"另外，我们在社会习俗(gesellschaftliche Sitte)以及社会礼节(gesellschaftlicher Anstand)的日常实践的影响下，还会遇见到无组织的社会化自己执行现象。实际上，法秩序之大部分，并非依靠国家的强制执行，而是通过这样的社会力量予以支撑和维系的。例如，**埃尔利希(Ehrlich)**就正确地指出过，当今我们这个时代的整个信用体系之维系，就很少是通过国家力量予以实现，相反更多的是依靠社会力量。这乍听起来是荒谬的，但是从根本原理上却又是无比正确的。这从**埃尔利希**的观点，也可见一斑。他认为，在任何一个发达的国民经济中，几乎都不可能存在以强制执行的前景作为考虑对象的信用能力体系(Kreditfähigkeit)[②]。当然，有组织的自己执行，相较于无组织的，显然更容易被用于法治。因为，它相较而言更加可控，并可提供更牢固的制度基点。

社会执行可能会与法秩序的一般使命是协调一致的。这正如各种债权人团体(Gläubigerverbände)在其使命中所表现的那样。但是，社会执行与法秩序的一般使命之间，也可能处于相互竞争的状态。例如，我们在当今许多雇主针对其工人，所行使的特殊审判权(der eigenartigen Gerichtsbarkeit)中所看到的那样。又如，尽管国家有意放弃了，对劳动合同违约行为进行权利强制性处罚，但与此同时，仍然有一套平行的强制体制存在着。据此，针对劳动合同违约行为的处罚，仍然可借由实践中的社会化手段予以完成。比如，根据矿业联盟章程的规定，违反劳动合同的矿工(Bergarbeiter)，会被其所属的劳动中介机构

131

---

① Der Organisationszwang, 1912, S. 284.

② Grundlegung der Soziologie des Rechts, S. 55.

（Arbeitsnachweisen[①]）开除。换言之，该矿工将要承受完全失去工作机会的处罚。在这种情况下，社会执行与法治之间必然会出现紧张关系。而对于国家来说，这里的问题可能更多的是，如何为了国家目的的实现而与社会执行进行竞争，而非利用社会执行来解决国家目的。

132　　与团体协约法相联系的社会执行应是有组织的，并与国家目的保持协调统一。从而，**沃尔特·诺特纳格尔**（Walter Nothnagel）在第一部有关社会执行的科学研究中所首先勾勒出的理论思想，将得到贯彻执行。[②]他指出："在生活的所有领域中，运用有意组织化的心理（即社会）执行，可以为社会权利的进一步发展提供基础条件。"

三、历史中的榜样

自己执行理论的产生，也与历史中的榜样有关系。中世纪法就向我们展现了这样一种一般性的法权状态，即其实现与否，在很大程度上，并不掌控在国家手中，而是由团体权力（Verbandsgewalten）自行决定的。该法权状态向我们展示了，国家权力（staatliche Gewalt）是如何理解认识，应怎样保障与整合，作为权利保护制度之有机组成部分的团体权力活动，这一问题的。也因此，我们在这里回顾上述的法权状态，将会成为一件特别有价值的事情。在此基础上，我们只要瞧一下中世纪各种主仆关系式和合作社式的团体，就会发现它们一如既往地是实现前述保障与整合的两大有力工具。当然，团体权力有时也需要被国家所取代。比如当团

---

① 在 20 世纪早期，德语 Arbeitsnachweis，也被用来指代"劳动中介机构"，而与今日"工作证明"的意思大相径庭。（参见 Georg von Schanz: Organisation des Arbeitsmarktes, in: Handbuch der Politik Dritter Band: Die Aufgaben der Politik, Dreizehntes Hauptstück: Selbsthilfe und Sozialschutz, 72. Abschnitt, Berlin und Leipzig: Dr. Walther Rothschild, 1914, S. 77–82）——译者

② Exekution durch soziale Interessengruppen, 1899, S. 221.

体权力无法有效运作之时；又如当团体因其放任其组成成员违法，而要为此承担责任时。而下面，我们就摘录节选前述情景中之一小部分，以供大家思考。①

主仆关系式团体是从家庭共同体（Hausgemeinschaft）发展而来的。在家庭共同体下，户主的意志无疑是行为的唯一权威依据。对于主仆关系式团体而言，其不仅致力于维护家庭内部的法权与和平（Recht und Friede），而且也力求就其所属成员，对外部第三人，所造成的违法行为进行干涉。于是，受害人自然地会向户主求助，因为户主作为家庭共同体的代理人，有义务为其有过错的家属承担责任。当然，若户主同意将其家庭成员（Hausgenossen）交给受害人处理的话，户主相应的责任也会得到免除。可是，若户主已然知晓相关行为，却仍旧为了共同体的存续，而向有过错的家庭成员提供避难所和给养的话，则该户主会为此而丧失免责权，并须如同自己犯了违法行为一样履行赔偿义务。同样，庄园联盟（Hofverbände）与土地领主集团（Grundherrschaften）也会针对不法行为人（Missetäter）采取一系列相当的干预措施。可是，我们需要指出的是，如果权利侵害无法借此团体干预行为而得到赔偿或赎罪，则我们也绝没有理由，完全排除公共权力在此发挥作用的必要性。一般来说，在权利侵害没有得到应有的赔偿或赎罪的情况下，国王的公共文官（die öffentlichen Beamten des Königs）会敦促领主或户主，去保护权利免受其治下成员子民的侵害；并在催告不足以达到目的的情况下，予以直接干预。

---

① Die geschichtlichen Grundlagen für die Ausführungen im Text sind folgenden Werken entnommen: **Gierke**, Das deutsche Genossenschaftsrecht I S. 15ff., 220ff., 371 ff., II S. 386 ff.; **Ders.**, Schuld und Haftung S. 15 ff.; **Fürth**, Die Ministerialien, 1836, S. 150 ff.; **K. v. Maurer**, Geschichte der Frohnhöfe, der Bauernhöfe und der Hofverfassung in Deutschland, 1862, I S. 509 ff., 521 ff., 530 ff., IV S. 409; **Roth**, Geschichte des Benefizialwesens von den ältesten Zeiten bis ins zehnte Jahrhundert, 1850, S. 372.

至于属于主仆关系法院(des herrschaftlichen Gerichts)管辖的事项，则交由公共文官负责裁决。与此同时，户主或领主还需要为受其权力统治的属下成员所犯的不法行为，承担独立的财产责任。然而，若户主或领主没有能力将其治下的不法成员带上法庭受审，或者不愿意为其承担责任之时，户主或领主则也必须放弃对该不法成员的保护权，并将其引渡给受害人处理。另外，领主或户主可作为代理人，代理其属下成员在公共法院(dem öffentlichen Gericht)出庭。且即便是属下成员自己的权利受到了侵害，其领主或户主的此项代理权，依然不受影响。在此，户主或领主可为属下成员，代为请求支付被杀赔偿金(Wergeld)，及努力为其属下成员，争取所有其应当得到的补偿赔偿。

　　合作社式团体的历史根源则是氏族制(Sippe)。如同主仆关系式团体一样，在氏族制下，只要有一个氏族成员的和平利益遭受到了侵害，整个氏族都会为他进行血亲复仇(Blutrache)或接受赎罪赔偿。另一方面，合作社式团体也要为其成员的破坏和平行为负责。为此，它必须忍受同态复仇，或支付罚金(Buße)。且这种责任系基于宗族团体(Geschlechtsverbandes)这个事实而直接成立的，而与其自身是否存在过错并无关系。但是，若氏族将其有过错的成员，从其共同体中予以开除并引渡，则前述的氏族责任自然可被免除。这种理论持续地展现在自由的盟约团体(den freien Einungen)当中。正是此类盟约团体在旧式团体越是在失去其支撑力量的时候，越深入地与人民生活融合在了一起，以有效避免主仆关系式的权力要求和违法行为的出现。这里需要指出的是，自由的盟约团体之首要使命，恰在于贯彻实现那种不再仅由国家单独予以保障的权利。对这种权利维护(Rechtswahrung)模式的需求，是如此之强烈，以至于国家在各个地方都人为地设置了这种模式。凭此，内部秩序得以建立；同时，第三人的各种请求权(Rechtsansprüchen)也在为公共利益负责的前提下，得到了相应责任承担基础，并在行会制下，欢庆其全盛时代的到来。这里需要指出的是，这里的行会是具有多重角色的。具体来说，它们一方面如**基尔克**所描述的那样，是城市的组成部分和管理机关；另一方面它们也是在各自封闭的私法和公法法权领域中，独立行使权利的合作社团体。总之，行会是城市最基层的工商业主管机关，并因此得以行使一系列的公共权力；而其职责使命，则在于对劳动进行合作社式的监督（die genossenschaftliche Kontrolle）。于是，行会得以为其所属的城市承担权利保护实现方面的责任，因为在前述这种制度框架下，行会不仅是能自己负责的团体，而且也是城市的组成部分和管理机关。当然，此时我们仍然需要城市的上位监督权（Oberaufsichtsrecht），在效力上高于行会的这种合作社警察权（Genossenschaftspolizei）。也就是说，当行会的强制力无法发挥应有的功用时，城市的上位监督权要能及时站出来予以干涉。"当有人不服从时，它就会向市长报告；市长此时就会给它借调来一位法官，以代盟约团体行使扣押之权[1]。"

而稍后的研究将向我们说明，这些旧制度模式中，究竟有哪些，可以为团体协约的自己执行，而继续保持有效的生命力。

四、观点阐述

135

团体协约保护体制若想融合有团体协约组织之团体权力性，须以自己执行**法秩序**（rechtliche Ordnung der Selbstexekution）的存在为前提的。正是这个法秩序保证了团体权力的有效性，并使团体权力的手段，成为一种具有可预见性的东西。

我们必须对能导致成立自己执行的那些构成要件作出规定。

而这些构成要件则具体形成了有关自己执行的权利与义务。

但法秩序必须承认的是，自己执行就其本质而言也是有边界的。换

---

[1] **Gierke**, Genossenschaftsrecht I S. 398 Anm. 186.

言之，自己执行的效力只能及于团体协约组织的团体权力所及之处。而只有有组织性协约成员，才能真正服从于这种团体权力。因此，作为一种团体协约保护形式的自己执行，是无法自行适用在团体协约的协约当事人，以及无组织性协约成员身上的。对于他们来说，如何保护团体协约的问题，是需要予以特别检讨的。

任何情形下，无论自己执行的道路，在实际上是否能走得通，团体协约的保护都需要**团体协约主管机关**为其提供服务。

这是以下研究的主要出发点。

第二节　自己执行的法秩序

一、要件

团体协约违反行为无疑是自己执行能够成立的一般构成要件。而无论协约当事人，还是协约成员都可能成为团体协约的违约行为人。然而，只有**有组织性协约成员**所为的团体协约违约行为，才能适用自己执行制度。因为只有他们在事实上处于团体协约组织的团体权力的掌控之下。而如果没有这种团体权力，任何自己执行都将是不可能实现的。当然，若我们人为地将团体权力的适用范围，超越到团体成员之外，亦即突破既有团体权力以团体协约组织范围为限的话，则就是另外一回事了。

何谓团体协约违反行为？

我们对此可区分出两种要件事实：**不服从行为**与**破坏和平行为**。所谓不服从行为是指团体协约参加人，违反团体协约有关的特定作为或者不作为之义务规定的行为。而破坏和平行为则是指团体协约参加人，为打破团体协约所带来的劳动和平状态，而采取的经济斗争行为。相较于不服从行为只是对团体协约的个别规定的违反，破坏和平行为则完全是为了颠覆协约的整个秩序。也就是说，破坏和平行为旨在从根本上消灭团体协约秩序本身。

1. 不服从行为

不服从行为的可能表现形式，与团体协约的内容一样，都是具有多样性的。不服从行为尤其可能表现在对团体协约有关劳动和职业规范（Arbeits- und Berufsnormen）的违反上。[①]有关这方面的事例在此就不予赘述了。因为我们只要随便通读一份团体协约，就会轻易地发现，这里所涉的团体协约之违反行为的丰富多样性。这里唯一需要予以特别论及的，只有团体协约因不服从行为而违反，与基于此团体协约而订立的劳动合同，因不履行行为而违反之间的可能的**相互冲突**问题（参见页边码第111页以下的相关内容）。

毋庸置疑，团体协约参加人就团体协约适用范围内的问题所签订的劳动合同，其内容应以团体协约的规定为准。从而，若劳动合同的一方当事人违反了团体协约之规定，则其不仅从事了劳动合同之违约行为，而且同时在劳动合同包含有团体协约规定的前提下，也作为团体协约参加人，采取了不服从行为。为此，我们应明确一个前提性问题，并以此为论证的出发点。那就是，以规定未来劳动合同为内容目的的团体协约规范之意义，并非仅仅在于达到保证当事人能够按照团体协约的要求，去**订立**劳动合同之目的；而是旨在保证他们，能够按照团体协约之要求，去真正**履行**实现之。诚然，我们知道，从前的观点是主张，只要劳动合同已经按照团体协约的要求予以订立，就应当认定团体协约义务已被履行。至于以后的事情，则完全仅是劳动合同当事人之间的问题，而与团

137

① 关于劳动规范与职业规范的区别，参见 Vertrag I S. 30 ff., 33. 此处亦有关于团体协约规定多样性的概述。

体协约无关。[①] 但是这种观点是没有道理的。显而易见，团体协约的意思并非仅仅在合同订立阶段，对团体协约参加人有协约上的拘束力，相反它在劳动合同的履行阶段，对其也是具有相应拘束力的。在适用团体协约的工商行业中，所形成的有关团体协约忠诚的通行观点，也并不会因团体协约与劳动合同相互区分这样的形式见解而偃旗息鼓。同时，立法亦没有任何动力就团体协约忠诚的含义作出明白规定的。因为即便没有立法的规定，团体协约忠诚的含义也会依旧存在。当然，为了进一步阐释的需要，我们还是有必要将其含义予以固定下来。

2. 破坏和平行为

我们几乎既无法给**破坏和平行为**下一个精确的定义，也无法为其整理出一个详尽的判例法（Kasuistik）体系。是故，立法应当放弃对破坏和平行为下任何一个具体确定的定义，而应将其概念定义问题，交由司法实务和科学研究去处理。

我们认为，所谓破坏和平行为系指团体协约参加人，以敌视团体协约秩序（Tarifordnung）的故意所为的所有行为。我们之前在本书页边码第 42 页以下有关破坏和平行为的历史根源部分，也提出过这样的定义见解。而只要我们在个案中想要说一下，究竟何谓破坏和平行为时，我们138 就必然会联系到前述定义。不言而喻，闭厂、罢工以及杯葛，都会轻易地构成破坏和平行为。但是，所有其他以妨碍协约存续为目的的行为，也可能构成破坏和平行为。譬如，团体协约组织为逃避团体协约之义务而故意解散之行为，以及为了逃避团体协约有关之责任，而故意转移其财产之行为，都属于其应负责之破坏和平行为。其他例如雇主针对团体协约组织所为的各种敌意行为，亦然。团体协约的存续不仅取决于协约本身的存续，而且也取决于团体协约所依赖的组织没有受到打击和伤害。

---

① Vertrag II S. 115 ff.

据此，例如作为团体协约参加人的雇主，因工人组织成员的身份，而对其予以解雇，或者拒绝受领其所为之劳动给付，又或者对其为其他不利益之行为，都会被视为该雇主所为的破坏和平之行为。而雇主这样的行为显然对劳动和平之状态起到了破坏作用 [1]。为此，例如《意大利草案》第 18 条 [2] 的规定，就明确包含了这样的理论思想："通过将工人以具有登记社团 (eingetragenen Vereinen) 之成员资格为理由，而予以解雇的方式，故意阻止其行使本法所规定之权利，或者非旨在保护团体协约，而故意发动杯葛行为者，应受到损害赔偿之诉 (Schadensersatzklage) 的追责。"

另一个需要我们讨论的问题是，是否于团体协约存续期间内，任何斗争行为都不得为之，还是说，劳动和平只能存在于团体协约的规定范围内？如果后一种观点是正确的，那么也就意味着，在团体协约的存续期间内，所有不以团体协约为目的的斗争行为 [总罢工 (Generalstreik)、声援性罢工 (Sympathiestreik) 以及以追求团体协约未规定之事项为目的的罢工] 仍可合法为之。而众所周知，这在现行法之框架下，是有争议的。[3] 立法者在其尝试中所持的观点，也是莫衷一是。相较于《罗森塔尔草案》第 16 条和《沃尔布林草案》第 19 条所支持的绝对和平义务 (die absolute Friedenspflicht)，《瑞典草案》第 8 条则以新颖的方式，承认了相对和平义务 (die relative Friedenspflicht)。无论是在雇主方面，还是劳动者方面，有关的观点都很少能达成一致。比方说我们就不能简单，以雇主支持绝对和平义务，劳动者支持相对和平义务作为标准，来

139

---

① 所以，**欧特曼 (Oertmann)** 特别强调 (SozPr. XXI S. 104)："针对攻击同盟组织自由的行为，进行最有力的防御，简直是关乎团体协约共同体生存的问题。"当然，此观点也并非是没有争议的 (参见 das Urteil des Landgerichts Berlin a. a. O. S. 372)。

② 结合本文附录的有关内容，这里的《意大利草案》第 18 条，应为原作者笔误，实际上作者想写的是该草案的第 19 条。——译者

③ Vgl. dazu **meinen** Aufsatz: Generalstreik und Tarifvertrag, GewKfmG. XV S. 49 ff.; dagegen **Boysen**, ebda. S. 78 ff.

确定划分出他们中的支持方和反对方。这是因为，譬如裁缝业雇主团体（Arbeitgeberverbandes für das Schneidergewerbe）主席**施瓦茨（Schwarz）**[1]，就主张支持相对和平义务；而德意志木材工人团体（Deutschen Holzarbeiterverband）主席**莱帕特**，反而对绝对和平义务的实现，保有很大的决心。[2]帝国法院则在 1915 年 1 月 29 日作出的一份值得关注的裁判[3]中认为，相对和平义务应作为当事人之间推定的合意内容（至少考虑到声援性罢工这种情况），并且指出，根据个案的具体情况，是协约当事人的意思最终决定了，我们是适用绝对劳动和平，还是适用相对劳动和平的规则。因此，关于此一问题目前并不存在相应的立法必要性。由此我们可以说，这里实际上也运用了我们在赎罪合同历史中（参见页边码第 43 页的相关内容），业已提到过的那种法治理念。而在实务中这意味着，如果团体协约当事人未能明白无疑地，就绝对和平义务作出意思表示的话，那么相对和平义务的规则就会被直接适用。不用说，这样的权利配置是符合各方当事人之利益的。按此，当事人他们就能够自主自愿地将劳动和平的程度和范围问题牢牢地抓在自己手中。而在适用相对和平义务规则时，当事人于团体协约的存续期间内，以非团体协约目的从事斗争行为，将不构成任何破坏和平之行为。尽管如此，在出现上述情况时，当事人或可行使团体协约解除之权（参见页边码第 125 页的相关内容）。因为团体协约之目的也可能受到本质上所允许的这种经济性斗争行为的破坏或者重大危害。当然，至于是否构成这种情况，还需要法官在个案中予以判定。

140

---

[1] S. dessen Schrift: Nützen oder schaden Tarifgemeinschaften dem Gewerbe?

[2] Schriften der Gesellschaft für soziale Reform, Heft 45/46, S. 84ff.

[3] JW. 44, S. 407. Mit Vorentscheidungen auch abgedruckt im Einigungsamt III S. 178 ff.

二、自己执行的权利

1. 引言

根据这里所阐述的基本观点，当团体协约团体所属的成员违反团体协约时，该团体协约团体是有权对该成员采取相应的干预措施的。因为对团体协约忠诚的维护，主要就是依靠这些团体。至于团体协约团体采取何种方式进行干预，则取决于其与其成员之间的内部关系。这种内部关系是由规章和按照规章所作出的决议之内容所决定的。而只要这些章程和决议是有效的，团体协约团体为履行协约所采取的各种干预措施，也就能获得相应的合法性。但是，这并不等于说，这些措施可以免受有关限制社团权力（Vereinsmacht）行使的一般规则的约束。

我们在个案中详细考察了这些干预措施的运行情况。考察的结果告诉我们，为此去制定一部专门的法律规则，是没有必要的；相反，我们只需要能正确适用现行法，就足以在个案中防止出于自己执行的目的，而恣意操纵社团权力这种现象的出现了。当然，在此我们是也以这样的假设作为立论基础的，那就是，根据本书页边码第 75 页所言，团体协约团体能够将其与其成员之间，为履行团体协约而成立的关系，视为法律关系。

141

2. 罚金

毋庸置疑，团体是有权科处**罚金**的。然法的一般规则告诉我们，在没有进行实质要件（der sachlichen Voraussetzungen）审查，并且所用之方法系违反规范的情况下，是不能对个人施加处罚的。而当个人在并未从事团体协约违反行为，或者处罚系属违反规范的情况下，遭受处罚时，他不仅有权通过提出抗辩（Einrede），而且也有权通过提起独立的确认之诉（Feststellungsklage），来挑战有关处罚行为的合法有效

性 ① （Rechtsgiltigkeit）。另外，团体之成员也无义务忍受过高之社团罚。具体来说，根据《民法典》第 343 条 ② 的规定，经申请，法官有权经由判决，而将罚金酌减至适当之数额。而《民法典》第 343 条就其本身而言，可适用于社团罚，当无异议。③ 有争论的是，现行《民法典》第 343 条所规定的内容，是否足够。因为按照《民法典》第 343 条的规定，在罚金已经被支付的情况下，该条之规定是无法被适用的。而这种情况实际上也是经常会发生的：例如雇主团体通过从已经支付的押金（Kautionen）或抵押汇票（Depotwechseln）中提取金额的方式实现罚金。此外，在许多情形下，个人在被迫支付过高的社团罚时，也不会求助于法庭的救济，因为他担心如果不照实支付的话，会遭到来自社会的强制性迫害。但需要指出的是，这些现象在根源上其实都属于一般法权状态的问题。而一般法权状态，是几乎无法经这里所讨论的社团罚相关专门措施，就能予以改变的。因为，一般法权状态的改变是需要对《民法典》第 343 条进行修正的，并会在总体上导致社会生活中的，与社会强制行为相关的法律应对问题的出现。而对于此问题的一般意义，本书不再赘述。

3. 开除

乍一看，现行法有关**开除**的规定，相对来说，是不利于个人的。同时按照现行法的规定，有关开除行为的合法性监督，似乎也是有所限制的。

---

① Dazu allgemein (nicht in Beziehung auf den Tarifvertrag) **Heinsheimer**, Mitgliedschaft und Ausschließung in der Praxis des Reichsgerichts, 1913, S. 52 ff., bes. S. 54 u. 55.

② 本书所称的德国《民法典》第 343 条，应是 1896 年 8 月 18 日的德国《民法典》第 343 条："应支付之违约罚过高者，得基于债务人之申请，以判决酌减至适当之数额。于相当性之判断时，应斟酌债权人一切正当之利益，不限于债权人财产上之利益。违约罚已支付者，不得酌减。

　　除第 339 条、第 342 条规定的情形外，承诺于一定作为或不作为时支付罚金者，前款规定亦适用之。"（同时请参见台湾大学法律学院、台大法学基金会编译：《德国民法典》，第 320 页）——译者

③ **Heinsheimer** a. a. O. S. 55.

因为从帝国法院的司法实务看，法院目前只会对开除（Ausschließung）的外部合规性（Ordnungsmäßigkeit）进行审查，而不会对其内部合法性（Berechtigung）进行审查。[1] 而社团自治不应受到限制的理论，亦证成了前述实务做法。然而，我们一方面总的来说，是需要将其与社团生活发展联系起来的；另一方面也要认识到，其与个体和社团权力之间，在社团生活上，可能产生的严重相互冲突亦有关——**莱斯特（Leist）**通过他有关内部社团法的诸多文章著作，在对此问题的认识上，业已做出了杰出的贡献——故近年来，也不乏出现对此一实务做法的严重批判之声。**基普（Kipp）**[2] 就曾指出，帝国法院这种基于自治利益的司法，实际上会以个人在本质上受制于纯粹恣意为代价的，只不过这种恣意，会被隐藏在诸多合乎规章形式（statutenmäßigen Formen）的包装背后而已。这一观点得到了**海德曼（Hedemann）**[3] 的支持。并且**海因斯海默**在他所撰写的文章中，也试图证明，此一受到攻击的法观点，是与现行法的一般原则存在矛盾的。在此，我们并不需要就针对帝国法院的批判观点本身是否具有一般合法性这一问题进行审查研究。因为在我们看来，就当前目之所及的范围内的帝国法院的司法来说，其有关的所有结论都是不正确的。而症结则在于，我们必须就这一问题做出回答，亦即基于自己执行而开除从事团体协约违反行为之成员的团体协约组织，是否必须接受法官就其开除行为，是否符合实质要件的嗣后审查（Nachprüfung），即使该开除行为在本质上是符合外部合规性的。我们认为，对此问题的答案显然是肯定的。因为团体协约组织，因团体协约违反行为，而开除某一成员时，不仅是出于他自身的利益而行使权利，而且也是出于公共利益的需要行使权利，以维护团体协约。是以，开除行为是否合法，并不是一件只与

143

---

① **海因斯海默（Heinsheimer）**整理了相关裁判（a. a. O. S. 30 ff.）。

② Besprechung reichsgerichtlicher Entscheidungen in Jherings Jahrb. Bd. 35 S. 335 Anm. 1.

③ ArchBürgR. Bd. 33 S. 138 in dem Aufsatz "Ausstoßung aus Vereinen".

团体协约组织有关的问题。而自己执行的这种对自身利益以外利益的从属关系，也使我们有必要对自己执行采取一定的监督措施。而该监督措施自然也应涵盖法官，对于执行手段的内部合法性的嗣后审查制度。而迄今为止，帝国法院在司法中，还并没有就这种社团利益与公共利益交织的情况，作出过裁判。然而，人们可以相信的是，撇开对其司法的一般性批判不谈，帝国法院在大概率上是知道，如何对此类利益状态作出评价的，并且其他致力于此类案件的法院，从一开始也知道，他们自己并不具备作出帝国法院迄今那样的司法实务的前提条件。因此，只要我们能够事先正确地理解自己执行的本质，就会知道，其实我们并不需要为此制定专门的新式法律措施，以阻止帝国法院迄今的司法实务在这个领域发挥效力。事实上，根据现行法的规定，开除个人的行为，要能够有效成立，也是须就该个人是否真的存在违反团体协约的情况进行审理的。

4. 其他手段

除了罚金和开除以外，团体协约组织还可以运用**其他一些手段**，以维系团体协约，例如撤回社团支持，或拒绝提供劳动中介服务等等。然而，这里需要指出的是，所有这些手段，亦都属于《民法典》第 826 条 [①]的适用范围。换言之，《民法典》第 826 条对此权利的行使有其相应的适用余地。[②] 是以，若《民法典》第 826 条之构成要件于个案中成立，则团体成员不仅有权请求损害赔偿，而且亦有权请求相关措施之排除 [③]。该条

144

[①] 本书所称的德国《民法典》第 826 条，应是 1896 年 8 月 18 日的德国《民法典》第 826 条："故意以背于善良风俗之方法，加害于他人者，对该他人负损害赔偿之义务。"（同时请参见台湾大学法律学院、台大法学基金会编译：《德国民法典》，第 733—734 页）——译者

[②] Vgl. Kommentar der Reichsgerichtsräte zum BGB. § 826.

[③] A. a. O. I S. 778 f.

之构成要件在存在以下情形之一时成立：一是当事人完全没有从事任何团体协约违反行为，以至于对其所采取的措施，系属无理由者；二是针对当事人所采用的措施，从其所造成的损害后果看，与其团体协约违反行为之严重性之间，显然不成比例，以至于该措施，显系不公正者。可见，通过这种方式，团体成员能够根据一般原则的要求，从定性和定量两个方面，保护自己免受不当自己执行行为的侵害。

5. 防止恣意

这些权利对于有效保护个人是足够的吗？它们真的能防止恣意吗？

经验告诉我们，社团常常试图通过排除权利救济途径的方法，来达到规避一般法及其适用之目的。假如我们允许社团如此行事的话，则前述的保护措施，或许难免落入轻易失效的命运。即便如此，我们认为在此通过立法进行干涉，依旧是多余的。因为正确的观点已经指出，社团此种排除权利救济途径的做法，根据现行法本就是无效的。[①] 但是，个人权利的保护，在很大程度上仍然会处于危险之中。**这个危险就是，当事人可能要被指定由不具有中立性的仲裁法院负责管辖**。帝国法院的司法裁判，则又再次加剧了当事人对这种危险的担忧。因为他甚至允许社团成员被任命为仲裁法官[②]。据此，团体协约立法应在团体协约主管机关组织的有关章节部分，考虑到此项危险，并采取相应的应对措施。至于如何做到这一点，笔者将在下文中予以详述。

145

三、自己执行义务

1. 引言

团体协约团体不仅享有权利而且也有义务，在其成员违反团体协约

---

① **Heinsheimer** a. a. O. S. 36.

② RG. 51 S. 392.

时采取干预行为。而有关的思考则应重点关注这样一个问题，即如果团体协约组织不履行其执行义务，在合法性上会发生什么问题。需要说明的是，我们在此所要进入的这个领域，无疑是整个团体协约法中最具有难度的领域。现行法在此的许多方面，都是令我们失望的。因此，立法者必须尝试动用自己的力量和理念，去创新符合团体协约精神的制度形式。而当立法者遵循自己执行理论所固有的基本理念时，他自然也就能找到这种符合团体协约精神的制度形式。当然，根据团体协约违反行为系属**不服从行为**，还是**破坏和平行为**的不同，相应的制度形式也会有所不同。

在下面的详尽论述中，我们永远不要忘记，在此前有关问题的讨论中，所经常被不幸误解的事情，即认为现行法已经就团体协约违反行为的团体责任有所规定，并且团体协约违反行为的法律规制理论并不需要予以更新。[1]

2. 针对不服从行为的现行有效之法

有关**不服从行为**，就像现行法规定的那样，人们仅会想到执行义务（Exekutionspflicht）的私法面向和相关的民事诉讼强制执行制度。据此，在团体协约组织不履行其照顾维系团体协约之合同义务的情况下，当事人可得有权向其请求履行义务和损害赔偿。[2] 然而，这样的权利保护程度，是远远不够的。[3]

履行请求权（Der Anspruch auf Erfüllung）只能产生间接有效性，因为该请求权只能向团体协约组织，而不能向个别成员行使之。该履行请求权的内容，也旨在请求团体协约组织尽一切可能，以排除其组成成员的不服从行为。因此，若团体协约组织，对其成员的干预行为，无法成功

---

[1] Vgl. dazu Gesetz S. 25 ff., 28.

[2] Vertrag II S . 92 fg., 185 ff., 204 ff.

[3] Gesetz S. 30 fg.

实现的话，则意味着，在现行法的框架下，没有任何力量能够排除该成员的不服从行为。而损害赔偿请求权（Der Anspruch auf Schadensersatz）对于业已处于成立状态的不服从行为，也并不能起到任何的矫正作用。它只能让没有就其成员的不服从行为采取干预措施的团体协约组织，承担赔偿义务而已。

此外，总体上民事诉讼上的保护措施，也是向来缺乏的。[①] 因为民事诉讼制度在本质上是为了金钱之债的求偿（die Beitreibung von Geldschulden）而设计的。与此相应的，有关作为义务履行的执行措施，就仿佛丢失了一样，而只在《民事诉讼法》的少数条文（《民事诉讼法》第887条[②]以下）中有所规定。[③] 而这样的民事诉讼制度，是无法为了适当的利益保护，而去灵活应对团体协约的制度需求的。因为团体协约制度对于作为与不作为义务的履行，也恰好是有着方式多样化的需要。与此同时，当前的民事诉讼制度，亦缺乏自由且合乎目的的行动力。因为除非满足假

---

① Referat S. 44 ff.

② 依据1898年5月17日的《民事诉讼法修正法》（Gesetz, betreffend Änderungen der Civil-prozeßordnung vom 17. Mai 1898）、《民事诉讼法修正法施行法》（Einführungsgesetz zu dem Gesetze, betreffend Änderungen der Civilprozeßordnung vom 17. Mai 1898）、《帝国宰相公布若干帝国法律文本授权法》（Gesetz, betreffend die Ermächtigung des Reichskanzlers zur Bekanntmachung der Texte verschiedener Reichsgesetze vom 17. Mai 1898）以及1898年5月20日《有关若干于1900年1月1日开始生效的帝国法律版本的公告》（Bekanntmachung der Texte verschiedener Reichsgesetze in der vom 1. Januar 1900 an geltenden Fassung vom 20. Mai 1898）的规定，并考虑到本书"缩略语"部分有关"本书的文献和司法资料版本截止于1915年10月1日"的声明，本书所称的《民事诉讼法》第887条，应是1900年1月1日的《民事诉讼法》（Zivilprozessordnung vom 1. Januar 1900）第887条：

債務人不履行得由第三人代為履行之作為義務者，第一審之受訴法院應依申請，授權債權人，以債務人之費用，代為履行。

債權人得同時申請法院判決債務人，預付因履行作為義務所生之費用，且債權人請求追加因履行作為義務所生超額費用之權利，不受影響。

上述規定不適用於有關物之給付或者返還實現的強制執行。——译者

③ **Friedrich Stein**, Grenzen und Beziehungen zwischen Justiz und Verwaltung S. 47.

处分(der einstweiligen Verfügung)，或者假扣押(des Arrestes)的特别构成要件，否则民事诉讼中的任何干涉行为，都须以经历详尽的，以诸多程序形式为必要内容的审判程序为前提，即便我们知道该审判程序，既缺乏集中性也缺少简练性。[1] 同时，真正具有决定性的问题是，民事诉讼究其本质是无法，或者说是很难公正地对待团体协约活动中的诸多特殊事件的。因为在许多不服从行为案件中，所涉者并非个人关系，或者个人行为的问题，而是有关有组织的措施活动问题。例如，人们可以设想一下，参加团体协约的雇主被规定有义务，于其工厂中设立工人委员会(Arbeiterausschüsse)，并应为此委员会制定专门的议事规则(Geschäftsordnung)，以时不时地举办特定的选举活动。雇主这样的义务何以能够且应当，在民事诉讼的路径下，得到强制执行呢？且即便这种强制执行本身在技术理论上可行，我们又如何能够快速且实事求是地使这些规定制度在民事诉讼上真正出台呢？

为此，我们不应再从私法面向来思考执行义务了，而应思考执行义务的公法功能(参见页边码第 129 页的相关内容)。在这种理论思想的指引下，我们应将不服从案件中，执行义务之不履行，视为一种对**公法义务**的违反行为。而我们知道，这种执行义务，无疑是团体协约组织，维系团体协约的有效手段。而监督此义务之履行，则向来非属民事诉讼，而系属**行政程序**(**Verwaltungsverfahren**)的规制范畴。此外，这里所要考虑采取的手段，也应是行政强制(Verwaltungszwang)。原因在于，行政强制不仅具有，正是民事诉讼所缺乏的[2]，那种自由灵活之特性，而且亦具

---

[1] Vgl. dazu namentlich **Wach**, Grundfragen und Reform des Zivilprozesses S. 16.

[2] 对此参见**奥托·迈耶**(**O. Mayer**)所言："实践永远是丰富多彩的(Practica est multiplex)。这句话首先适用于行政。不同于严肃且略有程式化的正义女神(Frau Justitia)，行政必须要能够更自由和更灵巧地依偎在它所要面对的丰富的现实生活的身上。"(zitiert nach **Spiegel**, Die Verwaltungsrechtswissenschaft S. 113 Anm. 43)

备团体协约，依其本质，所需要的那种坚定的贯彻执行力。^① 行政强制特别适合用于，对作为义务的强制执行。^② 而它的这种优势，则促使立法者长期以来，甚至在仅涉及私法标的（privatrechtliche Gegenstände）的情形下，也会适用行政强制。是以，以民事诉讼程序为原则，已绝非至高无上的问题解决方案。总之，也是目的本身决定着我们所要选择的程序类型^③。

考虑到这里的手段之使命，莫不在于为团体协约而服务，故我们可将前所论及的行政程序之手段，称为**团体协约强制**（Tarifzwang）。而尽管在很大程度上，团体协约强制是与其原型保持一致的。可是，我们也要自然地考虑到，团体协约目的对其特殊性的要求，以至于我们不可将行政强制的一般规定，不假思索地照搬照套到团体协约强制身上。

3. 团体协约强制

当自己执行因不服从行为而失灵时，**团体协约强制**自然就会入场。自己执行的失灵会表现在，团体协约组织对于矫正不服从行为，没有采取任何措施；或者所采取的矫正措施是不适当的；又或者团体协约组织虽尽了全力，但在结果上却没有能成功达成其矫正^④之目的。此外，正如 149

---

① 常言说得好：行政程序"以执行为始"。（Stein a. a. O. S. 58）
② 对此参见**施泰因**（Stein）所言："与此相对，行政为干涉行为，则主要在于达成对个人行为，能够产生影响作用之目的。因此，行政更多的是无休无止地，与作为义务的强制执行打交道，而相对很少与金钱之债的求偿发生关系。"（Stein a. a. O. S. 47）
③ 对此参见**斯皮格尔**（Spiegel）的中肯之言："所谓程序是指为机关行为服务，且应能对机关行为目的的实现有所助益的形式。这再一次说明了，是精神塑造了肉体这一道理。因此，对于官方机关（die obrigkeitlichen Behörden）来说，其所需要的并非一个单一的程序模式（modus procedendi），而是一整套程序体系。而越是能够受其标的影响而形成的程序，实际上越能密切适应该标的专属任务的要求，进而越臻于完美。由此可见，传统片面依靠民事诉讼程序解决纠纷的模式，无疑阻碍了这一显而易见的理论认识的有效实现。"（Spiegel a. a. O. S. 83）
④ **罗森**（Rosin）有关公共合作社（öffentlichen Genossenschaft）针对国家的执行义务的一般表述，亦可类推适用到这里："最后，我们需要强调的是，公共合作社对国家的义务，

国家自治主体（der staatliche Selbstverwaltungskörper）于其无法通过其自身措施手段实现作为义务[①]，且其组成成员已交由国家进行权利强制时，须接受主管机关的干涉一样，团体协约组织也必须接受主管机关的干涉。因而，这与在保障土地领主集团、同业公会以及行会的权利保护利益中，所遇到的那种法学理论在内容上是一样的：团体虽有权采取权利保护之手段，但若其所采取的权利保护手段失灵，则国家自然有权代其为之（参见页边码第 132 页以下的相关内容）。

　　法律是不可能对团体协约强制的具体手段和程序形式，做出完全详尽之规定的。而行政强制的一般制度，实际上也存在着相同的问题。另外，从概念上讲，行政强制可以采取一切有助于实现强制目的的手段。[②]特别是，根据行政法律的规定，我们须考虑采取以下诸种手段[③]：

　　（1）直接强制（Der unmittelbare Zwang）。所谓直接强制，是指直接针对强制相关人士的财产和人身所采取的强制手段。例如，雇主设置有悖于团体协约规定的建筑工棚时，团体协约主管机关的委托专员（Beauftragte）得将该建筑工棚予以拆除。又如，某团体协约规定，禁止相关人士利用工厂工作时间以外的时间，将工作带回家完成。而于相关人士违反该禁止性规定时，团体协约主管机关的委托专员，得将相关人士随身携带之工作从其手中夺走之。

150

　　并非仅仅是指其需要为**履行**实现其存在目的，而在这个方向上行使其意志和力量。换言之，公共合作社仅充分行使了其力量，却未能真正实现其职责者，是不能说其充分履行了其义务的。"（Vgl. dazu **Rosin**, Das Recht der öffentlichen Genossenschaft S. 24）

①　Vgl. dazu **Rosin** a. a. O. S. 114.

②　**Hofacker**, Das Verhältnis der Exekutivstrafe zu den Kriminalstrafen nach dem geltenden Rechte, Verwaltungsarchiv XIV S. 450; Anschütz, Das Recht des Verwaltungszwangs in Preußen, ebd. I S. 461："据此，至于个案中究竟可以适用哪些强制程序（Zwangsprozeduren）的问题，则属于行政机关自由裁量的范畴。"

③　Vgl. dazu allgemein **Fleiner**, Institutionen des Deutschen Verwaltungsrechts S. 204 ff., 209 ff.

(2) 代履行 (Ersatzvornahme)。所谓代履行是指，于当事人没有按照团体协约规定的要求为应当为之行为时，由团体协约主管机关自行代其为团体协约，所规定之必要作为行为的强制手段。例如，某团体协约规定雇主有设置特定保护装置的义务，然其未能履行该义务。此时，团体协约主管机关，可经由第三人代该雇主履行此义务，并有权就相关费用向义务人求偿。又如，某团体协约规定，当事人有义务设置有确定的机关组织架构的工人委员会，并由其制定相应的议事规则。然而，该工人委员会既未能制定出一部议事规则，也未能任命形成相应的委员会机关组织。此时，团体协约主管机关可代其制定议事规则和任命形成机关组织。①

(3) 执行罚 (Exekutivstrafe)。所谓执行罚是一种强制手段，而非一种赎罪措施。执行罚的目的在于，间接强制团体协约之参加人，履行团体协约对其所要求的给付义务。例如，尽管团体协约禁止，但工人仍然以低于团体协约规定标准的工资为雇主工作。此时，团体协约主管机关，可以不予处罚为条件，责令当事人解除劳动关系，或者建立符合团体协约规定标准的劳动关系。又如，雇主对于有悖于团体协约规定的劳动纪律规则，不进行以符合团体协约为目的的修改调整。此时，团体协约主管机关可通过对当事人告诫 (Androhung) 进行处罚，以强制建立一套符合团体协约规定的规则环境。

(4) 替代规定 (Ersatzbestimmung)。许多团体协约一直都有规定，当事人就相关内容有作进一步约定的权利。例如，当事人可以约定，地方性附加报酬 (Lokalzuschläge) 的规则可交由各个地方团体协约自行约定之；又如，当事人还可以约定，午休的规则可转由雇主与工人委员会之间的协议负责约定。而如果当事人之间，无法就前述事项达成协议，则 151

---

① Vgl. z.B. §§ 329, 356, 689 RVO. S. auch den Entwurf Wölbling § 15.

团体协约亦可就相关内容径行确定。[1]

　　团体协约强制与劳动合同请求权之间，是可能发生竞合的。而当团体协约参加人违反以团体协约规定为内容的劳动合同时，就会出现这种竞合现象。这里的原因是，他不仅违反了劳动合同，也同时违反了团体协约（参见页边码第 111 页及第 136 页以下的相关内容）。

　　4. 针对破坏和平行为的现行有效之法

　　若我们想就团体协约组织，于其所属成员为破坏和平行为时，如何履行其执行义务之情况予以考察的话，就必须从其当前的权利境况着手。[2] 我们知道，当团体协约组织对其所属成员所为之破坏和平行为不予干涉，以至于无法恢复和平之原状时，团体协约之对方当事人，是有权请求该团体协约组织，履行干涉之义务并损害赔偿的。且假如该对方当事人系为团体协约组织的话，则根据帝国法院的司法实务观点，其有组织的协约成员，甚至还有权按照利益第三人合同的规定，维护其自身所受损害之利益。

　　团体协约组织的赔偿义务，无疑是利益的核心所在。而现行法下的该赔偿义务，则保持了担保责任（Garantiehaftung）与中立论（Indifferenz）之间的折中立场。首先，许多立法尝试所谓的担保责任，[3] 是指团体协约组织须对其所属成员所为的任何有碍和平之行为都要承担责任，无论该组织本身对和平的实现有无做出过努力。其次，所谓中立论是指，团体协约组织所属成员的和平破坏行为，并没有在权利上波及该组织本身，当然若该组织自己同时也从事了破坏和平之行为（比如通过支持其所属

---

[1]　本书所规定的法定强制形式在实践中实际上已经准备就绪。（Vgl. z.B. Einigungsamt II S. 63 unter III oben）

[2]　Vertrag II S. 147 ff.

[3]　《匈牙利草案》第 715 条；《意大利草案》第 12a 条——荷兰的司法实务对此原则也是认可的（s. **van Zanten**, GewKfmG. XV S. 392）。

成员为破坏和平行为），那就另当别论了。^①是以，在第一种情形下，团体协约组织须对其所属成员的一切行为负责；而在后一种情况下，团体协约组织则无须对其所属成员的行为承担任何责任。可见，现行法下的赔偿义务制度，通过使团体协约组织承担确保其所属成员遵守和平维持义务，从而在同等意义上避免了一个制度原则的不公正性和另一个制度原则的不现实性。如此，若团体协约组织履行了前述义务，则其就不需要承担任何赔偿义务；相反，若其没有履行此项义务，则自然要承担相应的责任。**因此，赔偿义务成立与否，会完全取决于团体协约组织自己的行为。**

在未来的规制体制中，上述基本理论亦将被继续坚持。由此，当团体协约组织的损害赔偿责任，完全是因其所无法控制的偶然事件所造成的时候，其是有合法理由拒绝承担相关的任何担保责任的。可是，基于同样的理由，中立论的观点也是有可能会被合法否定的。当然，作为团体协约缔结方的协约当事人应该相信，作为参加人的团体协约组织，是会尽其所能地通过其所属成员，来维系其所意欲之和平状态的。

可是在此期间，我们不能忽视的是，根据现行法，并结合具体个案，前述规制体制确实也是有缺陷的。具言之，当涉及下述关系问题时，现行规制体制对于未来法治而言，显然是不可被接受的：

首先，因成员的破坏和平行为而成立的各种个人请求权，对于团体协约的有效履行，是有危害的。在此，帝国法院以往忽视了团体协约所生之关系，在本质上所具有的群众性（Massencharakter）。我们可以试想一下，在一个发展良好的工业园区中，冶金工人团体所属的成员因闭厂 153

---

① 《罗森塔尔草案》第 16 条、《沃尔布林草案》第 7 条以及《瑞典草案》第 10 条亦有一样的规则。《法兰西草案》第 19 条则将该规则的决定权交由当事人。然瑞士各草案（Die sch-weizerischen Entwürfe）则对此问题完全没有做出任何回应。

而无法工作。从而，每一个因此而无法工作的冶金工人，都可得享有请求赔偿之权利。纵然如此，我们需要仍要附带指出的是：这些冶金工人所享有的请求权若要有效实现，是必须通过普通法院之保护的。可是，我们需要想象一下，我们的普通法院如何能处理规模如此之大的群众性事件之诉。这类案件所涉的不是一两个人，而是成千上万人的事情。按此，我们甚至不必先考虑，这给法院所带来的巨大工作量的问题。仅是相关利益缺乏统一解决方案这一问题，就够有冲击性了。具体来说，因闭厂而失去工作的一部分人，会愿意就此达成和解协议；而与此同时，另外一部分人，则要么或许由于某些原因，而被驳回起诉；要么期望通过穷尽所有审级，来实现请求权。于是，我们不禁要问，如何在这种情况下，尽快恢复统一的和平状态呢？就雇主方面而言，前述问题并不容易导致其相关利益和应对措施发生不可控的乱象。可是，就工人方面来说，这种个人主义的诉权（Klageberechtigung）解决方案，则无论如何都是无法实现的。

此外，我们还要顾及损害赔偿义务的法定无限性（die gesetzliche Unbegrenztheit）。具言之，根据现行法的规定，团体协约组织必须赔偿因不履行或不适当履行其义务而生的所有损害。同时，享有损害赔偿权的协约当事人，还必须就损害的具体金额大小承担证明责任。然而，需要指出的是，这种损害赔偿义务的无限性，对于所有参加人都是不公正、不适当，并且有悖于团体协约组织所应发挥的地位功能。之所以说这是不公正的，是因为由破坏和平行为所导致的损害，是根本无法被当事人双方所事先预见的。尤其对于工人一方而言，更是如此。具体而言，工人一方是无法预见到破坏和平行为在个案中的所有行动细节后果的。因为他们本身由于被排除在企业工厂的商业经营决策之外，故缺乏对有关经济后果的宏观认识能力。作为工人一方的他们，是不会认识到雇主一方为企业所作的各种努力的，也不会对企业家因工人的破坏和平行为而无法按时供货所要承担的违约罚（Vertragsstrafen）支付义务等有关不利益现象，有所了解。与此同时，我们需要知道的是，许多破坏和平行为是基于工人对其自身权利的善意维护而为之的。因此，让和平破坏者在前述所有这些情况下，都为其所无法事先预见的所有损害承担责任，亦未免显得过于严苛。另外，之所以说，这是不适当的，是因为在此观点下，作为损害赔偿权利人的协约当事人，必须承担对其所受损害详细大小的证明责任。可是，在法庭庭审中，协约当事人常常会对详细说明其损害大小的情况有所保留，因为这毕竟需要对其自身的商业往来情况，进行详细的披露。此外，个案中当事人也是很难就其损害的所有方面，都提供相应之证据的。并且对当事人而言，已经处于系属状态的（anhängig）的团体协约诉讼，能够得到迅速的解决，才是其首要利益之所在。可见，如果强制要求损害的方方面面都要得到证明并完全赔偿的话，则上述这些利益需求，是断然无法得到全部满足的。当然，笔者在此提出的此一最后观点，说不定才是具有决定性的。那就是，同业社团的存在，乃是团体协约得以履行的必要条件。没有同业社团，团体协约法和团体协约和平的遵守维系，都将是完全不可能的事情。然如果损害无论其有多大，都须得到全额赔偿的话，则个别的同业社团，无疑会被削弱和受损，以至于他们的继续生存都会受到威胁，乃至或许变成一件不可能的事情。这样下去，应当得到遵守的团体协约，或将失去其存在之基础。此外，当今的同业社团，尤其就工人方面而言，也已经不仅仅是团体协约上的自治主体，而且也是社会公共生活上的自治主体。具言之，当今的同业社团还承担着为整个社会生活的实现投入价值的使命。同业社团的相关支持机构、教育投入以及为所有具有社会属性的代理主体（Vertretungskörper）提供必要的行动力，显然是我们这个时代的社会组织体系，所不可缺少的本质组成。是以，如果同业社团，因团体协约的损害赔偿之诉，而受到显著削弱乃至被消灭，那么维护同业社团存续

155

背后的公共利益，也必将陷入危境。同时，为社会公共目的而积累和核算的资金，也会因此不受任何可预见限制地落入团体协约债权人（den Tarifgläubigern）之手。而人们无法承认，这种私人利益高于社会公共利益的现象是会具有任何合法性的。[1]

最后，现行法有关团体协约组织赔偿义务规定的缺陷尤其表现在，相关构成要件之规定缺乏足够的具体确定性上。毫无疑问，团体协约组织是有义务，照管其所属成员不对和平状态起破坏作用的。可是，该照管义务（Pflicht zur Sorge）在个案中的具体含义究竟为何？[2] 对此义务的履行，是否真的有我们一般人可得识别的客观标准？哪些具体手段对于履行该义务是足够的？如果团体协约组织在大会上尽一切努力，来告诫其成员以维护和平，难道就足够了吗？为此有必要对其成员予以开除处分吗？对于所有这些问题，现行法目前都没有给出确定可信的答案。由此，法官在此领域的自由裁量空间是大到离谱的，乃至于哪怕团体协约组织在个案中相信它已尽其所能，法官也有权直接强硬地摧毁其在此中的信念。而考虑到违反该照管义务所会导致的那些后果，我们也绝不能允许此种不确定性再继续存在。

156   5. 和平之诉

当我们把视线转到如何用立法来克服上述缺陷时，我们不禁要首先思考的是，行政程序能否也在破坏和平行为案中占有一席之地。这个理论想法是如此的诱人，因为行政程序若能在此实施，则或许能给团体协约违反行为的相关权利保护制度的统一带来可能。然而，实践的需要却致使该想法必然失败。原因在于，不服从行为大多数涉及的都只是些个案。而团体协约强制制度，明显与这些个案有着毫无困难的适用契合度。

---

[1]　Referat S. 39 ff.

[2]　Vertrag II S. 161 ff.; Referat S. 35.

与此相对，破坏和平行为则大多数涉及的是群众运动。而团体协约强制制度一般来说是无法对此类群众性事件起到彻底有效的干预作用的。它只适于对个案进行个别规制。此外，相较于不作为行为在某些情况下，甚至根本不会对团体协约参加人的经济利益产生任何影响，破坏和平行为则会对其经济利益，造成远超于不作为行为的伤害。而在笔者看来，维护这些利益最好还是要靠团体协约参加人自己，而非他人的依职权行为。至于权益维护的道路，则莫过于通过诉讼。

我们将这种因自己执行失灵而紧随破坏和平行为而来的诉讼，称之为**和平之诉**（Friedensklage）。而该和平之诉的被告人，则是疏忽履行自己执行义务（Pflicht zur Selbstexekution）的团体协约组织。这里集中体现了我们在历史发展部分中所遇到过的那种理论：如果一个团体对其自身下属成员之不法行为持允许态度的话，则其自然应对受害人亲自承担责任。

和平之诉尽管应继续维持现行法之基本理论，但是在个案中也应避免其弊端。而做到前述这一切，则需要在其构建中，着重注意以下这些理论观点：

（1）正如代表理论业已发展成型的那样（参见页边码第94页以下的相关内容），个人诉之合并（der individuellen Klagenhäufung）的种种弊端已经毫不费力地被代表理论所克服了。据此，有组织性协约成员，纵使其因破坏和平行为而受到侵害，也是无权起诉的。相反，只有该成员所属之组织才有权起诉。至于无组织性协约成员，则只有当其为雇主时，才有权以自己的名义独立提起诉讼。否则，只有受其任命的团体协约律师，方有权提起诉讼。

（2）就损害赔偿义务的无限性而言，立法者可以通过设立与团体协约成立相关风险之最大值相联系的法定限制制度（eine gesetzliche Beschränkung）来应对这种危险。

（3）若立法者明确规定，其对团体协约组织打击他所属成员的破坏和平行为所期待为何的话，执行义务的不确定性自然也就被消除了。为此，立法者可以要求团体协约组织，及时恢复其成员所破坏之劳动和平状态，甚或开除相关成员。[①] 是以，团体协约组织仅证明，其就及时恢复其成员之间的劳动和平状态，已尽其全力，是远远不够的。相反，他必须证明，劳动和平状态在事实上已及时得到了恢复，或者破坏劳动和平的成员已被开除。这无疑是与通常的证据规则相符合的，亦即被请求履行义务的债务人，应就其义务的履行情况承担证明责任。[②] 而我们知道，该规则也是有益于所有参加人之利益的。此外，劳动和平状态一旦得以恢复，也就同时意味着破坏和平之危险状态得以消除。最后，在团体协约组织与有过错之成员解除共同体关系的情况下，合同相对方亦是可以对该已不再受组织保护的成员，直接采取相应之行动（参见页边码第 167 页以下的相关内容）的。

上述三种理论观点中，第二点是值得予以特别讨论的。

6. 团体协约风险的限制与罚金

正如合同法[③] 的历史发展和今天法治所展现的那样，已经发生的损

---

① 参见《德意志印刷工人团体协约共同体合同》第 5 条第 5 款的规定："双方社团都有义务，迫使其成员按照规章规定，履行遵守团体协约条件以及团体协约之义务，并亦都有义务，**开除**对团体协约不忠诚之成员。"

② 与本书这里讨论的立法问题，相类似的问题，也出现在乡镇公民（Gemeindebürger）骚乱时的乡镇责任法（Recht der Gemeindehaftpflicht）当中（Vgl. dazu **Moericke**, Die deutschen Tumultgesetze, 1910）。**法兰西法**（a. a. O. S. 6 f.）允许一种免责证明制度（Exkulpationsbeweis），即乡镇在能证明，其采取了其自身所能采取的所有措施手段，以预防聚众闹事，或者确定犯罪之肇事者的情况下，是可得免责的。与此相对，**巴登法**则完全排除了此方向上的免责证明制度的适用（a. a. O. S. 38 ff., 4 Anm. 1）。

③ 在此我们可以思考一下中世纪的违约金制度（vgl. **Loening**, Vertragsbruch S. 156 ff.）以及特有产之诉制度（aciones de peculio）（vgl. dazu **Nothnagel**, Beschränkte Haftung S. 8）。

害, 必须始终得到全额赔偿 ① 这一原则, 并非不可动摇且不可侵犯。相反, 现行法是承认合同风险的法定限制的, 且有两种形式: 有限责任 (beschränkte Haftung) 和有限之债 (beschränkte Schuld)。② 其中, 前者通过只允许以特定的部分财产实现债之求偿来限制风险; 后者则通过只允许以固定的金额大小 (in fixierter Höhe) 负债来限制风险。首先, 有限责任制度在各个法领域中都有体现。对此, 我们参考一下商事公司法中的各种责任, 尤其是有限责任公司制度 ③, 就可见一斑了; 同时, 针对信托遗赠财产占有人 (Fideikommißbesitzer) 所订立之债务的责任制度 ④, 亦是如此。其次, 有限之债则主要是在某些交通人员和交通机构的赔偿法, 在

159

① 笔者想用此处观点, 来反驳**本德尔 (Bener)** 在社会改革协会会议上的言论 (Schriften der Gesellschaft, Heft 45/46 S. 120)。他认为, 在法治生活中, 每个人在本质上都应对自己的所作所为负无限的法律责任。从而, 我们为什么要为劳动者组织寻求一种有限责任呢? 这就是工人所需要首先予以争取的例外法制度 (Ausnahmerecht)。在此, 笔者想首先提醒本德尔注意到这一事实, 即笔者在报告中绝对没有片面主张过, 只有劳动者组织才能适用有限责任。笔者所说的, 不仅涉及工人组织的责任, 而且也涉及雇主组织的责任。除此之外, 本文的论述也表明, 有限责任也并非是一种例外法制度, 至少不是仅适用于劳动法领域的例外法制度。

② **Ehrenberg**, Beschränkte Haftung S. 1; **Nothnagel** a. a. O. S. 17, 18.

③ **Nothnagel** a. a. O. S. 22: "从交易生活的发达到现在伴随着交易资本联合而来的强力扩张, 它们之所以能成功实现, 绝大部分的原因都在于, 当事人在**参与经济经营活动中, 只需承担那部分由他们自己所形成, 部分由法律所创造的有限责任**。"也请参见 **Hachenburg**, Staubs Kommentar zum Gesetz, betr. die Gesellschaft mit beschränkter Haftung, 4. Aufl., S. 22: "在一个高度发达的经济生活体中, 我们不应对将需求、责任以及风险限制在一个特定资本范围内的制度予以打压。"众所周知, 商法有关风险限制的理论仍然还在被继续遵循着, 这当我们看一下个体商人的有限责任制度时, 就知道了。(Vgl. dazu **Pisko** in Grünhuts Z. 37, S. 30 ff.) 那里还就法律于规定对特有财产 (Sondergut) 的责任限制时, 所会出现的形式困难问题进行了阐述。

④ **Brunner**, Art. Fideikommiß in Holtzendorffs Rechtslexikon, S. 792ff., S. 795: "债权人无权因信托遗赠所有权人 (Fideikommißeigentümer) 所订立的债务, 而触及信托遗赠财物 (Fideikommißgut) 本身。而只有于债务人所有期间产生的财物孳息, 才能被作为清偿此类债务的责任财产, 然该等孳息已因财物保管义务, 以及本来的信托遗赠债务 (Fideikommißschulden) 的要求而被请求者, 不在此限。"

陆路承运人、海运承运人、铁路以及邮政机构法中，发展完善起来的。[①]
而在上述所有情形中，因履行赔偿义务而应支付的金额都会由法律固定
之。同时，《工商条例》第 124b 条[②] 所规定的固定赔偿额，也属于这里有
限之债的制度范畴[③]。

　　需要制定风险限制制度的原因是多方面的。首先，这是出于交易行
为的需要。具体来说，一些特定的法律行为，只有在其与订立有关之风
险，自始可得预见时，才会被为之。[④] 其次，这也是维护特定组织或人
格之经济利益的需要。这尤其适用于上述交通机构责任问题。具体来说，
我们不能允许，因赔偿请求权的过高以及不可预测，而危及交通机构的
有效运作[⑤] 之现象的发生。最后，对简便清偿（Liquidierbarkeit）损害赔偿

160

---

① Vgl. **Nothnagel** a. a. O. S. 118 ff.

② 依据 1900 年 6 月 28 日的《第三次法规清理法》（Drittes Rechtsbereinigungsgesetz vom 28.
　Juni 1990）的规定，并考虑到本书"缩略语"部分有关"本书的文献和司法资料版本截至
　1915 年 10 月 1 日"的声明，本书所称的《工商条例》第 124b 条，应是 1900 年 7 月 26
　日重编公布版的《德意志帝国工商条例》（Bekanntmachung, betreffend die Redaktion der
　Gewerbeordnung für das Deutsche Reich vom 26. Juli 1900）的第 124b 条："若工匠或帮工不
　法脱岗，则雇主有权请求以当地惯常日工资额，作为对其违约日以及该日以后合同约
　定或法律规定的工作时间的日时间损害的赔偿，然最高不得超过一周的当地惯常日工
　资额。该损害赔偿请求权不以损害的证明为条件。该损害赔偿请求权的行使，将排除
　合同履行请求权以及其他损害赔偿请求权的适用。若工匠或帮工于劳动关系合法终止
　之前，被雇主所解雇，则其亦有权对雇主行使同样之损害赔偿请求权。"——译者

③ Vgl. **Landmann** a. a. O. S. 455 sub 1.

④ Vgl. **Nothnagel** a. a. O. S. 23："有限风险问题原本就不是一个法律问题，而是一个纯粹的
　经济问题。这是不能从正义的需要，而是要从**交易**的需要来解释的。也就是说，是交
　易的需要让我们订立这样一些合同。在这些合同中，债务人对所承担义务的责任，并
　非仅限于作为债之内容意义上的责任，而是作为经济风险之一部，能转嫁到其他缔约
　人身上的责任。"

⑤ Vgl. **Nothnagel** a. a. O. S. 118 ff., dazu a. a. O. S. 20："一般来说，对义务人经济人格的有意
　保护，应被视为合同约定或法律规定的，对债之内容进行限制的合法性依据。而之所
　以义务人需要这种保护的原因……则并非仅在于义务人经济上系属弱势这一点上……"

请求权（Schadensersatzansprüche）之债的需要，也是重要的原因 [1]。

　　假如现行法按此都没有对风险限制制度设置任何合法性上的障碍，那么未来的法治就更加能自由地对与团体协约相关联之风险，进行法律上的规范，何况对于未来法治而言，在其所要追求而形成的意义目的上，其本就不受任何既成规定之拘束。至于各种支持对风险限制制度予以法律规范化的理由，上文亦有所论述了（参见页边码第 153 页以下的相关内容）。而这些理由与现行法下既有的各种形式的风险限制制度（Risikobeschränkung）所依据的考量，在本质上也是一致的。从而，这样的责任规制模式，是不会与任何原则发生正面冲突的。可是，究竟何谓原则呢？"……所谓法律原则（juristisches Prinzip），不是自身给定且适用于所有时代的永远固化之物，而是从各个时代的现行法中推导而得，且随着现行法的变化，而能与时俱进之物。因为所有的法都不是为了其自身，而是为了理性的社会利益而存在的。法应是理性的秩序，即与社会生活关系的自然本质相适应的秩序。从而，法的内容越是能符合这些至高无上的需要，它本身也就越会趋于完美。"这段戈尔德施密特（Goldschmidt）[2] 为证成特定一些情况下责任限制制度的合法性所发表的

161

---

[1]　Vgl. z.B. **Koch**, Allgemeines Deutsches Handelsgesetzbuch zu Art. 518 des früheren Handelsgesetzbuchs："赔偿额的固定化解决了船员与船东之间清偿困难的问题。"另见，《工商条例》第 124b 条立法理由（Vhdl. d. RT. 1890—92 Anlage bd. I S. 18）。该立法理由证成了固定赔偿额的合理性：对于雇主而言，相较于经过旷日持久的诉讼，而被判给一个额度较高，但毫无实际收益的损害赔偿请求权，还不如起诉取得一个虽然额度较低，但程序便捷迅速的罚金给付，来得更有价值；此外，我们知道，对特定损害额予以证明也是很困难的。而这也是为什么我们规定，受害人可以一个确定金额作为罚金额，而获得赔偿的原因。

[2]　引自 **Nothnagel** a. a. O. S. 102。戈尔德施密特得出以下结论（a. a. O. S. 105）："我们为什么一定要赋予一个目的有限的会社（Gesellschaft），如消费社（Konsumverein）、原材料合作社（Rohstoffgenossenschaft）乃至信用社（Kreditverein），以完全之人格？实际上，责任承担也要遵循经济法则（Haftbarkeit）的：**有限的目的只能适用有限的经济和法律手段。**"

观点，也正是我们所想要表达的观点。确实，这样的限制是可能会使债权人在一些情况下遭受到不利益的。但是，债权人也借此换取到了好处。具言之，当债权人非作为请求权人，而系作为责任人时，责任限制制度无疑可使其更加简便地完成损害的清偿，并能使其享受到相应的法律地位。当然，在此真正起到决定性作用的，还是团体协约存续背后的社会利益。而无限责任（unbeschränkter Haftung）的适用，无疑会危害到此社会利益。[1]

当然，责任或债务中的风险是否应当受到限制，对于将来的团体协约法来说，仍是一件需要得到决断的问题。对此，我们选择**有限之债的模式**。因为有限责任将会导致范围广泛的细节管制和监督干预的出现。而这对我们这个时代已经具有自我意识的同业社团生活而言，显然是无法忍受的。具体来说，假如我们一定要在社团财产中划出一个特定的部分，作为其破坏和平行为的责任财产，则在法律上我们必须不仅要顾及，这笔特有财产如何可被形成，而且也要考虑到，其如何能够被保值；此外，我们还要就确保法律规则之有效贯彻的相关保障措施做出法律上的规定。而选择以罚金为形式的有限之债模式，就可以成功避免前述这些由有限责任所带来的难题。为此，我们在此提议将此罚金作为和平之诉的诉之目的。[2]与此同时，我们认为，法律还应明确该罚金金额的最高上限。由此，在个案当事人诉讼请求的框架下，法官可根据其自由裁量，在该最高上限的范围内，作出要求对方支付未获清偿罚金的裁判。这种对赔偿请求权（Ersatzanspruch）的限缩，无疑在呈现了法定风险限制优点

162

---

[1] 有关详细的论述请参见 Nothnagel a. a. O. S. 149。在此，为了论证针对交通机构的有限赔偿请求权的制度合法性，**诺特纳格尔**说道："我们应当摒弃这样一种观点，即认为个人利益优先于从这种交通中受益之整体利益。同时，作为社会人格，个人必须接受某些经济上之负担，以为获得由此带给他的其他诸多好处。"

[2] Vgl. den **italienischen** Entwurf, Ziff. 13.

的同时，也保证了团体协约组织的自我发展自由。当然，若立法者还能给这种罚金再加上一个固定的行使期间的话，则我们可以说，立法者对于稳妥迅速地解决破坏和平行为中的自己执行失灵问题，就算是尽到了自己的全力。[①]

7. 新法律手段体系的封闭性

需要指出的是，迄今为止我们所讨论的，当出现有组织性协约成员**不服从行为**和**破坏和平行为**情况时，有关当事人不履行其执行义务，所要承担的相关法律后果，在适用上其实是具有专属性的。据此，现行法所允许的因不履行行为而产生的纯粹民事履行请求权和损害赔偿请求权，在法律上是无法与前述法律后果共存的。当然，现行法下所能适用的制度，也绝非只有前述这两种请求权。从其合同属性上看，当事人所能运用的权利救济手段（Rechtsbehelfe），除了前面两种请求权外，实际上还**包括合同不履行抗辩（die Einrede des nicht erfüllten Vertrags）和解除权**。[②]于是，人们不禁要问，之前我们所述的有关法律后果制度的专属适用性，是否也涉及合同不履行抗辩和解除权？对此，我们的回答是肯定的。以至于，这甚至意味着，将来的团体协约制度将会建立起一套完全自我封闭的法律后果体系。

在此，我们首先就团体协约的法律规制提出如下建议，即**合同不履行抗辩**在此是没有存在必要的。它的适用是弊大于利的。我们知道，适用合同不履行抗辩的目的，无非是希望通过自力救济，以强制实现团体协约义务的履行。是以，这在个人之间的交往关系中，或许并不会对公众造成任何的干扰，以至于抗辩作为一种强制手段，对于上述目的的实

163

[①] 国家立法无须就有过错的团体协约组织，是否以及如何对其所属成员进行追偿（Rückgriff），作出详细规定。相关问题，应由同业社团负责处理。

[②] Vertrag II S. 200, 202, 219.

现，还甚会有所助益。但如果涉及的是决定团体协约的群体之间的交往关系，则这种合同不履行抗辩行为，无疑会造成公众性的震荡事件。而这会使人们对团体协约所创造的法秩序本身的存在必要性产生怀疑。我们知道，一方反击的后果，必然是另一方新的攻击；周而复始，最终必然是劳动斗争对劳动和平的完全替代。在法权状态不成熟的情况下，参加人的这种态度，我们是可以理解的。因为不成熟的法治，永远是自力救济的温床。然而，我们这里就团体协约所提出的法律规制建议的意义，恰恰应在于，其能通过完善法治使自力救济成为多余的事情。正如我们所看到的，能够以**合法的**方式，快速彻底地消除和赔偿团体协约违反行为的手段，无疑是客观存在的。由此，我们就可以省下团体协约参加人，

164 为了通过自力救济来保护自己所必须予以花费的费用和精力。此外，我们还可以避免，因一方在抵抗时，因违背违法行为与法律后果之间所应有的比例关系，而造成的个案不公正现象的出现。最后，因团体协约违反行为而运用各种斗争手段时，所始终存在的这种危险，也能得到避免。这种危险就是有关团体协约违反行为，无法为斗争行为提供应有的正当合法性。

　　我们需要指出的是，就本质来说，我们在此还是存在对**解除权**的制度需求的。当然，此项制度需求，明显已经被团体协约解消请求权（den Anspruch auf Auflösung des Tarifvertrags）所满足。对此，我们在上文早已有过论述，并提供了相关意见建议（参见页边码第 123 页以下的相关内容）。据此，团体协约组织于其所属成员为不服从行为或破坏和平行为时，不履行其执行义务，且由于该不履行行为，致使团体协约之目的无法达成，或以先前所述之方法，而有无法达成之危险者，当事人得有权请求解消有关之团体协约。

　　8.团体协约权利保护制度的补充性

　　我们仍然要问一个问题：这种团体协约权利保护制度是否应该具有

强制性?

我们认为，只要自己执行义务在本质上还能被称其为一种义务，团体协约权利保护制度就必须具备相应的强制性。众所周知，团体协约的履行是要取决于同业社团在执行上之合作的。国家设置这种同业社团的合作制度，不仅是为了同业社团自己，也是为了国家自身。因为国家除了让同业社团所拥有的社会力量参与进来以外，没有其他办法能够足以解决这类既具有群众性，又具有法治性的问题。哪怕是再恣意的当事人，也无法在客观上诋毁上述基本理论的建设性意义。

当然，我们需要另外指出的是，协约当事人确实也应有权自行决定，违反执行义务所应承担的法律后果。与此同时，团体协约的实践也已经证明，其在法律后果领域，是有着巨大多样性的，并且也唯有如此，其才能继续维持下去。

例如，当事人通过诉讼，既可以选择请求替代团体协约强制的损害赔偿，也可以选择请求附带团体协约强制的损害赔偿。[1]另外，当事人还可以在细节上改变团体协约强制的内容，比如删除或者添加个别的执行手段。又如，为求达到震慑之目的，有些团体协约会规定，从事不服从行为的当事人，将丧失团体协约之权利。[2]

同样，法律就**破坏和平行为**所规定的法律后果，也是具有相当多样性的。具体来说，当事人既可以无视风险限制理论，而允许无限损害赔

---

[1] 因此，《印刷工人团体协约共同体合同》(der Vertrag, betr. die Tarifgemeinschaft der Buch-drucker)在其第 5 条以及同条项下之注释中，才会明文规定，于出现违反合同约定之情事时(即因未能遵守团体协约规定的终止预告期间，而违反受该团体协约规制的劳动合同)，团体协约组织应与协约成员一道，就劳动合同中另一方所受之损害，承担连带赔偿责任。然该协约成员，对此责任之承担无法定义务者，不在此限。

[2] 例如参见《印刷工人团体协约共同体合同》第 7 条第 4 款之规定："因过错而违反合同约定的店主以及助手，应被宣告在团体协约主管机构所确定的期间内，丧失团体协约之权利。"

偿义务（unbeschränkte Schadensersatzpflicht）的出现；也可以容许有限风险理论，当然在这里，有限风险的理论并不会被表达为有限之债，而是被表达为有限责任。例如，具体的方法是，当事人可以规定，为了担保团体协约违反行为赔偿请求权的实现，须储备形成特定金额之基金；且只有非违约之对方当事人，方有权对此基金请求之。此外，当事人还可以规定，破坏和平之行为，只应产生一种权利，如于对方当事人违约时，所可得行使的合同解除权。[①]

166　　　　在任何情况下，协约当事人都有权，将某些特定要件事实的存在，作为团体协约法律后果适用的前提。这些要件事实比如有，规定当事人在采取任何法律干预措施之前，都应当先进行调解。另外，团体协约自由（Tariffreiheit）最重要的对外表现形式当然永远是，当事人有权让国家机关，不参与执行义务的合法维系事务，而将其转交给当事人自己的协约机构。对此问题，本书将在他处予以论述，故在此不作赘述。

四、自己执行的边界

1. 引言

若是**协约当事人**自己，或者是**无组织性协约成员**，违反团体协约的话，则以保护团体协约为目的的自己执行之权力，自然也就没有在此出现的必要（参见页边码第 135 页 4 观点阐述部分以下的相关内容）。在这两种情况下，团体协约的保护措施，必须要能够直接作用在他们身上。是以，此时的团体协约保护可以采用我们业已所描述过的，针对自己执行失灵事件所采取的措施手段。这些措施手段应具有专属适用性，但不

---

① 就团体协约违反行为单纯设置解除权向来是受到欢迎的。例如，《帝国建筑业团体协约》（Reichstarifvertrags für das Baugewerbe）第 7 条就规定："若中央组织不遵守这些要点，则对方当事人有权解除合同。"

应具有本书页边码第 162 页以下和 164 页以下所阐述的那种意义上的强
制性。对此，我们需要再次分成不服从行为和破坏和平行为这两个方面
来谈。[①]

2. 协约当事人的团体协约违反行为

就**协约当事人**所为的团体协约违反行为而言，针对其不服从行为所
会采取的救济手段，可能与针对有组织性协约成员的，并无不同。而先
前得以拒绝适用民事诉讼上的保护措施，而改采行政法上诸种手段的理
由（参见页边码第 146 页以下的相关内容），在此也就更加有理了。从
而，无论民事诉讼程序，还是民事诉讼下的强制执行程序，对于协约当
事人所为的绝大多数不服从行为而言，都是几乎无法予以适用的。让我
们思考一下这样一些情况：比如某团体协约规定，其团体协约组织有义
务设立劳动中介机构，但该组织未能设立，或者虽然设立，可是未能为
此选任特定的成员，以负责相关的行政事务。又如，某团体协约规定，
团体协约组织有义务，就已达成的工资标准，再做补充性规定，比如借
此确定其计件工资标准，但该组织却对此什么也没有做。针对上述这些
情况，采用民事诉讼的相关措施，是否是可能的和现实的？我们的回答
是，只有团体协约主管机关，借由团体协约强制所为的直接干涉，才是
唯一实事求是的解决方案。[②]

另外，在协约成员为**破坏和平行为**的情况下，于不履行执行义务时
导致通过和平之诉承担罚金的理由，也同样适用于对罚金责任的限定制

---

① 有观点认为，所谓团体协约组织违反团体协约，实际上包括两种情况，一是团体协
约组织自己违反团体协约；二是对团体协约组织负有《民法典》第 278 条意义上之合
同责任的人士（董事会、职员）违反团体协约（Entsch. des RG. vom 5. Oktober 1909 im
GewKaufmG. XV S. 442 ff., 456)。

② 假如要对团体协约组织，实施团体协约强制的话，最好的实施对象，就是其董事会成
员［或者就有限责任公司来说，就是它的经理（Geschäftsführer)]。而团体互助机构（Ver-
bandskasse)则负责对所会产生的执行罚和成本费用承担相应的责任。

度。由此，如果破坏和平行为系是协约当事人自己所造成的，则其也应承担一个按照规定有最高限额的罚金责任。此外，之前有关罚金的支付义务和请求权的所有论述（参见页边码第 152 页以下、156 页以下及 160 页以下的相关内容），亦适用于这里的协约成员。

3. 无组织性协约成员的团体协约违反行为

就无组织性协约成员为团体协约违反行为的情况，首先针对相关的**不服从行为**，将会有团体协约强制，对该等协约成员直接适用的必要。其次针对破坏和平行为，则亦有在此适用以请求支付有限额的罚金为目的的和平之诉的一席之地。然而，需要说明的是，在此若请求针对的是无组织性的雇主，则相关请求应直接向该雇主为之即可；然而若请求针对的是无组织性的工人，则相关请求必须向团体协约律师主张之。有关的缘由，笔者已经在本书页边码第 94 页解释交代过了。并且，团体协约律师在由此产生的权利纠纷中，所应采取的必要立场，笔者也已在之前指出过了（参见页边码第 98 页以下的相关内容）。最后在实务中，有关的权利关系会表现为这样一种状态，即在以团体协约律师为被告的诉讼中，无组织性协约成员被判处支付罚金；此时，有关罚金将会直接从该协约成员处予以收缴，并还可能需要团体协约律师的协助（参见页边码第 99 页的相关内容）。

第三节　团体协约主管机关

一、前言

自己执行不仅有可能失灵，而且也有其相应的适用边界。而在这两种情况下，一个专门负责与不服从行为和破坏和平行为相斗争的团体协约保护机关，无疑是具有其必要性的。当然，在很多情形下，团体协约主管机关采取行动，并不是因为真的有**团体协约违反行为**的存在，而是期望能对团体协约关系的**形成**，产生一定的影响。对此，我们可以想到诸如：团体协约能力证书制度（参见页边码第 63、64 页的相关内容）、对同业社团的监督制度（参见页边码第 77、80 页的相关内容）、名册制备制度（Listenführung，参见页边码第 79、93 页的相关内容。）、对团体协约就其交存、公示以及其他相关义务的监督制度（参见页边码第 120 页以下的相关内容）、应向团体协约主管机关发出的意思表示制度（参见页边码第 93 页的相关内容），以及团体协约对个案问题的解决模式（参见页边码第 115 页以下的相关内容）等等。

正如我们所见，在出现团体协约违反行为时，对团体协约的保护任务，将通过以下两种方式予以完成：一个是针对不服从行为的团体协约强制；一个是针对破坏和平行为的诉讼程序。而当我们从团体协约行政（Tarifverwaltung）的角度去理解团体协约形成任务的话，我们自然又会据此将团体协约主管机关的活动，分为以下三种情况：

（1）团体协约诉讼

（2）团体协约强制

（3）团体协约行政

169

当然出于实务上的原因，最后两种情况，即团体协约的强制和行政，常常会是相互联系在一起的。

下文中，我们将就可适用于与当事人意思（Parteiwillen）相对的团体协约主管机关的组织、程序以及有效性的**指导思想**，予以系统阐述。而笔者所制定的劳动团体协约法草案的第二章，则也对此做出了详细的规定。

二、团体协约主管机关的组织

　　团体协约**组织**所要遵循的第一原则就是**统一化**。我们知道，团体协约主管机关的司法和执法活动，是无法被拆散开来，而是由复数多元之机关予以完成的。相反，这些活动的有效组织是以勠力同心为必要前提的。这不仅是技术上原因的结果，即节省人力和时间，并实现整体更加清晰的机关组织架构；而且也是内在的原因使然，即团体协约本身就是一个自洽的生活领域。从而，团体协约不仅会有对自身特性进行专门认知的需要，而且也会训练教育自己，以获得持久的经验。是以，若允许多元复数之机关，负责为团体协约提供服务，则团体协约的这种专门认知能力和全方位经验的获得，无疑是很难获得足够之发展空间的。因而，我们认为，团体协约只有通过单一的机关组织才能迸发出生命力。并且，这也能在最大程度上，保护其免受主观片面和形式主义的伤害。而这也就是为什么工商法院，能得以证明自己是劳动法的真正促进者的原因所在。因为它本身就是集司法、仲裁和行政机关功能于一体的机关。并且，工商法院作为集法院、仲裁所以及鉴定机构（Gutachterkammer）身份于一体的机关，它看问题的角度，也绝非仅从个人争议事件方面，而是从劳动关系的所有利益方面出发的。是以，工商法院作为我们这个时代的社会化机关组织之原型，应该亦能对团体协约主管机关的组织，起到相当的典范作用。而这个典范正好告诉我们，工商法院应当被建构成对于所有团体协约案件，都享有专属管辖权（ausschließliche Zuständigkeit）的团体协约主管机关。由此，现行法下的这种分割现象，也能得以被消除。那就是，按照现行法的规定，一方面团体协约本身的纠纷系由普通法院负责管辖；而另一方面适用团体协约的劳动合同的相关纠纷，则系由工商暨商人法院（Gewerbe- und Kaufmannsgerichte）负责管辖。当然最后，需要顺便指出的是，我们目前还尚缺乏一个专门的主管机关，以负责处理团体协约的行政事务问题。

此外，团体协约主管机关所要遵循的第二原则就是**专业化**（**Spezialisierung**）。团体协约案件应由专业专门的团体协约主管机关负责处理之！至于理由，我们已经在上文中阐述过了。在此，我们需要说明的是，只是将团体协约主管机关的活动，统一由一个单位行使，还是远远不够的；它还必须能专业化地适合团体协约目的之实现。当然，我们没有必要为此而从头开始创建新的机关。并且，这种创新对于团体协约案件的处理也并不有利。因为团体协约案件本身的数量并没有多到足以让我们值得为其创造全新的组织。相反，在既有的组织机构的基础上进行专门架构，应该就足以满足目的之需要了。该组织机构可由工商暨商人法院、地方法院（Amtsgerichte）、区域法院（Landgerichte）[1] 以及帝国法院转型而来。其中，无须多言，工商暨商人法院是可以直接被用于实现团体协约之目的事务的。可是，余下的前述诸多普通法院，则需要在完成相应的适应性改造之后，才能胜任团体协约主管机关的专门任务。换言之，这些普通法院必须完成内部的完全改组，才能满足团体协约目的的需要。也就是说，它们必须从以往的官僚法院（Beamtengerichten），转变成人民法院（Volksgerichte）。

为此，我们需要引入第三个必要原则：团体协约主管机关应彻底贯彻以所有参加人一律平等为基础的**自治理论**（dem Gedanken der

---

[1] 德文 Landgericht 以及 Oberlandesgericht，长期以来多被学界分别翻译为"邦法院"或"州法院"，以及"邦高等法院""州邦高等法院""高等法院"或"联邦最高普通法院"等等。但实际上这里的"Land"并非指德国国家体制中的联邦州，而是指相应的司法管辖区域。比如德国北莱茵–威斯特法伦州（Nordrhein-Westfalen）实际上就有三个 Oberlandesgericht，分别是 Oberlandesgericht Düsseldorf，Oberlandesgericht Hamm，Oberlandesgericht Köln。是以，本书将 Landgericht 以及 Oberlandesgericht，分别译为"区域法院"和"高等区域法院"。（参见 https://www.justiz.nrw/Gerichte_Behoerden/anschriften/uebersichts-karten/ordentliche_gerichtsbarkeiten/index.php）——译者

Selbstverwaltung auf dem Grunde der Parität aller Beteiligten)。我们认为，只要目前对该自治理论依旧陌生的法院，能够真正贯彻运用该自治理论，则法院自然也就能够充当团体协约的主管机关了，即便其本身仍是植根于普通法院官僚组织之上的法院而已。在此，自治理论必须一以贯之。而绝不能如当前这样，在第一审程序过后就不再见该自治理论之踪影。目前有能力和意愿参与承担团体协约司法和行政案件处理功能的社会阶层成员，显然应首推作为团体协约参加方的雇主和劳动者。当然，他们也并不是唯一的选择。但不容否认的是，就工商暨商人法院的第一审程序而言，雇主和劳动者，无疑是足以胜任相关司法和行政案件之处理职能的。可是，一旦我们必须考虑其他审级中的架构问题时，就会发现，引入其他社会阶层成员，也是完全有必要的。首先，在上诉[①]审（Berufungsinstanz）中，我们是有必要考虑到让工商暨商人法院的审判长（Vorsitzenden）参与进来的。他们应与雇主和劳动者，以及由区域法院组成成员中，所产生的团体协约案件合议庭（Kammer）的审判长，一道组成负责审判团体协约案件的上诉审合议庭。其次，在上告审（Revisionsinstanz）中，负责组织审判的帝国法院，则应进一步扩大审判组织的组成范围。在此，有团体协约能力的雇主和劳动者同业社团所派出的代理人，以及其他有名望的社会政策专家，都应当参与到帝国法

──────────

① 与我国不同，德国诉讼法在权利救济渠道上区分 Berufung 和 Revision。其中前者一般系指由区域法院作为第二审法院，就地方法院作为一审法院所作之判决的事实和法律部分进行复核的程序；而后者一般则指由最高审级的法院作为第三审法院，就下一级法院所作之判决的法律部分进行复核的程序。因而，在翻译 Berufung 时，有译为上诉、第二审上诉或事实审上诉；Revision 则对应被翻译为上告、第三审上诉或法律审上诉。而考虑到 Revision 其实并非单纯一定是第三审，Berufung 则不仅有事实审，还有法律审之部分。所以，经综合考虑，本书将 Berufung 翻译为上诉，而将 Revision 翻译为上告。（参见〔德〕罗森贝克、施瓦布、戈特瓦尔德：《德国民事诉讼法下》，李大雪译，中国法制出版社 2007 年版，第 1014—1115 页）──译者

院的团体协约上告审的审判活动当中，乃至在最后的审级中，能够与审判长、一名帝国法院庭长，以及两名代表国家利益的帝国法院陪席法官（Reichsgerichtsräten），一道组成审判组织，以使所有对团体协约享有某类利益的群体，都能在上告审中发声。而在上述自治理论取得彻底强势地位的前提下，一种以维护团体协约行为之官方地位为目的的，且生机盎然的有机组织模式，也就得以应运而生了。相比于官僚化组织的职权进行模式（Amtsbetrieb），这种有机组织模式，则大概率能带来更高的绩效。因为作为普鲁士自治制度缔造者的**施泰因男爵**（**Freiherr vom Stein**），已经在他著名的 1807 年拿骚备忘录[①]（Nassauer Denkschrift vom Jahre 1807）中阐释了之所以会如此的真实缘由。且每当我们想起自治制度，在此所带来的是如此的幸福，且不由得让我们由衷赞美时，我们都会回想起，此一备忘录中的所言："我们从纷乱的实践生活中吸纳组成人员的方法，无疑会对同业协会（Kollegien）中琐碎形式的行事作风和机械僵化的服务模式之现状，起到彻底的摧毁作用。而取而代之的是，富有生命力和创造力的灵魂，以及充满自然本质的丰富观念及情感。""政府……（通过自治）不仅丰富了其对市民社会（der bürgerlichen Gesellschaft）需求认知的来源，并且在实施手段上也获得了强化。"这种自治的思想理论，固然增大了文官的工作难度，但对于真正有才华的文官而言，这无疑又是激发其内在丰富潜能与实力的源动力之一。当前，自治理论正在获得上下普遍的重视。因为人们知道，现在正存在着这样一种趋势，即力求使法官摆脱实在法律的束缚，且主张这样做，在某些条件下亦属合法。而自治理论恰是这种趋势实践的结果。此外，支持这种趋势的人亦指出，简化实在法律，以赋予生活全面的发展自由，是现实的必然需要。为此，法官与立法者的身份角色应合二为一，即便只是在有限的空间里。这意

172

[①] Zitiert nach **Max Lehmann**, Freiherr vom Stein, 1903, 2. Teil, S. 70. 77, 78.

味着，法官不得不在团体协约案件中，以立法者之身份行使职权。当然客观上，一位立法者也是不会不受到制约的；亦即，他必须受到他那个时代立法条件的总体束缚。而这些条件也正是参加人参与活动得以出现的原因。

三、团体协约主管机关的程序

首先程序必须要能够适应团体协约的特殊需要。为此，我们并不需创造新的基础制度，而只需对现有的制度予以改造，并加以有效利用即可。这些制度主要涉及工商法院程序（Gewerbegerichtsverfahren）、《民事诉讼法》（Zivilprozeßordnung）以及就团体协约强制和团体协约行政而言，还涉及《帝国非讼事件法》（Reichsgesetz über die Angelegenheiten der freiwilligen Gerichtsbarkeit）的相关内容。

在今天，工商法院程序应作为既定的第一审程序，这一论点已然近乎无所争议。在此，本质上唯有《工商法院法》（GewGG）第 31 条的规定需要修改。根据该条之规定，律师是不被允许于工商法院出庭的。然而，时至今日，就工商法院的现实实务而言，此条文实已丧失了其继续存在的正当性。[①] 因为在许多案件中，律师都已成为了不可或缺的角色。这一方面是因为没有律师，当事人是无法通过代理制度以完成庭审日之事务的；另一方面对法院而言，律师也是最具专业性的监督机关。可是，允许律师出庭，是不能以牺牲程序的快速性和公平性为代价。不过，应对这种情况，我们也是有一系列手段的。这其中不仅包括《工商法院法》第 42 条所规定的，审判长有命令当事人出庭之权，也包括《工商法院法》第 52 条所规定的，败诉方无赔偿律师费之义务，除非存在支持律师费赔偿的特殊情况。可见，在上述这些条件的加持下，允许律师出庭对

---

① Vgl. **Baum**, Anwaltschaft und Arbeitsgerichte, 1913, S. 16 ff.

团体协约诉讼而言，可以说是有百利而无一害的。而通过给律师以处理团体协约案件的机会，也能使律师界关心了解我们这个时代的社会思想理论。而这亦是我们允许律师出庭所考虑的另外一个重要方面。

当然与此相对的是，律师们也不得不在其他方面做出牺牲。那就是，在团体协约案件的处理中，律师强制代理制度（Anwaltszwang）应被废除。这意味着，律师强制代理只应在更高审级中予以适用。这是因为，强制制度的合理性是建立在受诉法院的事务处理以中间人为必要之基础上的。而这种必要性在团体协约案件中并不存在。另外，不是驳律师们的面子，一个不争的事实是，当今世道，一些工人事务秘书（Arbeitersekretär）、企业法务（Syndikus）以及工会领导对团体协约案件的处理水平，实际上也都要好过律师的平均水平。而会如此的原因正在于，我们的法官和律师并不能通过目前的训练模式，接触到社会法案件实务。并且，法官和律师们也都缺乏对社会的全新看法。而这些对团体协约制度的新近成长，无疑是会起到一定的决定性作用的。团体协约是希望人们能将其从通常的民事纠纷性质中解脱出来的，并从它本身的社会趋势角度去理解它。174 而只要律师制度能够在团体协约领域显示出其必要性，我们相信，律师们自然也就会得以被要求在此领域发挥相应的作用。为此，我们希望，律师们能通过熟悉新材料，来创造出一个新的职业领域。是以，法律不应将律师制度拒之门外。法律在此只应阻止律师享有专属诉讼程序地位即可。此外，废除律师强制代理制度，也是有利于实现社会教育的。基于此，团体协约参加人将有机会，通过亲自面对面的会谈，来表达各自的意见，并有可能逐步去适应理解双方各自的立场观点，据此进行平等协商。

与此同时，民事诉讼法规定的程序，若要能够适用于团体协约案件，还需要首先能够在速度和严密性上有更大的进步。我们知道，团体协约案件的处理，是不能走烦琐缓慢的流程的。然而，令人奇怪的是，在仲

裁法院的设立，都未能防止此一问题出现的情况下，现在的社会大众在
去寻求权利救济时，却依旧会忍受这种烦琐缓慢的流程，以求得其案件
的解决。众所周知，团体协约案件往往涉及的是一系列综合的社会生活
问题。从而，我们是不会允许对这些问题的解决持一种长期的开放态度。
为此，我们则必须要注意到，相比于当前通常的民事案件，团体协约案
件在程序上一般会更具有浓缩性。至于程序浓缩的具体方法，除了可对
所有期间进行缩短、依职权送达（Zustellung）判决等以外，还可以让审判
长有权于上诉审中，通过传唤证人及鉴定人、调阅卷宗等其他证据方法，
来事先准备言词辩论，以至于在通常情况下，言词辩论可如此径行审理
终结；另外，在事实及争议状况基于先前的言词辩论，并根据可能的证
据调查结果已被充分澄清的情况下，经当事人各方同意，法官也有权省
略言词辩论程序。因而，今后我们可将1915年9月9日的《联邦参议院
有关减轻法院负担的公告》（Bekanntmachung des Bundesrats zur Entlastung
der Gerichte vom 9. September 1915）所带来的部分经验运用于此。

175

同时，毋庸多言，程序的加速还必须与程序成本的显著降低成相当
关系，这亦是当然之理。

另外，还有两点对于团体协约案件的诉讼程序具有特别重要的意义。
一个是诉讼参加（Beiladung），另一个是依职权提起权利救济程序（die
Rechtsmitteleinlegung von Amts wegen）。我们可以在诸多有关行政的法律
中，找到此两点之蓝本［1883年7月30日的《普鲁士一般邦行政法》（des
preußischen Gesetzes vom 30. Juli 1883 über die allgemeine Landesverwaltung）第
70条、第82条、第93条和第123条］[1]。

---

[1] 参见英吉利-苏格兰法中有关下级法院有权自行将案件提交给更高等级的法院予以裁决
的类似制度；**Adickes**, Grundlinien durchgreifender Justizreform, 1906, S. 97 und 98。

首先，是团体协约法的体制决定了其有传唤非当事人参加诉讼 [1] 的需要。这种体制要求，有组织性协约成员的请求，须通过其团体协约组织为之；而无组织性协约成员的请求，则须通过团体协约律师为之（参见页边码第 94 页以下的相关内容）。因此，让个人有机会参加到涉及其利益的诉讼当中，无疑是一种明智的制度设计。这样，至少个人有能力对其处理事务的方式产生一定的影响。

其次，所谓依职权提起权利救济程序，是指法院的审判长有权为团体协约利益，而自行启动权利救济程序。而人们若要理解制定这样一种权利制度的原因，则只需要想一下，当前由缺乏统一的更高审级机关所导致的法院制度缺陷就自然明白了。在笔者看来，当前许多有关工商业 176 劳动法的争议性问题——例如按照现行法的规定，团体协约规范的强制力，是否应及于劳动关系——所带来的事实上的法不安定性，本来都是可以避免的。而避免的方法就是建立一个在任何情况下，都可得向其上诉的更高审级机关。而依职权提起权利救济程序制度，则可通过将该争议问题，提交给一个机关进行终局裁判的方式，终结此类争议问题，即便无论是按照争议标的的金额大小，还是当事人的意愿，其都不足以能够启动一个权利救济程序。可见，这种有关法院实务，应向着封闭性司法（abschließenden Judikatur）方向发展的观点，若能被应用到团体协约法领域，则无疑会成为一件殊值赞同的事情。因为在未来，团体协约法领域难免会充斥着诸多争议问题。

四、团体协约主管机关与合同意思之间的关系

当我们最终确定团体协约主管机关与**合同意思**（Vertragswillen）之间

---

[1]　**弗里德里希**依照现行行政法的规定，就诉讼参加之本质所进行的讲授（参见 Friedrichs, Das Landesverwaltungsgesetz, 1910, S. 150 zu § 70）。

的关系究竟应为何时，我们必须始终意识到社会性团体协约案件与权利性团体协约案件之间的差异处。对此，杰出的帝国法院陪席法官**贝威尔**（**Bewer**）[1] 早已有所阐释。

当事人各方必须一如既往地享有自由地为解决和处理**社会性团体协约案件**，选择他们所期待的任何机制的权利。与此相对的是，我们所设计的团体协约主管机关的组织架构，则是旨在为机关的权利活动、团体协约纠纷的裁决、通过团体协约强制以履行团体协约以及通过团体协约行政，来实现团体协约之权利建构而服务的。因此，例如负责在团体协约参加人之间进行居中调解的仲裁委员会，以及负责合同更新事务的合同委员会，并不会因此处所设想的机关组织的出现，而受到任何形式的影响。

只有当团体协约当事人期望，将原本分配给团体协约主管机构的职责，转让给经合意设立的协约机构时，才会出现是否应当允许完全自由的合同意思合法存在的问题。当然，我们对此的回答是肯定的，且只有如此才能在原则上凸显团体协约法的补充性。据此，团体协约当事人双方根据未来法治的规定，将有权设立协约机构并实现其应有之功能，以取代实在法律所规定的团体协约主管机关的地位。当然，这种自由也不会是无边无际的。首先，一些分配给团体协约主管机关的特定事务，将不得不脱离自由自决的范畴。这些特定事务一方面涉及对同业社团及团体协约的监督问题，另一方面则有关对团体协约律师的任命和监督问题。另外，国家还必须确保，即便存在当事人合意，协约机构也能保持其本身所应有的中立性。协约机构的这种中立性，可通过一般性地适用《工商法院法》第 6 条的规定予以实现。根据该条文之规定，一方面工商法院的管辖权，得因仲裁协议的存在而被排除；另一方面仲裁庭的组成成

---

[1]　S. z.B. den Aufsatz „Soziale Tarifschiedssachen" im Einigungsamt I S. 185 ff.

员，则应由数量同等的雇主和劳动者组成，并设置一名首席仲裁员，且
该首席仲裁员既不能是雇主本人，或参加团体协约之雇主所委任之职员，
也不能是劳动者。最后，国家既不能放弃对这些协约机构活动，进行某
种嗣后审查的权利，也不能将直接的强制执行力转让给他们。借此，国
家可有效防止滥用和恣意的出现。至于这种嗣后审查制度的规范基础，
国家则可以在《民事诉讼法》有关仲裁法官程序的规定中找到。因而，新　178
法将在继续维持团体协约仲裁协议当前的制度现状 ① 的同时，将其转入
团体协约强制和团体协约行政的适用范围，并使其能够适应团体协约主
管机关的组织架构。从而，我们不会给当事人完全逃避团体协约法适用
的自由。因为只有当协约机构以规定的形式被设立，以替代团体协约主
管机关发挥作用时，团体协约主管机关才会不采取相应的干涉措施。尽
管在现行法下，权利救济途径的排除几乎是不被允许的，但是新法将不
以为然，因为团体协约作为一种权利性合同，不仅会保护参加人的权益，
而且也会全面维护国家的整体权益。

---

① Vgl. dazu den Aufsatz von **Maguhn** „Die rechtliche Bedeutung der Schiedsklauseln in Tarifverträ-
gen" im Einigungsamt I S. 249 ff., wo auch weitere Literatur angegeben ist.

第三编　法中的
社会自决理念

第五章 法中的社会自决

一、法与社会之间的矛盾

国家法本身也是一种**社会化的**技术。因为推动国家法前进的动力是社会发展；而社会发展也是通过国家意志，才获得以实在法律为形式的普遍效力的。同时，历史也证明了，这种以国家为媒介而间接形成法的模式，是有其必要性的。毋庸置疑，只有国家才能保证一个民族在社会发展上的统一性，并保护该民族免受四分五裂。但从另一个角度看，统一性中也蕴含着法与社会之间矛盾的萌芽。国家法并不是总能跟得上社会发展的脚步。因为社会发展是不断变化和多样化的，但国家法却是僵化和公式化的。进而，社会发展越是深入，法与社会之间的这种矛盾也就越发明显。于是，过去的社会权力以法的形式与现在的社会权力进行斗争；而当生活完全无法通过走隐秘甚或隐蔽的道路，以致最终通过运用暴力而从法治中逃避时，则本来应当服务于社会发展的法，完全会反过来对社会发展起到阻碍作用。

这种矛盾现象在我们这个时代无疑比比皆是。在许多领域，现行法的原则和形式都不再能与社会的发展趋势相适应了（参见页边码第20、24页以下的相关内容）；同时，社会生活在事实上所运行的规则，在很多情况下也非其在法观念上所应当实行的规则。[①] 因此，我们就不难理解，

为什么法律思想中总是充斥着，如何至少去缓解一下法与社会之间矛盾

---

① **Sinzheimer**, Die soziologische Methode in der Privatrechtwissenschaft, 1909.

这样的问题了。[①]

而团体协约制度正好向我们展示了，当我们掌握了团体协约所依据的**法学理论**之后，此类矛盾问题的一种解决之道。

二、先前解决法与社会之间矛盾的思路

首先，让我们看一下**以往为使法与社会相互亲近而采取的诸多尝试**，以让我们认识到这条道路的特殊性。

一方面，人们对法律治愈力的信仰依然没有动摇。新的法律应当可以满足新的社会需求。然而，如果我们回顾一下过去几十年那车载斗量的大量立法，并设想一下，这种大规模的法律生产活动应当走向何方时，相信任何一个人都不禁会头晕目眩。我们不免要问，如果法与社会之间的关系，都是仅仅以这样的进路来调和的，难道我们不也正在走向一种危机吗？长远看，社会的发展是否无法忍受国家法这种板甲腰带式的束缚。而当那些社会发展所必须要通过的且沉重的合法之门无处不在时，相信社会的发展也必将会失去作为其直接能量来源的新鲜生活本身。例如，在工人保护领域中，已有各方人士为反对上述这样的法发展现象的出现而提出了抗议。这并非仅仅是一种巧合而已。如此，正如**伯恩哈德（Bernhard）**[②] 所写到的："一场以永远新潮的规则为对象的大生产运动，已经如火如荼地开展起来了。可惜的是，这些所谓的新潮规则，就根本而言，无非是一些模仿仿制、重复制定或粗制滥造的产品；而巴洛克风格艺术时代，则正是那个可与其做事实上比较的时代。具言之，这与巴洛克艺术风格，用它那纷繁复杂和阿拉伯式花纹，扭曲了文艺复兴那简

---

① **拉斯基纳（Laskine）**认为"现代法学最大的现实问题"就是需要完全平衡这一矛盾 [Laskine, Die Entwicklung des juristischen Sozialismus (Arch. f. d. Geschichte des Sozialismus und der Arbeiterbewegung III S . 48)]。

② Unerwünschte Folgen der Sozialpolitik S. 112.

183　单宏伟的线条风格，所造成的问题是一样的。"而与**伯恩哈德**在社会政策上持相反观点的**贾斯特罗**(Jastrow) ①，则更清楚明白地表达了同样的见解："过去二十年来，我们有关劳动保护的法律和命令，在数量上增加了如此之多，以至于对每一项个别规则都持赞同观点的人士（如果真的存在的话），也都有充分的理由，去思考这样一个问题，即是否法规超出可容忍数量范围的现象，其实也不有利于国家法规体系的良好创建。尽管如此，这些法规的数量仍然以一种难称其为审慎，且与事物的重要性不相匹配的速度日益增长着。"是以，即便是认为立法干涉乃系一种不可或缺的当然手段者，也必须在工人保护领域及其他领域，包容并分享前述这些质疑。

　　另一方面，与此相对的是，存在一种自由法运动(die freirechtliche Bewegung)，其希望尽可能地摆脱实在法律的影响，并让法官能够从社会发展中自由推断出法来。我们毫不怀疑，在某些特定的领域，让法官从令人束缚的诸多概念和规则中解放出来，是有其可能性和必要性的。另外，自由法运动这种法官解放理论的立论基础，也在于以下两点：一是，社会生活紧张关系的持续增加，不再是一件能够在权利上作出详细事先计算的事情；二是，人们意识到，哪怕是以规则详细的法规范作为大前提而展开的司法活动，也难免无法排除主观性的意思决定和价值判断（参见页边码第12页的相关内容）。当然，法官这一自由能否成立，还取决于一些现今尚未普遍存在的前提条件。这一方面首先取决于大学的法学学习研究的模式，能否从形式化的法律人模式，转型为社会科学模式；另一方面则取决于法院组织的变革，即我们必须给分权化的进一步实施留下空间，并持续推动外行参与审判(Laienbeteiligung)理论向纵184　深拓展。因为只有这样，法官才能获得整体的社会观，并使其有能力认

---

① Was ist „Arbeiterschutz"?, ArchRPhilo. VI S. 512.

识到特定案件的特性所在；同时也只有这样，人民才能相信，法官所作出的裁判乃是建立在对所有各种利益的充分权衡之基础上的，因而并非恣意的。但是，我们需要指出的是，即便上述这些前提条件都能得到满足，自由法理论在应用上也仍旧会受到限制。我们发现，在一个领域导致产生自由法的社会需求，在另外一个领域却能成为规则详细的强制法产生的动力。这总是取决于所必须予以规范的关系的本质，与此关系如影相随的理念，以及所必须予以克服的阻力情况。此外，人们亦必须想到，法律并不是首先为了法官，而是为了生活而存在的。而生活在许多情况下所需要的正是具有预先确定性的规范，以便它可以据此相应地调整自己。与此相对的是，生活是不想等到满足这一需要的法院具体应用姗姗来迟的。那么，我们是否可以肯定，法院的具体应用真的就总是比约束性的实在法律，能做出更好的合乎社会目的性的评价？

归根结底，国家立法应保持更多的灵活性，以便能更好地顺应生活的时代变迁。为此，有人提出要求主张，[1] 我们在未来应当颁布比以往更多的"私法规性命令"（Privatrechtsverordnungen）。这种法规性命令[2]（Rechtsverordnung）得无须议会的参与制定，而凭国家权力的单方处分颁行之，尽管议会的同意，仍旧是前提条件。于是，法规性命令在事实上确实会获得比法律更大的灵活性。而这也是因法规性命令在颁行上很少会遇到需要克服的阻力的当然结果。对此，战争时期的立法实践也给予了证明：根据 1914 年 8 月 4 日《关于授权联邦参议院采取经济措施的法律》（des Gesetzes über die Ermächtigung des Bundesrats zu wirtschaftlichen Maßnahmen vom 4. August 1914）的规定，凡是被人们怀疑通过制定法律可能难以迅速且合乎目的地予以完成的私法和民事诉讼任务，都将会以

185

---

[1] Heck, Gesetzesauslegung und Interessenjurisprudenz, ArchZivPrax. Bd. 112 S. 320 ff.

[2] 德国这种法规性命令在性质和地位上，相当于我国现行的行政法规和规章。——译者

制定法规性命令的方式予以完成。另一方面，我们知道，工人保护制度中之大部也都是以联邦参议院、专区主席（Regierungspräsidenten）或下级警察机关的法规性命令为实现形式的。而工人保护制度的历史则向我们表明，法规性命令实际上并不能确保理念所设想的优势一直都会存在。实际上，当初人们指责法律会将生活完全官僚化的问题，在法规性命令体制中也同样会出现。其原因在于，一方面分配负责颁行此类法规性命令之权的机关，实际上都是些已经不堪重负的核心机关；另一方面相关参加人本身，是无法对法规性命令颁行及其内容产生任何的影响。因而，如果人们真的期望复兴法规性命令制度，并赋予它比今天更广泛的适用范围，那么就应当知道，实现此目的的一个基本前提，就是要设立专门的主管机关，并让相关参加人能够真正参与到此法规性命令的制定颁行活动当中。我们相信，在这种方式下，法规性命令的应用，一定能够成为一种可能，并且会因某些生活领域的发展，而同时成为一种必须。如此，法规性命令就会得到其所一直追求的那些优势。反之，如果没有这个基本前提，法规性命令将总是会受到来自议会权力所要求施加的各种措施的严密制约。同时，议会也不会轻易地同意，将重要的生活领域中的权利发展问题交给命令来处理。因此，现在已经有人对在工人保护领域中，进一步应用法规性命令，表达了反对意见。对此**贾斯特罗**写到[1]："如果有人在一部《警察法》中要求，警察应有权，例如不通过法规性命令，而只是通过单纯的警察处分（Polizeiverfügung），就可以规定一个公民每日所被允许工作的时长——试问有哪一个反动的议会，会做出如此反动的行为，以至于会承认或只是考虑承认这样一种警察权，即它所禁止一方所干的事情，正是它所允许另一方所干的事情——具有普遍的效力呢？但是，如果有同样的规定出现在一部《工人保护法》当中，则即便

186

---

[1] A. a. O. S. 512 f.

是为刚刚消灭了反动的多数派而自豪无比的议会，也会对此一规定张开欢迎的臂膀。而目前在德国可能只有少数人知道，其实从 1911 年 12 月 27 日修法以来，我们就已经将此类规定予以事实上合法化了。"而我们相信，法与社会之间矛盾最激烈的领域，也正是上述这些不同意见最生动活泼及最富有成效的领域。

三、有关团体协约的法学理论作为解决问题的新思路

是以，我们不得不承认，先前就缓和法与社会之间的矛盾所采取的诸多尝试，其有效性确实是有其局限和问题的。之所以如此，乃是因为这些尝试并未能触及矛盾产生的根源问题，即法制定力与法创造力之间的分离（die Trennung der rechtsetzenden von der rechterzeugenden Kraft）。**显然，解决此问题唯有靠直接形成以废除这种分离为目的的法权方可。**而团体协约制度无疑就蕴含着这种法之形成内容。**因为，团体协约的基本理论认为，正是可自由组织的社会力量，直接且有计划地创造了客观法，并能对这种客观法进行自主管理。**

我们把上述这种理论称作法中的**社会自决**理念。

这种理念所仰赖者，正是那些现今在许多领域以多种形式正在发挥有效作用的力量。在此，我们只需想想卡特尔、销售条款（Lieferungsbedingungen）与格式合同（Formularverträge）、生产者群体与购买者群体之间所达成的诸种协议，以及我们这个时代的社会生活中所充斥的各种惯例就知道了，正所谓一叶知秋。因此，**耶利内克**（Jellinek）[1]　187　正确地指出，当今已有着"一种尽管尚未成为合法的客观存在，但不容否认的，却已实际存在的人民创议权（Volksinitiative）"。而它在任何一个非由一个中央所统一指挥的本地固有的人民组织中，其实都有着越

---

[1]　Verfassungsänderung und Verfassungswandlung S. 74, 75.

来越丰富的表现形式。在许多情况下，这种"人民创议权"的实际影响力，甚至比国家立法的影响力还要大，以至于任何想了解当今真正决定着人们社会行为的规则之面貌的人，如果他只是从国家规范的角度来描述该规则，则他一定从一开始就走在错误的道路上了。相对于煤炭辛迪加（Kohlensyndikat）的销售条款和房东社团的租赁格式条款（den Mietsformularen der Hausbesitzervereine），买卖法和租赁法又是什么？事实上，将我们所有人都包围其中的所谓规则，在很大程度上都源自于社会，并在效力上与客观法并无不同，即便它并没有以客观法的形式表现出来。相反在形式上，该规则只具备法律行为之属性而已。但是，隐藏在此规则背后的社会现实，却无时无刻不在推动和悸动着法之形成。可是，这种法之形成又注定难以从萌芽之中发展起来，因为它旧有的形式，根本无法为它提供足够的发展空间。

在此，人们首先想到的就是作为一种社会状态表达形式的习惯法。然而，这里需要指出的是，我们的社会状态，实际上并不能满足习惯法的要求。众所周知，只有在社会力量已经处于平静的平衡状态，社会交往也在有序的道路上平稳行进，且没有任何经济斗争是以颠覆整个社会关系为目的的前提下，我们才有可能形成习惯法。因为只有在这样的基础上，共同的法之确信（gemeinsame Rechtsüberzeugungen）才有可能产生出来，并在潜移默化的发展中，不知不觉地成为法之习惯（Rechtsgewohnheiten）。而在法之习惯中，社会生活则直接创造出它自己的秩序。是以，**萨维尼（Savigny）**也是承认习惯法是有其历史条件的，并指出，每一个民族在其发展中，都存在一些"不再有利于通过共同的民族意识（gemeinsames Volksbewußtsein）进行法之创造（Rechtserzeugung）"① 的发展阶段和状态。我们今天就缺乏必要的前提条件，以能够在有规则

188

---

① System I S. 42.

需要的重要社会生活领域形成习惯法。我们当今的社会发展不仅是处在风雨飘摇，而且也是处在支离破碎的状态。因而，在这样一个社会发展状态中，我们无论如何都无法潜移默化并不知不觉地，形成和维系所谓的共同的法之确信。相反，我们需要社会力量进行有意识的、有计划的工作，当然这是以社会力量直接创造客观法，具有相当的应然性为前提的。

正如我们眼前所见，与法中的社会自决在理论上较相近者，无疑就是自治。因为自治也直接并有意识地进行造法。但是，即使这种自治法源，能够将当代的而非过往的社会生活，作为对象予以规范，它也无法如它现今那样，成为今日社会力量所正在争取的社会自决的合适表现形式。原因在于，按照我们所采用的表现形式，自治法的创造，实际上是会受制于有组织性团体的客观存在[①]的。是以，虽然社会自决的理论确实也可以，以这种自治法的形式表现出来，比如我们想想看卡特尔中的情况；但我们需要指出的是，社会自决理论绝非仅仅是自治那么简单。对此，团体协约则给予了充分明了的证明。与此同时，我们知道，所有可得想象的意思形成（Willensbildung）形式，其实都是可以适用于法中的社会自决理论的。也就是说，法中的社会自决理论，既可以单方意思表示（einseitigen Willenserklärungen），也可以双方意思表示即合同，乃至以社团性决议行为（korporativen Beschlüssen）的形式表现出来。所以，只有当自治得以从其历史传承下来的所有表现形式中摆脱出来，且被赋予一种有意识且直接创造客观法之本质时，其方才能够与社会自决在理论上合二为一。"换句话说"——正如兰茨贝格[②]所恰当指出的那样——"这

189

---

① **Gierke**, Deutsches Privatrecht I S. 142: "只有团体，即有组织性的共同体，才有能力从事自治性的法制定活动（Rechtssetzung）。"

② A. a. O. S. 189, 190.

既是一个制度的现代境况问题，也绝对是一个制度的现代复兴问题。我们有时最多仍把这个制度作为一种私王侯法（Privatfürstenrecht）[①]性的东西，进而认为它正在濒临灭亡；而在其他一些时候，则干脆将它作为一种日耳曼人的古董，从而径行认为它实际上已经灭亡。是以，我们必须将该制度从教科书的标本库当中再次提取出来，以最大程度地发挥其生命力。何况，这里的教科书原则上也绝还没有将该制度仅仅局限在私王侯法当中。"另外，本书有关合同自治理论的阐述，恰好也证明了，这样一种旧制度的复兴运动，在现实上不仅是有可能的，而且也是有必要的。而一部《劳动团体协约法》的出台，也将会成为人们认可此复兴运动的首选进路。

四、国家与法中的社会自决

国家与法中的社会自决之间又是一种什么样的关系呢？与各种社会力量相比，国家为社会对于社会生活统一性的需要提供了相应的保障。然而，当法规范非由国家，而系由各种社会力量自行创造之时，难道不也意味着一种与社会生活统一性需要的背道而驰吗？而在兰茨贝格就自治理论再次复兴之可能性所做的考察中，他对上述问题则已给出了肯定的答案。同时，他认为，现代国家是完全不可能去阻止这种自治权力的流行的。"这种事情在中世纪或许还有想象上的可能性，然在今时今日，它则直接与我们的国家秩序以及国家权力的运作理念相抵牾。"[②]

事实上，有人或许会指出，由法中的社会自决所带来的国家停摆，可能会使我们倒退回中世纪的法形成模式上。在这种模式下，国家内部

190

[①] 所谓私王侯法是指以不同等级贵族之间的财产和人身关系为调整对象的法律规范的总和。（参见 **Ursula Floßmann**, Österreichische Privatrechtsgeschichte, 5. Auflage, Wien: Springer-Verlag, 2005, S. 23）——译者

[②] A. a. O. S. 190, dazu Anm. 2.

许多有着法治生产力天赋的专断权力实体，无疑会对统一的国家生活产生压制作用。因此，如果社会自决得以在对国家发展予以压制的意义上，再赋予各种社会力量实体以凌驾于国家之上的权力，那么兰茨贝格那乍看来会被许多人所确定认同的担忧，就将是完全合理的。可是，当我们对社会自决理论进行更进一步的深入钻研之后，就会马上发现，前述所担忧的那种危险，其实并不存在。

我们要指出的是，法规范在内容上可以在没有国家的情况下也成立，并不意味着国家就会因此而停摆。**相反，社会自决并不会将其与国家在关系上予以脱钩，而只是会对国家起到改变作用而已。**而当我们根据团体协约的例子，来审视社会自决的边界时，自然也就能清楚地认识到这一点。同时，此边界也让人们对社会自决与国家之间的关系有了清晰的认识。是以，国家会在三个方面包容社会自决，并赋予社会自决实体，在其中享有一种具有独立性，但非主权性的法创造者之地位。而这种地位实际上与政治性自治实体所享有的那种地位，是相类似。具体来说，这个地位使得这些实体，尽管能让国家远离这些实体所掌控的领域，但与此同时这些实体却也仍旧会从属于国家。

首先，社会自决只能在现行私法秩序（Privatrechtsordnung）所创立的诸多强制性法律中进行自我表达。从而，任何违反这种强制性法律的规范都将是无效的；换言之，只有在国家允许的权利空白（rechtsfrei）区域，或者法治所需要的灵活范围内，才有该规范合法发展的可能。在此，我们可以这样说：只有个人不受阻碍地以法律行为的形式所能确定的事情，群体也才能针对其而制定出规范。而且，不言而喻的是，纵使存在一定的限制，对于社会性事务而言，人们也依然会享有广泛的权利规定（Rechtsbestimmung）的空间。因为国家法中的强制性法律，只会对人们的权利生活，在最一般的意义上进行规制。而这其中的空隙，则会被大量有自由发展能力的社会关系所填充。进而，人们绝大部分的权利生活

191　之发展，都将建立在这些社会关系之上的。是以，真正能从根本上改变我们当今权利生活的，不是法秩序或称权利秩序，而是新产生的且不断能自我更新的权利关系。这些权利关系所带来的结果是，在同样的法律条文和法律制度的统治下，时代的权利生活却可以有迥然不同的表现。[①] 且此等权利关系之改造力也是异常强大的，乃至于它们可以在使旧有的各种法律原则失效的同时，仍使其保持形式上的存在。例如，合同自由原则可因为自己内涵所允许的，延伸至人们生活各个方面的社会权力，而失去效力。[②] 又如，是所有权人所交织参与的关系本身的变化，而不是法律条文的修改，才是驱使所有权，一方面获得日益强大支配力，另一方面却又受到日益严苛限制的原因所在，以至于尽管所有权的权利本质依然如故，但它的社会功能，却能够得到持续不断的发展变化。[③] 而社会自决无疑能为各类社会力量实体在此发挥相应的功用起到巩固作用。当然，只要国家愿意，国家在此仍可对社会力量行使领主一般的权力的。同时，基于国家的主权地位，国家还能够对权利的边界经常予以重新划定。而社会自决却无法在权利上对此起到任何的阻碍作用。

　　其次，社会自决应在国家法律为其所设置的组织体系下予以实现。

192　国家不会允许法之形成以这样的方式直接实现，即轻易地将社会力量任何所意欲或宣称为法的东西，都认定为是法。相反，国家通过规范意思形成所需的各种要件，来使意思形成得以组织体系化。于是，国家只会承认与其所规定的要求，相符合的东西为有效的习惯法。而自治法也只

---

① **Sinzheimer**, Die soziologische Methode in der Privatrechtswissenschaft.

② 例如，参见**弗朗兹·克莱因**在第 27 届德意志法律人大会上的讲话 (JT. IV S. 482)："卡特尔是不会消灭自由竞争本身的，因为卡特尔它自己往往也只有通过自由竞争，才能实现对竞争的限制，或者从中收割到果实。"

③ "给资产阶级的所有权下定义不外是把资产阶级生产的全部社会关系描述一番。"（**Karl Marx**, Das Elend der Philosophie S. 14V. Dazu vor allen **Karner** a. a. O.）（参见〔德〕马克思：《哲学的贫困》，徐坚译，人民出版社 1949 年版，第 119 页）

有在国家允许形成这样一种自治法的条件，得以被满足的情况下，方有可能的存在。是以，从前述这个意义上讲，任何以法中的社会自决为允许内容的法律，无疑都将会设置这样的规范性规定，以使创造和执行法，得以据此成为一件可能的事情。因而，这类法律从一开始就会对有关自由的效力进行评估，并对其进行相应的规制。然在此一规制过程中，我们不仅要将那些希望通过直接的法之形成，而获得自身有秩序生活的各种社会力量之利益，看作决定性因素；而且也要考虑到现实当中还存在一些与社会公共需求（dem allgemeinen gesellschaftlichen Bedürfnis）相符合的利益。可见，以这种方式，国家甚至可以在不对有关内容进行具体规定的情况下，也能维持其对有关社会性事务的法之形成的统治性影响。而这也正是对社会自决自身合法性的承认所带来的进步所在。此外，其实就算没有对其合法性的承认，社会自决力量也能以一种纯粹社会化的方式发挥效力。然而，这种纯粹社会化的效力，一定是野蛮和无序的。它的背后是对其社会本能和权力态势的盲从。而只有当国家对社会自决力量的作用条件予以固定化之后，各方利益的兼顾，以及以客观为导向的规制模式，才能成为可能。是以，对于国家而言，其危险并不在于，对社会力量的规范性表达的合法性进行了承认，而恰在于其不承认。因为，对它不承认并不意味着它就不存在（Nichtsein），相反这只意味着一种异在 [①]（Anderssein），更确切地说，是一种更加危险的异在。

最后，基于此我们亦主张，社会自决应接受国家的统治。特别是在社会自决不仅将法之创造权，而且也将法之执行权，都交到了参加人自己手中的情况下，就更应如此了。如在自己执行理论中一样，参加人在自己的范围内，所实行的法的自己执行，也是要接受国家之监督的。这

[①] "异在"是黑格尔哲学名词，表达了一种外在于理念的定在。（参见〔德〕黑格尔：《小逻辑》，贺麟译，商务印书馆 1980 年版，第 60 页和第 203 页以下）——译者

种监督将会在功能上为法之执行提供保障。据此，参加人虽享有自己管理自己事务的自由，但却没有不管理自己事务的自由。因为这个自由的存在是社会公共利益的需要。而假如这个自由无法得到行动上的贯彻，则公共利益必将受到损害。这就是为什么，国家要保证，参加人所创立的权利，要获得贯彻执行力的原因。而正如我们在团体协约自己执行法秩序的研究中所发现的那样，团体协约可通过保留自己的主管机关来实现自己执行；当然，该主管机关只有在参加人行为失灵的情况下，才能采取相应的干涉措施。如此，国家在没有直接对此领导的情况下，就保障了有规制性的管理活动的实现。当然，我们需要说明的是，国家在这里的克制，并不应被看成为一种停摆行为。

　　社会自决理论在国家与法之间关系领域中所带来的变化，可以被简单描述成，法从**国家性私法**，向**社会性宪法**的转变历程。**国家在放弃于个案中提供具体裁判规范的同时，则满足于向参加人提供，可供他们自己创造和执行裁判规范的各种形式模式。**因此，我们可以说，即便国家给了参加人自由行动的许可，但在地位上国家也依然一如既往地高于他们这些所有的参加人。同时，国家的统一性亦坚固地植根于所有人的总体意识（Gesamtbewußtsein）以及社会需要之中，以至于个人活动哪怕花样再多，也是难以彻底摧毁这种统一性的。反过来，参加人所享有的那种自由，则无异于又强化了国家力量。而我们也知道，这种自由的存在基础，是所有社会组成单位的流动性和内部渗透性；而正是这些社会组成单位，共同形成了这一个富有生命，而又非机械性的统一体。而**威廉·冯·洪堡**（W. von Humboldt）则已经认识到，这里有一个更高等级文化存在的标志。因为正如他所说："能够拥有只创造力量并让此力量自己去生产成果，而不是直接由自己亲自去生产这样的能力，无疑是一个更高等级文化的必备因素。"

五、社会自决的意义

由此，我们充分认识到法中的社会自决，如在团体协约形式中表达出来的那样，所固有的重要意义。具体来说，法中的社会自决在不使作为统一社会生活的前提条件的国家停摆的情况下，通过直接的法创造活动，就成功解决了法对社会生活相对陌生的问题。正是通过这种社会自决，一方面社会生活得以更加深入地渗入进法中；另一方面法也得以更加深入地渗入进社会生活之中；同时，社会自决也赋予了社会生活中新的组织力量以应有的效力，而这是有利于实现社会和平的。

分权无疑能使法更加贴近社会现实。而社会自决究其本质亦正是这种分权能力的具体表现。与政治性自治一样，社会自决也会给人以一种"自我调节能力，即一种通过自我调整即可适应，其所面对的特别生活条件，而不需要通过来自中央的自上而下的推动才能适应的能力"[1]。通过分权，法在变得更加多样化的同时，也更加简化了。社会关系的多样性和变化性，也可以直接在法中得到转化，并如同社会生活自己一样，获得内在的成长。并且，由于这种法可以根据产业和工厂的情况，乃至在工厂内部，进行专门化规制，从而它甚至有能力表达出，那些对国家法来说永远无法适应之特性。此外，分权下的法，甚至还能比以往更加具有统一性。我们知道，如果社会自决在事实上的差异化，能够换来权利发展可能上的更加自由，那么本会存在的就构成要件和身份阶级在经济社会上所做的众多区别对待的规定，也就会被证明不再有必要。而真正造成当今法之素材漫无头绪和杂乱无章的罪魁祸首，则正是构成法之素材的要件，因其自身的经济社会条件而产生的分裂事实。我们尤其会在劳动法领域深刻地觉察到这样的缺陷存在。具体来说，在劳动法领域，

195

---

[1] **Rosin**, Souveränität, Staat, Gemeinde, Selbstverwaltung; AnnDR. 1883, S. 265 ff., 309.

我们总能发现其充斥着各种乱七八糟的个别规定，其不仅使规则所应有的明确导向性难以发挥作用，而且也造成内部规则体系的不公正性。[1]国务秘书**德尔布吕克博士**业已承认，对团体协约而言，社会自决的意义正在于，其作为差异化和简单化的活力工具之功能。正如他所论述的："……团体协约对于我们最大的价值就在于，我们有能力通过团体协约，而不是通过我们现在所惯常使用的帝国法律，来为我们所有的社会组成单位，就一系列问题，提供更加合乎目的和更加便利的规制。我严重担心，随着时间的推移，过去几年在我们这里曾发生的那种判例式的、以深入最细小的细节性问题为己任的劳动和工商警察政策立法，会作为一种严重的经济性枷锁，再次回归到我们中间。"[2]

另一方面，社会自决还会导致社会关系更大规模的渗透性权利化，并进而能够赋予它们更高程度的**客观性**。这里需要说明的是，客观性的本质正在于，尽可能地将规制所涉及的所有各种利益，都能在规制过程中予以有效体现出来。我们知道，团体协约法的社会自决，涉及的是对雇主和工人之间关系的规制问题。而如果没有这种社会自决的存在，那留下的显然就只有国家法和个人意志的力量。具言之，在国家法只是就雇主和工人之间关系的极限边界做出规定的情况下，该关系内容上的最大范围，却仍要受雇主的单方管理支配。且这里的雇主，由于他是生产资料的占有者，因而通常也是个人意志力较强的那一方。而通过团体协约法这类的社会自决制度，劳动关系的这种单方决定性，无疑就会受到对方当事人的共同决定的约束。从现在起，受雇主社会性单方指令所拘束的工人，将服从于这样一种法规范，即它的形成与国家法的形成遵循

[1] Vgl. **Sinzheimer**, Über den Grundgedanken und die Möglichkeit eines einheitlichen Arbeitsrechts für Deutschland, 1914.

[2] RT. 1910 (Bd. 259), S. 1312.

同样的原则。由此，一个贯穿于我们这个时代工人的社会生活意识矛盾，就此将得到解决。这个矛盾就是，当围绕在工人周边的规则系属国家规则时，工人是会被邀请参与共同决定的；但当这些规则系属社会规则时，尽管此时这些规则常常更加具有压迫性和干涉性，却完全没有工人参与共同决定的可能。于是，通过适用法中的社会自决制度，法之形成所会遵循的现代原则，得以被全面应用于那些之前还对此一无所知的社会生活领域。从而，国家生活与社会生活之间的关系，至少在形式上，将变得更加平衡和谐。

　　归根结底，最终只有法中的社会自决制度，**才能表达出所有生活关系的社会从属性**（die gesellschaftliche Abhängigkeit），并借此大大提升新社会力量的有效性。迄今为止，法在其适用于生活时所投入的，都只是个人的力量。从而，这样的法律关系的表达形式，无非就是个人的合同自由而已。与此相对，法中的社会自决制度，则承认了以生活条件的规范化为奋斗方向的新社会力量的存在。此规范化的本质在于，其并不是将个人生活的关系架构，视为一种身在局中的参加人自己的个人性的生活事务，而是将个人生活的关系架构，视为一种社会性的生活事务。于是，个人的意思表达只不过是一种表面自由的生活表达而已。但从现实层面看，个人意思表达无疑是社会力量的外在表现形式；且个人是无法从这种社会力量中抽身出来的。特别是我们知道，一个工厂的劳动条件，在事实上也是取决于行业乃至整个国民经济中其他工厂的劳动条件的。即便是出于最好的意愿，也是无法消除个人劳动条件有社会从属性这一方面问题的，因为这个事实无疑是具有强制性的。因此，只有努力将劳动条件所依赖的社会条件予以规范化，我们才能够有效地影响到劳动条件本身。而这只有通过社会自决制度才有可能实现。因为正是社会自决制度，正在争取而且也有能力争取，不只在工厂，而且也要在个别行业，甚或在整个国民经济体系中，实现劳动条件的统一规范化。个别团体协约的发展清楚地表明，社会自决制度在力争实现对劳动关系的社会基本条件进行支配上的努力。而团体协约也越来越以实现所有劳动关系的统一规范化为己任。假如通览一下此发展之全局，我们就会不由自主地愈来愈倾向于这种理论，即团体协约终究是要超越各个行业本身的，并且我们应至少在某一国或某一国家团体（Staatenverband）的国民经济内部，实现资本与劳动关系的完全统一规范化。而这就是我们发现的由法中的社会自决观念所衬托出来的**社会议会制**理论（der Gedanke des sozialen Parlamentarismus）。据此，经济社会关系的意思形成得以与国家的意思形成相互分离；在此期间，经济社会关系的意思形成，亦催生出一个负责探究它们自身规范体系的专门组织。

198 **六、社会议会制与政治议会制**

在这里，支持社会自决理论的力量，与推动议会制内部转型的一般理念之间相互触碰着。**人们无一不在探寻政治议会（der politischen Parlamente）以外的一种新型社会意思形成机制**。而对这些理论进程的概述，则向我们展示了其与法中的社会自决在本质上的内在关系。尽管这些理论进程所依据的理由并不完全一致，它们所涉及的生活领域也不完全相同，但是它们所努力追求的方向却是共同一致的。

我们先回想一下舍弗尔（Schaeffle）的理论。[①] 他很早就对通过设立普通经济公会（allgemeiner Wirtschaftskammern）来实现国家立法和行政的"去官僚化"的相关方法进行了思考。他主张，这里的普通经济公会应当成为，国民经济中主要行业阶层组成的社团法人性（körperschaftlich）中央机关；而它的任务则在于"在自己领导、自己评价和自己管理中，实

[①] Das Problem der Wirtschaftskammern (ZStaatsW. 51 S. 1 ff., 300 ff., 495 ff.).

现对行业共同性事务的自己处理"[1]。而将这些机关集中于一个总中央机构，可得统一发挥功能，并进而起到减轻国家议会负担的作用。为此，舍弗尔还阐述了最近被**格伦泽尔（Grunzel）**所接纳的理论。[2] 格伦泽尔的理论主张建立一种经济议会（Wirtschaftsparlament）。他指出，这种经济议会不是一种立法机构，而是一种咨议机构，在组织性质上则系属由来自各个同业群体（Berufsgruppen）的代理人所组成的社团法人，负责在立法机关或行政机关，就重要的经济问题做出决定之前，就相关所有情况，提供彻底全面的咨议意见。而每一部具有经济政策本质的法律草案，则须按此首先经过全面彻底的咨议，以使议会对该草案有关的提案，只需要最终接受或干脆驳回即可。正如格伦泽尔所言："利益代理制（Interessenvertretung）虽然在政治事务上是站不住脚的，但是在经济事务上，却正越发成为必要的存在。"

　　在德国，**耶利内克**[3] 则最激烈地表达了议会外活动形式的基本理论。他对一些从各种社会力量中产生的特别议会（Spezialparlamente）进行了思考研究。而这些社会力量当今也主要存在于我们这个时代的自由团体当中。同时，根据耶利内克的说法，在这些自由团体中，代表理论可以有比现有的中央议会（Zentralparlamenten）更正确的制度表达。"因为与通过代表制度来实现表达一个民族的整体客观存在这一不切实际的理念相对，团体机关所旨在服务的，仅是团体成员的相较而言那更有限的利益。"无疑，这里隐藏着一种新立法形式的滥觞，其明确表明了，团体协约"从社会面向来看，虽意味着一种为特定的利益群体谋求特殊的权利创制"的制度设计，但这种创造却并不是通过正常的立法活动就能予以实现的。

199

---

[1]　A. a. O. S. 14/15.

[2]　Der Sieg des Industrialismus S. 157 ff.

[3]　Verfassungsänderung und Verfassungswandlung S. 78 ff.

我们知道，这种特别议会本一向是以对人民内部各个具体利益群体之间的权益要求，进行协调权衡为己任的；与此相较，中央议会则本着希望通过自己比今日有限得多的管辖范围，以毕其功于一役，特别是以要么同意，要么拒绝的态度，来完成前述这种利益平衡。耶利内克的思想理念无疑对我们大家起到了极大的刺激作用，尤其是对我们两位年轻的作者即**孔因根**（Koigen）①和**埃米尔·莱德勒**（Emil Lederer）②，产生了最强烈和最精神活跃的持续性影响。

孔因根将这些旨在自己直接表达社会力量的组织称为专业议会（Fachparlamente）。"目前"——正如他对他的力量所总结的那样——"一个身兼多种职责功能的部级机关，却要面对一个在专业关系上相当同质的议会。假如现在人们想要在这两个上层国家权力机关之间达成任何一种平衡，都要能至少创造出，与这些部级机关在数量和品质上都相同的诸多议会。当然，这种议会制度，不应像那些躲在暗处的反动分子（Rückschrittler）所梦想的那样，按照职业或者等级进行更大范围的扩张。因为在这种情况下，作为病态国家生活的罪魁祸首的业余主义（Dilettantismus）和政府本位主义（Regierungspartikularismus）都不会从这个世界消失。因而，专业议会必须按照社会生活的重要领域予以组织之，比如可以类推上层国家权力自己的内部划分规则（如各个部委之间的权力划分规则）。"孔因根相信，如上所述，议会国家制度的进一步发展，无疑与我们社会历史中的各种事件之间，有着最紧密的联系。我们须"先将国家权力划分为立法权、司法权和行政权……之后再将作为整体承载之立法权，分配入各个具体的机关之中！"在此，我们还可以再

---

① Die Kultur der Demokratie S. 149 ff.

② Das ökonomische Element und die politische Idee im modernen Parteiwesen (ZPolit. V. 1912, S. 535 ff.).

加上当今对议会制，进行民主批判的人士所说的那些话："但是，鉴于我们社会生活的复杂性，现有的诸种议会，显然是无法胜任对从当前多样化关系中，所产生出来的诸多请求权进行编纂，并赋予其法律效力的工作的。对此，议员们目前所掌握的知识是不够用的，并且最受议会活动影响的选民群体，在许多情况下也只能与议会保持一种松散的联系。我们知道，一种铤而走险的业余主义趋势，在议会中已然比比皆是、昭然若揭，从而我们除了借助自设的各种类型之团体，来为人民群众仲裁不断出现的各种纠纷以外，别无其他选择。与此同时，政治上的各种习惯法（Politische Gewohnheitsrechte）亦占据着上风。当然我们知道，就本质而言，习惯法是不会有任何反人类的意思存在的。而真正能对国家生活，乃至对社会生活会产生危害的地方，却都始于政府自认为迫不得已，须背着议会，而与这些团体直接建立关系的地方。"

莱德勒所发展的理论，则更多地取材于经济社会发展的实际进程，而非从抽象的政治理念出发。莱德勒着眼于利益组织的发展，以及它对法之形成所力争产生的影响。利益组织确实改变了公共生活的内涵。"毫无疑问的是，这将与传统形式有所冲突，与形成一种完全不同的宪制、完全不同的公共生活状态的适当表达形式，有所冲突。"此外，随着利益组织持续上升的权力，其行为对政党的影响问题，也必然日益受到迫切的关注。"从这个角度看，议会制总的来说是存在问题的，并且以工团主义（Syndikalismus）口号为特征的理念，也表明世间确实有一种趋势，它旨在赋予这些组织以决定性的社会权力，并完全排除议会之存在。"出于这个原因，在莱德勒看来，这种事态发展是完全可以想象的，即议会自身之重要权能被人们所剥夺："正如在许多情况下已经发生的那样，真正有能力作出具体决定的主体，并非是占统治地位的党派，而是它们背后各样的利益组织，也就是说，是各利益组织更多地统治了各党派，而非反之，因此这也不是不可想象的，即将社会的权力分配问题，以及影响

201

各阶级经济利益的问题的决定权，从议会手中拿走，而交给另外单独设立的代理主体负责之。而在此类代理组织中，利益相关方只是以他们自身利益之代理人的身份，而非以国民的身份，开会并作出相应的决定。"另外，莱德勒也看到了当今这种既定发展进程背后的先决条件。那就是一方面经济性组织对其成员是拥有支配力的，即不仅在思想，而且也在行动上能够对其成员形成决定力；另一方面**社会运动**（soziale Aktion）的空间也越来越宽广。最后，莱德勒总结出了这样一个问题："是否上述公共生活机关的区别处理，或许真的不能开创一个如现代议会制的创造者所渴望的那种发展。"

事实上，将立法活动划分为社会性和政治性两部分，也许是有助于对公共生活的更新的。我们知道，假如我们这个时代的经济社会矛盾，只会在其基本理论上得到政治议会方面的正面反响，那么政治斗争活动就会变得更加纯粹和伟大。而这样的安排无疑会对政党斗争产生影响。具体来说，政党斗争或许会因此再次把自己导引回，那些它在今时今日常常足以偏离的有关政治和社会生活的伟大目标上。当然，政治议会的重要性并不会由此较以往降低。相反，一些新的重要的生存领域问题，例如对外政策，将会得到专业内行、深入的思考和处理。谁能对我们说，政治议会在未来不会迎来一个新的使命——一个跨议会间的使命，且在履行此使命的过程中，各个民族之间不会因为彼此之间的关系，而各自进行相互对话和谈判呢？因此，社会力量的自我组织是否能够真正得到解放，以能够创制自己的规范，无疑与我们国家和社会生活的整体命运有着密切的关系。而这也正是当我们尝试从根本上看透团体协约的制度架构时所会感受到的。

第六章　展望

一、引言

在领会《劳动团体协约法》所依据的法学理论的过程中，我们不由自主地会提出这样一个问题，即国家立法是否以及在多大程度上，能够撇开颁行《劳动团体协约法》这一途径，而使前述理论发挥功用。而我们只要针对劳动法领域审视一下这个问题，就能认识到，有意识、有计划地运用团体协约的权利形成原则，对于劳动法的发展，无疑是有决定性之意义的。**如此我们可以说，如果人们不能就是通过发展国家立法，还是通过发展法中的社会自决，来实现此种变化这一问题首先做出判定的话，那么就不应该考虑对劳动法领域，做出任何本质性的变革。**需要注意的是，我们这里所说的劳动法是广义上的，也就是说，它不仅涵盖劳动合同的有关规则，也包括以雇主与劳动者之间关系为内容的所有行政规则；同时，这里的劳动法也并非仅指法律，而是包括相关的法规性命令的。

我们看到，一旦团体协约理论，能够得以在一部团体协约法中，找到它所适合的法律形式，它就可以通过三种路径，来影响劳动法领域的进一步立法。

二、团体协约与仲裁制度

未来，随着仲裁制度适用范围的扩大，劳动斗争仲裁制度，也将会占有越来越重要的地位。我们在战争期间都经历过的国民经济组织的理论，亦会为建立更好的方法理念，以避免经济关系正常进程的停滞和颠覆，提供新的推力。而与战前相比，战后的我们将更少能够和愿意忍受这种针对经济生活的干扰行为。那时，我们将是不会考虑，去通过动用权威来实现劳动和工资斗争方面的决策的。而从国外的工资主管机关的运作模式看，这种权威性决策至多也只能在那些自身组织能力不发达或者欠发达的产业中得到应用。**与此相对，我们所要考虑的则是，要在强制审理（Zwangsverhandlung）和审理强制的双重方向上，扩大仲裁制度的适用范围。** 将来，未经仲裁所或其他新设立的主管机关，通过仲裁程序予以事先仲裁的劳动斗争活动，都将不再被视为合法。并且，无论纠纷的任何一方，拒绝就和平状态之维系进行审理，也都将被视为一种公共不法行为（ein öffentliches Delikt）。当然，这两种强制形式只有在我们不仅能够确定审理的应然性，而且还能确定应与谁为审理行为时，才具有实际的意义。此外，就审能力（Verhandlungsfähigkeit）将不再仅是一个单纯的私人决策问题，而且也将是一个公共利益问题。具言之，每一方都必须与具有就审能力者为审理行为。当然，我们应当不仅根据审理行为所应达到的目标，而且也要根据其在权利上所能达到的目标，来对就审能力的情况进行判定。在这方面，团体协约亦然。**是以，我们认为，将来一方当事人的就审能力，应当依据其团体协约能力来予以判定（参见页边码第 55 页以下的相关内容）。** 借此，仲裁制度从一开始亦就能得以被调整适应于团体协约的制度需要。而在团体协约已然成为确定完善之权利实体的情况下，前述种种就更将不会成为一个问题。如此，仲裁制度将成为立法者促进法中的社会自决计划中的一个有效手段。而我们知道，立法者以这种方式间接推动一种新的法形式的出现，在历史上也并非首次：总之，我们无外乎只有通过强制审理和审理强制，才能克服中世纪的同态复仇，并进而披荆斩棘打开一条通往新的法治及和平秩序的大道。

205

三、团体协约效力的扩大与劳动公会

这里，我们不禁要问的是，是否应当通过**团体协约效力的扩大**来促进法中的社会自决，以至于那些既非团体协约的协约当事人，也非其协约成员者，也能成为团体协约法治以及其和平秩序之一部分。[1] 我们业已解释过，团体协约究其本质是有这样一种针对其协约外人，施加远程效力的趋势的；而我们在各级各类法院的实务中也会看到，他们致力去迎合此种远程效力（参见页边码第 100 页的相关内容）。而下述 1908 年和 1910 年帝国议会中的现实情况，则可以说相当充分详细地表达了远程效力的理论。特别是，议员**琼克博士**谈到，有这样一种规定应对团体协约思想理论的贯彻实现有首要的助益：“即将团体协约提升为一种行业内的任意法规范（einer dispositiven Rechtsnorm im Gewerbe）。”他恰当地补充道：“如果人们想对团体协约作出正确的评价，就不应总是只考虑到工资的规制问题，而是还要考虑到团体协约中，其他具有根本意义的社会政策内容：协约可以就某一行业整体的工人保护、工作时间以及其他重要制度作出规定；如若不然，我们亦会寻求国家强制的介入。”[2] 同时，内政国务秘书**德尔布吕克博士**，亦对此一最初针对家庭劳动的系列理论，表达了赞同意见，对此他在当时解释说道：“在我看来，我们不必采取进一步的措施，而且就目前情况而言，我们也不能采取进一步的措施，与此相对，我们只需要在可能的情况下，制定这样的特别规定；据此，原本是为家庭劳动而缔结的团体协约，对于其有效适用范围以外缔结的、嗣后发生争议的劳动关系，亦具有补充的适用效力（subsidiäre Geltung）。”[3]

206

---

[1]　„Erweiterte Autonomie" (**Gierke**, Deutsches Privatrecht I S . 152,153).

[2]　RT. Bd. 230 S. 3377, 3373 ff.

[3]　RT. 1910 (Bd. 259) S. 1312.

另外，当下各式各样的立法草案，也贯彻了这样一种理论，即认为，团体协约的规定应至少对于在其地域适用范围内，所签订的所有劳动合同，都具有任意法之效力，而无论该劳动合同的缔结人，是否系属团体协约之参加人。对此，大家可以参见《苏尔茨-洛特玛草案》第 6 条、《罗森塔尔法律草案》第 9 条以及《法兰西草案》第 18 条的相关规定。

然而，我们认为，此种以扩大团体协约合同自治（Tarifvertragsautonomie）的适用范围为理论基础的立法表达，显然是有错误的。假如我们真的允许已经缔结的团体协约，具有这样一种当然（eo ipso）效力，哪怕只是作为任意法，相信也可能会对他人的工厂运营，造成非常严重的不合理之影响。且即便如《施密特草案》（Entwurf Schmidt）第 109e 条那样，就团体协约的适用，规定一个既成的固定效力范围，我们也是无法避免这种不合理影响之发生的。

只有当我们通过有秩序的程序，且在所有参加人的代理人都参与的前提下，就团体协约规定是否对其适用范围以外的工厂也具有可转让性（Übertragbarkeit）这一问题作出判定的情况下，我们才能宣布，团体协约规定可能具有扩大效力。在这个意义上，立法者可以将视野转向巩固和扩大社会自决的制度成果。而实现的机遇就蕴藏在**劳动公会**（**Arbeitskammern**）理论的新表达形式之中。我们知道，以既往已知的形式所设立的劳动公会，是注定要失败的；一方面这是因为，这样的劳动公会是无法充满活力地实现其所应承担之职能的；另一方面也是因为，劳动公会所仰赖的社会自治理论，不是还没有被思考出来，就是在说服力上还依然孱弱。而只有当我们将劳动公会视为一个统一计划中的组成环节时，劳动公会才能获得其应有的活力。为此，我们必须争取，将以劳动交易和劳动关系规制为标的的所有行政行为（Verwaltungsgeschäfte），从一般行政的制度体系当中分离出来。因为只有如此，一种符合团体协约参加人特别利益的行政业务组织模式，方才能成为可能。进而，劳动公会才能成为此种特别行政之一环。而所有的团体协约参加人群体，也才会必然地参与其中。而在这些参加人的信赖下，劳动公会方能够承担此种我们大家时常会关注到的职责任务，即负责审查将协约所限定的团体协约规定扩大适用到其他行业领域的可能性与所需要件，并在此基础上颁布相关的命令。①

四、国家劳动法的新方向

最后，我们要能够于每个个案中，在国家的法规则与社会的法规定之间，建立起一座充满确定性的关系桥梁。如今，除了国家之外，唯一能在法权上享有任意法力量的就是个人意志；这意味着，今时今日，人们仅凭其个人意志就足以，免受非属强制法的法规则之拘束，乃至能够改变和补充它们。而团体协约在此则使国家法得以有机会获得另外一种任意法力量，即通过社会意志形成规定的力量。换言之，这就是，用合同自治代替合同自由，用自己执行代替国家强制——而这些无疑都是在呼唤法律能够采取相应的措施，以进一步承认和利用这种新兴力量。而**国家在有必要的时候，是完全可以通过调整任意法制度，以使其不仅能适应个人在法律行为上的自由，而且也能适应有组织群体在法之形成和管理上的自由，如此国家方能同化整合此种新兴力量。**

208

社会意志对于国家法运作模式的这种调整，是可以通过两种方式予以成功实现的。一方面，国家通过颁行法令，不仅可以规定只有当团体协约未作出其他规定时，国家的法律才应具有相应的适用效力；并且还可以规定，只有在没有团体协约的情况下，国家的法规性命令才应被颁行或适用。国家的这种任意法制度设计，将会赋予社会自决优先于个人

---

① 文中的观点涉及诸多来自英格兰的建议。对此，请参见**齐默尔曼**的报告（**Zimmermann** in der SozPr. XXIII S. 242）。

意志和官僚规则的地位。而这无疑会在两个方向上都形成优势。可是，任意法也常常会陷入纸上谈兵的窘境。具体来说，任意法得以有效运行的前提是会被釜底抽薪的，而之所以会如此，则非因为双方真的通过自由合意达成了某种其他规则，而是出于双方不同的社会或经济实力，一方必须屈从于另一方的意志。例如，在广阔的劳动法领域中，不仅当事人单方所确定的格式合同（Formularvertrag）早已取代了客观法的地位，而且社会权力意志（Machtwille）也早已取代了国家法治理念的地位。因此，在许多情况下，只有当真正同样强大的，且能够按照自己的利益行事的力量，能够被征召以供任意法予以使用时，任意法才能够成为真实的客观存在。是以，法的形式必须依赖于作为它存在基础的社会力量。进而，社会力量的变化，必然招致相关法之形式的变迁。而社会自决制度的出现，则正是揭示了这样一条变迁之路。另一方面，所有相关的参加人都会，要么在国家以命令之形式颁行法规之前，就借由可能的合法

209 形式，以争取到通过社会自决，来自己规制他们自己事务的机会；要么就在国家已经颁行命令法规的情况下，想办法去规避这些法规的适用。由此，我们相信，当这些参加人能够就是自己管理他们自己的事务，还是让国家来就此进行规制这一问题表达选择性意愿时，官僚主义的压力也就自然会得到缓解。

　　劳动法的这种新定位无疑会同时将社会自决理论，更广泛、更深入地植入法权体系。而《劳动团体协约法》的立法，则为迈向这条植入道路提供了可能性。当然，国家是否真的愿意走上这条道路，则不仅要取决于这条道路是否能被视为一条团体协约规制基本理论的有效应用之路，而且也要取决于，国家是否会旨在为实现企业主与工人之间意思关系的新秩序，而确实发挥一般性的建设推动作用。

《〈劳动团体协约法〉草案》

第一章　团体协约

第一节　一般规定

第 1 条

为预防或者终止劳动斗争行为，团体协约可被订立；该协约对所有参加人都具有法律约束力。（第 50 页以下*）

参加人包括协约当事人及协约当事人以外的协约成员。

第 2 条

根据本法之规定，只有工人同业社团才有权与雇主同业社团（Arbeitgeberberufsvereinen），或者与非属协约成员之雇主，订立团体协约。（第 51 页以下、第 54 页以下、第 55 页以下）

工人是指除文官、国家职员和国家工人以外的所有劳动者。（第 19 页以下）

同业社团必须具有团体协约能力。（第 63 页）

第 3 条

团体协约须以书面形式订立才能有效。（第 120 页以下）

团体协约不受印章义务（Stempelpflicht）之约束。

---

* 括号中页码为原书页码，即本书页边码，下同。

第 4 条

协约当事人有义务，在团体协约中就团体协约的空间上和职业上的适用范围作出规定。（第 121 页以下）

协约当事人必须最迟于团体协约订立后两周内，将团体协约交存于团体协约主管机关。（第 120 页）

作为参加人的雇主必须在其工厂（团体协约适用工厂）中的显著位置张榜公布团体协约。（第 120 页）

上述所有之规定于团体协约变更时，亦适用之。（第 121 页以下）

第 5 条

若工厂之所有人为团体协约之参加人，则该工厂之继受者将承继其前手根据团体协约所享有之所有权利，并承担所有义务。（第 54 页以下、第 93 页）

第 6 条

《民法典》有关向第三人为给付之承诺的规定（《民法典》第 328 条以下）适用于团体协约关系，然该第三人无法成为本法第 2 条所规定的团体协约之当事人者，不在此限。（第 52 页以下、第 55 页）

第三人作为协约当事人加入团体协约时，亦然。（第 81 页）

第 7 条

若团体协约之一方协约当事人系数人者，其不得与另外一方协约当事人，单独订立任何与该团体协约有悖之特别约定。（第 83 页以下）

除外，协约当事人有权独立行使团体协约的权利，并独立承担义务。

第 8 条

团体协约之终止权，须向团体协约主管机关，以书面形式表示之。（第 126 页）

若团体协约系为不定期而订立者，则其终止权，须在遵守六个月之预告期限后，方可行使之。

以长于五年之期间而订立的团体协约，则于五年届满后，视为不定期之团体协约。

第 9 条

若团体协约的一方协约当事人之行为，对合同关系之目的造成破坏或者危害，以至于团体协约关系的存续，对于相关当事人一方，已无期待之可能，则经另一方协约当事人之申请，该等与申请方相关之合同关系，可非经终止，而径行以法院裁判之方式，被宣告解消之。（第 123 页以下）

第 10 条

本法第 1 条至第 5 条、第 8 条第 3 款以及第 9 条之规定，系为强制法之规定。

第二节　协约成员

第 11 条

协约成员是指分享团体协约之权利，分担团体协约之义务，而非属协约当事人者。（第 50 页以下、第 86 页）

第 12 条

团体协约之成员可被分为两类，一类是指团体协约之现有组成成员；而另一类则指，于团体协约有效期间，曾为团体协约组织之组成成员者。（第 87 页以下、第 91 页）

若在团体协约订立后成为协约成员者，仍受先前订立之团体协约之拘束，则团体协约成员资格不成立。（第 88 页）

第 13 条

未加入团体协约组织之协约成员可退出协约共同体。可是，该退出行为只有在协约当事人可得终止团体协约之时方为合法。（第 92 页）

退出须向团体协约主管机关表示为之。

第 14 条

有组织性协约成员的权利，应由其所属的团体协约组织行使之。（第 94 页以下）

第 15 条

无组织性协约成员的权利，应由团体协约律师行使之。（第 98 页以下）

裁判文书应将成员本人列为原告和被告。

在有针对无组织性协约成员的裁判文书，须被强制执行的情况下，经另一方当事人提出请求，团体协约律师有义务负责去处理该强制执行事务，然未预支费用者，不在此限。

第 16 条

本法第 11 条、第 12 条第 1 款、第 14 条和第 15 条，系为强制法之规定。

然团体协约仍可就下述内容作出规定：

1. 成员以外的其他人士，亦可加入本团体协约，然本法第 12 条第 1 款所规定者，不在此限；（第 93 页）

2. 协约订立以后可能成为成员者的成员资格的取得，应征得协约当事人双方或者一方的同意。（第 88 页）

本法第 13 条第 2 款的规定，于成员之加入，适用之。

第 17 条

我们应当制备一份有关本法第 16 条第 1 项中所称类型之协约成员的名册。若团体协约就此名册应由何人制备，以及如何制备，未作任何规定，则团体协约主管机关应当就相关内容作必要之规定。团体协约主管机关还应就名册制备情况负监督之责。（第 93 页）

第三节　团体协约律师（第 98 页以下）

第 18 条

团体协约主管机关按照其主管区域，任命团体协约律师，亦可撤回该任命。

团体协约律师可出于重大事由拒绝受领职务之任命。

团体协约主管机关负责就拒绝行为的合法正当性作出裁判。

第 19 条

团体协约律师的姓名应予以公开宣告。

团体协约律师应有权获得书面任命证书。团体协约律师，于其职务终止时，亦有义务退还该书面任命证书。

第 20 条

团体协约律师就其义务的适当履行向参加人负责，并接受团体协约主管机关的监督。

第 21 条

团体协约律师有权请求国库（Staatskasse）就所支出费用（Auslagen）给付适当现金额之补偿，并就事务处理给付报酬。费用和报酬的核定由团体协约主管机关负责。

州司法行政机关（Landesjustizverwaltung）可就有关向团体协约律师支

付报酬的事项发布一般性命令。

第 22 条

团体协约律师参与诉讼之费用，由国库负责承担。

团体协约主管机关有权按照所参加的协约成员之人头，通过强制程序（Zwangsverfahren），以求偿该诉讼费用。

第四节　有团体协约能力的同业社团

第 23 条

只要团体协约主管机关，就团体协约能力向所有雇主同业社团，以及非从属性的工人同业社团颁发了证书，则他们就会具备团体协约能力。（第 51 页以下）

同业公会亦属本法意义上之同业社团。

第 24 页

在同业社团章程就团体协约的缔结、团体协约能力的取得，以及其他相关内容有所规定的情形下，则证书可经董事会（Vorstand）之申请而颁发。这里的其他相关内容包括：

1. 同业社团中的哪些机关有权就团体协约事务决议的发布、内容以及文书形式作出决策；

2. 同业社团中的哪些机关可作为同业社团的代理人以及其选任程序。（第 62 页以下）

上述规定同样适用于同业社团的下级团体（Unterverbände），例如分支社团（Zweigvereine）、支付机构（Zahlstellen）等等。

第 25 条

团体协约主管机关应于本法第 23 条所称类型之证书颁发时公开宣告

之。(第 64 页注释 1)

第 26 条

依州法之规定，以博取工资和劳动条件优待为目的而成立的雇主和工人协会和联合体，须予以禁止或者受到处罚者，该等以禁止和处罚为内容的法规，于有团体协约能力之同业社团，不适用之。(第 64 页以下、第 67 页以下)

第 27 条

雇主与劳动者之间所达成的，以一方使另一方有义务不成为某一有团体协约能力的同业社团之成员，或者以一方为此授予另一方立即终止权为内容的约定，一律无效；然有关的社团成员身份(Vereinsangehörigkeit)业已消灭者，不在此限。(第 70 页以下)

第 28 条

以身体强制、胁迫、毁损名誉或者败坏名声之方法，着手阻止雇主或者工人，参加有团体协约能力的同业社团者，又或者以同样之方法，对雇主或者工人，因其前述之参加行为，而施加不利益者，亦处《德意志帝国工商条例》第 153 条所规定之处罚。(第 72 页以下)

与此相对，对于以禁止的意思干涉行为，使他人加入有团体协约能力的同业社团，或者阻止他人从前述社团中退出者，《德意志帝国工商条例》第 153 条不适用之。(第 69 页以下)

一般刑事处罚的规定，不受影响。

第 29 条

有团体协约能力的同业社团，在所有团体协约事务上，都享有有权利能力社团之地位，即便该同业社团在其他情形下并无权利能力。(第 73 页以下)

所有与团体协约相关之事务，更确切地说，不仅团体协约当事人之间交往的事务，而且团体协约团体与其所属成员之间交往的事务，都应被视为团体协约事务。

第 30 条

《民法典》第 26 条第 2 款和第 28 条之规定，于有团体协约能力的同业社团，适用之。（第 74 页以下）

第 31 条

《德意志帝国工商条例》第 152 条第 2 款之规定，于有团体协约能力的同业社团，不适用之；然社团与其成员之间的关系，不涉及团体协约事务者，不在此限。（第 75 页以下）

同业公会根据《德意志帝国工商条例》第 92c 条所享有的秩序罚科处权，在此亦适用之，然不涉及团体协约事务者，不在此限。（第 77 页）

第 32 条

若在有团体协约能力的同业社团与其成员之间的关系中，存在该成员于团体协约存续期间不得退出的规定，则此针对退出权的拘束期间不应超过五年。（第 77 页）

遇有重大事由，成员得随时退出之。

第 33 条

在没有协约当事人同意的情况下，有团体协约能力的同业社团，于团体协约存续期间内，既不得对涉及团体协约事务的章程内容予以变更，也不得自行解散。（第 77 页以下）

第 34 条

有团体协约能力的同业社团，有义务设置成员名录，并有义务保存

此成员名录至少十年。（第 79 页以下）

有团体协约能力的同业社团，有义务将其章程中，有关其成员状态、法定代理人以及涉及团体协约事务的内容信息，在有需要的情况下，提供给团体协约主管机关。

团体协约主管机关，于有申请时，应当向对其所接收的信息享有权益的团体协约参加人，告知该信息。

第 35 条

若处于团体协约关系之中的有团体协约能力的同业社团，无法以合规的方式举行，或者根本无法举行其董事会选举，则团体协约主管机关有权径行就董事会作出任命。在选举以合规的方式举行完毕之前，受任命之董事会，在所有团体协约事务上，享有与被选举出来的董事会一样的地位。（第 80 页以下）

受任命之董事会的成员，只有在遇有重大事由时，才能提出拒绝。有关拒绝行为的合法性，由团体协约主管机关裁判之。

第 36 条

若有团体协约能力的同业社团，未处于任何团体协约关系当中，则该同业社团可通过向团体协约主管机关为表示的方式，放弃团体协约能力。（第 64 页注释 1）

第 37 条

若有团体协约能力的同业社团，不再具备合法取得团体协约能力所必要之要件，则团体协约主管机关必须褫夺该同业社团的团体协约能力。被褫夺团体协约能力的社团，应当将其团体协约能力证书，立即退还给团体协约主管机关。（第 64 页注释 1）

团体协约能力的丧失自公告时成立。

第 38 条

依本法之规定，须为有效公告者，团体协约主管机关自己，就公告之方式方法，享有自由裁量之权。

第 39 条

本法第 23 条至第 38 条之规定，系为强制法之规定。

第五节　团体协约规定

第 40 条

同团体协约规定相违背的劳动纪律约定和规则无效。（第 101 条以下、第 103 条以下、第 105 条以下）

若团体协约对前述之约定或者规则所涉及的标的另有规定，则团体协约规定对这些约定或者规则具有替代效力。

第 41 条

团体协约所规定的雇主工资或者福利水平为最低标准；团体协约所规定的工作时间或者劳动给付水平则为最高标准。（第 114 页）

第 42 条

若根据本法第 40 条之规定，团体协约工资对约定工资有替代效力，则团体协约工资追加给付请求权，自工人从工厂退出后起四个月内，未经法院予以行使，即失去效力。（第 108 页以下）

任何工人不得因其行使团体协约之权利，或者作为组织代表维护团体协约利益，而被解雇，或者以其他方式承担不利后果。（第 112 页以下）

第 43 条

团体协约规定适用于，所有在团体协约适用工厂中，就团体协约所涉劳动，所签订的劳动合同，即便工人并非协约成员。（第 101 页以下）

第 44 条

若在一个团体协约适用工厂中，存在多份同时有效的团体协约，则最先订立出来的那份团体协约的规定，对于作为协约外人的工人，具有适用效力。（第 102 页以下）

第 45 条

例外情况下，经一方协约当事人的申请，团体协约主管机关得允许，背离团体协约之规定，然该背离不符合参加人之利益，或者对团体协约之目的，造成危害或破坏者，不在此限。（第 114 页以下）

第 46 条

本法第 40 条和第 42 条第 2 款之规定，系为强制法之规定。

第六节　不服从行为与破坏和平行为

第 47 条

团体协约组织必须确保其成员，只要他们还是协约成员，就不会违反团体协约。（第 127 页以下）

第 48 条

在团体协约组织无法消除其组成成员之不服从行为的情况下，团体协约主管机关有权强制该等成员遵守团体协约规定。（第 145 页以下）

团体协约主管机关尤其可采取下列强制手段：（第 148 页以下）

1. 针对义务人的人身或者财产采取直接强制；

2. 自行或者通过第三人，为所应被强制的作为行为，并预先经强制手段向义务人征缴由此而产生的费用；

3. 确定或者告诫不满 500 马克的罚金，以实现对作为或者不作为的强制。

4.若团体协约就某一约定规定了订立义务，然该约定未能订立，则直接由有关该约定的规定内容替代该约定本身。

若义务人为组织，则团体协约强制应以董事会之成员为强制对象；又若该组织系为有限责任公司，则应以经理为强制对象。组织则负责对有关的处罚和费用承担责任，然该费用可得通过其他渠道获得求偿者，不在此限。

第 49 条

无法消除其所属成员所为的破坏和平行为的团体协约组织，有义务向有关的协约当事人，支付数额不满 20000 马克的罚金，然该团体协约组织能够证明，其已经使劳动和平状态及时得到了恢复，或者已将破坏劳动和平的成员予以开除者，不在此限。（第 151 页以下、第 156 页以下、第 162 页）

罚金请求权应当以诉讼的方式行使之。诉状中应表明所要请求的罚金的具体金额。诉讼只能于三个月内提起。该期间应自有关协约当事人知道破坏和平行为时起算。

第 50 条

若协约当事人或者无组织性协约成员为不服从行为，则有本法第 48 条之规定，准用之。（第 166 页以下）

为破坏和平之行为者，应支付罚金。

本法第 49 条之规定，于罚金，准用之。

第 51 条

除本法上述规定的权利救济手段以外，参加人无权行使任何其他的权利救济手段，然本法第 9 条所规定之权利，不受影响。（第 162 页以下）

第 52 条

本法第 47 条之规定，系为强制法之规定。（第 164 页以下）

第七节 秩序罚

第 53 条

在本法第 4 条和第 34 条规定的情形下，团体协约主管机关有权通过科处秩序罚的方式，促使义务人履行其义务。单次处罚的金额不得超过 300 马克。禁止易科自由刑（Freiheitsstrafe）。

第 54 条

在团体协约主管机关根据本法有权行使监督权的范围内，团体协约主管机关亦有权按照本法第 53 条的规定科处秩序罚。

第 55 条

本法第 48 条第 3 款之规定，准用之。

第 56 条

本法第 53 条至 55 条之规定，系为强制法之规定。

第二章 团体协约主管机关与团体协约专业程序

第一节 一般规定（第 168 页以下）

第 57 条

无论所涉标的价值大小，团体协约主管机关对于所有团体协约案件，均享有专属管辖权。

团体协约案件包括团体协约纠纷案件、团体协约强制案件以及团体协约行政案件。

第 58 条

本法未就团体协约主管机关的业务规程和程序有所规定者，经联邦参议院之同意，皇帝诏令可就此规定之。

第 59 条

于不涉及本法第 4 条、第 17 条至第 19 条、第 20 条第 2 款①至第 25 条、第 34 条至第 38 条、第 53 条、第 54 条所规定之事务时，协约当事人得排除团体协约主管机关的有效干预。协约机构得被指派代团体协约主管机关从事其可得从事之业务。

协约机构可以代替团体协约主管机关之地位，然协约机构之组织，非由雇主和劳动者以相同人数参与，并设置一名首席所组成，或者其首席系由雇主，或参加团体协约之雇主所属职员或工人所担任者，不在此限。

第二节　团体协约主管机关的组织（第 169 页以下）

第 60 条

团体协约主管机关包括：

工商暨商人法院或者地方法院

区域法院

帝国法院

除本法下述条文有相反规定外，工商暨商人法院适用《工商法院法》第 1 条至第 25 条、《商人法院法》（des Gesetzes, betreffend Kaufmannsgerichte）

---

① 本《〈劳动团体协约法〉草案》第 20 条并没有第 2 款的规定。这或许是原著作者的笔误。——译者

第 1 条至第 15 条以及《法院组织法》(Gerichtsverfassungsgesetz)之规定。

第 61 条

工商暨商人法院管辖所有第一审团体协约案件。

工商法院管辖除应由商人法院管辖以外的团体协约案件。

商人法院对因以规范《商人法院法》第 1 条第 1 款所适用的劳动关系为内容的团体协约，而发生的团体协约案件享有管辖权。

第 62 条

无工商暨商人法院者，地方法院享有管辖权。

第 63 条

管辖团体协约案件的地方法院，应当成立由一名地方法官(Amtsrichter)作为审判长，四名分别平均来自雇主和工人方的陪审法官(Beisitzer)，共五人组成的合议庭进行审判。

陪审法官由根据《法院组织法》第 40 条所任命的委员会，于每一业务年度(Geschäftsjahr)，从在工商暨商人法院工作的陪审法官之界别中选出；该工商暨商人法院，须系地方法院所隶属的高等区域法院管辖区(Oberlandesgerichtsbezirk)中的工商暨商人法院。

《法院组织法》第 42 条至第 50 条规定，于前款情形，准用之。

第 64 条

区域法院是上诉及抗告[①]审法院。

区域法院成立团体协约案件合议庭，以负责对团体协约案件进行审

---

① 德国诉讼法区分上诉(Berufung)和抗告(Beschwerde)两种权利救济手段。其中前者针对的是原审判决，后者则针对的是原审裁定(Beschluss)。(参见 Thomas Zerres: Bürgerliches Recht: Eine Einführung in das Zivilrecht und die Grundzüge des Zivilprozessrechts, 7. Auflage, Berlin: Springer-Verlag, 2013, S. 478 ff.)——译者

判；该等合议庭在各个区域法院中的数目，由州法务行政机关定之。

《法院组织法》第 100 条第 2 款和第 110 条之规定，准用之。

第 65 条

区域法院团体协约案件合议庭，享有专属管辖权，即便在已系属于该团体协约案件合议庭的诉讼中，根据《民事诉讼法》第 280 条之规定，经法律关系确认之申请，有起诉之追加，或者有反诉（Widerklage）之提起，并且所追加之诉或者反诉，并未作为诉，而呈交该团体协约案件合议庭审理。

当区域法院团体协约案件合议庭所处理的案件，系属同一区域法院的民事合议庭或者商事案件合议庭所管辖，又或者当区域法院民事合议庭或者商事案件合议庭所处理的案件，系属于同一区域法院的团体协约案件合议庭所管辖，则所涉合议庭应依职权，将有关案件移送至有管辖权的合议庭。《法院组织法》第 107 条和第 108a 条第 1 款之规定，准用之。

第 66 条

区域法院团体协约案件合议庭，由一名区域法院组成成员作为审判长、四名陪审法官共五人组成。

四名陪审法官，其中两名应系工商暨商人法院审判长，另外两名，一名应系雇主，另一名则应系劳动者。

第 67 条

工商暨商人法院审判长及其代理人，应从拟任命组成的合议庭所属的，高等区域法院管辖区中的审判长之界别中选定任命。

雇主、劳动者及他们的代理人，应由同一高等区域法院管辖区中的，工商暨商人法院的雇主陪审法官或者劳动者陪审法官，从其界别中选举产生。

任命和选举的有效任期为三年；并可连续任命和选举。

每个区域法院的陪审法官及其代理人的所需人数，由州法务行政机关定之。

第 68 条

帝国法院是上告及抗告审法院。

帝国法院应成立团体协约案件合议庭，以负责对团体协约案件进行审判；该等合议庭的数目，由帝国宰相定之。

第 69 条

帝国法院团体协约案件合议庭，享有专属管辖权。本法第 65 条第 2 款之规定，准用之。

第 70 条

帝国法院团体协约案件合议庭，由一名帝国法院庭长作为审判长，两名帝国法院陪席法官，并外加八名陪审法官共十一人组成。

这里的八名陪审法官由下列人士组成：

1. 两名工商暨商人法院审判长；

2. 分别来自雇主和劳动者有团体协约能力同业社团的代理人各一名；

3. 雇主和劳动者各一名；

4. 两名既非雇主也非劳动者的人士，无论其是否具备一般社会政治声望的文官地位。

第 71 条

本法第 70 条第 1 项和第 4 项所称的陪审法官及其代理人，由皇帝任命之。

本法第 70 条第 2 项所称的陪审法官及其代理人，由帝国境内的雇主和劳动者的有团体协约能力同业社团选举产生。《工商法院法》第 11 条第 1 款第 1 句和同条第 2 款之规定，准用之。

其余的陪审法官及其代理人，则由帝国境内的工商暨商人法院的雇主陪审法官或者劳动者陪审法官，从其界别中选举产生。

本法第 67 条第 3 款之规定，准用之。

帝国法院陪审法官及其代理人的所需人数，由帝国宰相定之。

第 72 条

根据本法所选任的法院组成成员的姓名和住址应当公开宣告之，然根据其他规定，该公开宣告已完成者，不在此限。

第 73 条

陪审法官同审判长有同等的表决权。

《法院组织法》第 30 条、第 194 条至第 200 条之规定，准用之。

除外，本法下述条文之规定，于陪审法官，适用之。

第 74 条

本法所规定之选举，应遵循直接和秘密的原则。

帝国宰相负责就选举程序的细则进行规定。《工商法院法》第 15 条规定，准用之。

《工商法院法》第 17 条第 1 款之规定，于此适用之。可是，在区域法院或者地方法院的选举中，该条所规定的裁决，由高等区域法院院长（Oberlandesgerichtspräsident）负责作出；其他选举中，相关裁决则由帝国宰相负责作出。

若相关选举无法举行或者被反复宣告无效，则在本法第 63 条和第 67 条规定的情形下，高等区域法院院长，有权从陪审法官所应属于的界别中，选任必要的陪审法官；其他情形下，选任权属于帝国宰相。

工商暨商人法院的规章，应就其陪审法官之人数，是否能够满足地方法院、区域法院和帝国法院的团体协约案件合议庭任命组成的需要，作出预先规定。

第 75 条

工商暨商人法院审判长，对其被任命为陪审法官有服从的义务。

其余的陪审法官可出于重大事由，拒绝对其的任命或者选举。在本法第 63 条和第 67 条规定的情形下，有关拒绝行为的合法性，由高等区域法院院长裁判之；其他情形下，则由帝国宰相裁判之。

第 76 条

工商暨商人法院审判长以及本法第 70 条第 4 项所称之人士，有权因其陪审法官工作而获得报酬和差旅费用之赔偿。联邦参议院通过一般性命令就有关细则作出规定。

1913 年 7 月 29 日 的《参 审 员 和 陪 审 员 赔 偿 法》(des Gesetzes, betreffend die Entschädigung der Schöffen und Geschworenen)，以及 1913 年 8 月 2 日的《联邦参议院有关参审员和陪审员日津贴和差旅费用的公告》(der Bekanntmachung des Bundesrats, betreffend die Tagegelder und Reisekosten der Schöffen und Geschworenen, vom 2. August 1913) 中，就参审员所作之规定，于其余的陪审法官，准用之。

第 77 条

工商暨商人法院审判长作为陪审法官所从事的工作属于其职务义务。前句规定，对本法第 70 条第 4 项所称类型之陪审法官，于其为文官时，亦适用之。

其余的陪审官受《工商法院法》第 22 条和第 23 条规定的规制。针对审判长裁决的抗告，应向上级法院提起，涉及帝国法院的此类抗告，由帝国法院第一刑事合议庭 (der erste Strafsenat) 负责审判。

《法院组织法》第 54 条之规定，准用之。

第 78 条

工商暨商人法院审判长离开其职务时，其陪审法官身份亦同时终止。

前款之规定，对本法第 70 条第 4 项所称类型之陪审法官，于其为文官时，亦适用之。

工商暨商人法院中的雇主陪审法官或者劳动者陪审法官，于根据《工商法院法》第 21 条之规定遭解职或免职时，其根据本法所获得的陪审法官身份亦同时终止。

第 79 条

于《工商法院法》第 21 条所规定之构成要件成立时，陪审法官应被解职。区域法院刑事合议庭或者帝国法院刑事合议庭，负责作成解职之裁决。

除外，无须更高等级的行政机关的申请，《工商法院法》第 21 条第 3 款之规定，亦准用之。

第 80 条

为保障作为工人的陪审法官其劳动关系之存续，《帝国保险条例》(Reichsversicherungsordnung)第 22 条、第 139 条和第 140 条之规定，准用之。

第三节　程序(第 172 页以下)

1.团体协约纠纷

(1)一般规定

第 81 条

团体协约纠纷包括所有这三种权利纠纷：一是，团体协约各方参加人之间因团体协约产生的权利纠纷；二是，团体协约组织与其成员之间

就团体协约产生的权利纠纷；三是，团体协约律师行使职务产生的权利
纠纷。

在下述条文没有不同规定的前提下，《工商法院法》第 26 条至第 61
条之规定，于第一审程序，准用之；即使所涉及的是地方法院管辖的案
件，亦然；除此之外的其他情形，则准用《民事诉讼法》的规定。

第 82 条

《民事诉讼法》第 505 条之规定，无须原告的申请，即可于所有审级
中，准用之。

第 83 条

律师强制代理制度，在此不施行之。

第 84 条

根据本法无法享有独立自主身份的协约成员，同样也不能根据《民
事诉讼法》第 64 条至第 77 条的规定，以第三人身份参加诉讼。

第 85 条

审判长于所有审级中，都有权根据《工商法院法》第 42 条第 4 句和
第 5 句的规定，随时命令当事人亲自出庭。

审判长可于诉讼的任何阶段，基于申请或者依职权，传唤第三人参
加诉讼，然所要作出之裁判不影响该第三人利益者，不在此限。

第 86 条

《工商法院法》第 48 条之规定，于所有审级中的判决宣示，适用之。
判决得依职权送达之。

第 87 条

对权利救济程序的提起，或者其理由的提出规定有期限者，该期限

为一周。

于裁判送达之前提起的权利救济程序，有效。

第 88 条

作为负责作出裁判之法院的审判长，亦有权基于团体协约利益，提起权利救济程序。

意欲行使权利救济程序提起权之审判长，应于裁判之宣示或者通知时，为此权利行使之意思表示。

权利救济程序提起权，由审判长委托的团体协约律师，负责实施。

除外，其他适用于当事人提起权利救济程序的规定，亦适用之。

费用由国库负担之。

第 89 条

《工商法院法》第 52 条之规定，对败诉当事人的费用承担义务，适用之。

第 90 条

《工商法院法》第 58 条之规定，于第一审程序规费，准用之。

《工商法院法》第 58 条所规定的费率标准，于更高审级程序中，准用之。规费的最高上限为 100 马克。有关团体协约主管机关的业务规程和程序的皇帝诏令，可就此制定细则。

(2) 特别规定

第 91 条

《工商法院法》第 31 条之规定，于律师，不适用之。

第 92 条

《工商法院法》第 58 条第 6 款和第 25 条第 2 款之规定，对地方法院程序，不适用。

州法务行政机关可就规费的减交或者免交作出规定。

第 93 条

上诉得于诉讼标的额超过 500 马克时方能提起。

前款所规定之限制，于本法第 88 条规定的情形，不适用之。

第 94 条

以下特别规定，对上诉法院程序，适用之：

1. 答辩期应至少有三日。《民事诉讼法》第 2 款的规定，不适用之。

2.《民事诉讼法》第 520 条第 4 句之规定，不适用之。

3. 审判长可不经言词辩论传唤证人和鉴定人，并查阅卷宗和文书，然在经过第一审判决，或者当事人书面陈述之后，审判长认为，该等卷宗和文书的查询或者呈交，不具有必要性者，不在此限。卷宗和文书在证据上的重要性，由法院负责裁定之。

4. 当基于之前的言词辩论，以及可能的证据调查结果，法院认为事实及争议状况，已得到充分澄清的情况下，经当事人各方同意，裁判可不经过言词辩论而作出之。裁判之宣示则以书面通知形式代之。

5.《民事诉讼法》第 527 条之规定，不适用之。

第 95 条

上告得于诉讼标的额超过 1000 马克时方能提起。

前款所规定之限制，于本法第 88 条规定的情形，不适用之。

第 96 条

上告仅能因下述理由提起之：

1. 所要请求废弃的判决，未能适用或正确适用现行法，或者存在与卷宗记录的明确内容相违背的情况；

2.团体协约的规定未能得到适用或者正确的适用；

3.程序存在《民事诉讼法》第551条所规定的缺陷。

第97条

在审查团体协约的规定是否受到侵害时，上告审法院不受当事人或者审判长所主张的上告理由之拘束。

《民事诉讼法》第563条之规定，于裁判理由表明存在团体协约违反行为时，亦适用之。

2. 团体协约强制与团体协约行政

第98条

《帝国非讼事件法》第2条至第34条之规定，准用之，然以下条文有其他不同规定者，不在此限。

第99条

本法第48条所规定之强制手段的适用，须以事先的书面告诫为前提。在此告诫情形下，若所应强制者系作为行为，则须为此实施之请求，设定一个有效期间。

第100条

其他情形下的抗告，得于本法第96条所规定的上告之构成要件成立时，方能提起。

抗告书不以律师的签署为必要。

本法第97条第2款之规定，准用之。

第101条

团体协约组织亦随时有权提起抗告，然没有成员受到所要请求废弃的裁判影响者，不在此限。

第 102 条

即时抗告（die sofortige Beschwerde）的期间为一周。

第 103 条

表示的合法有效性取决于，必须向团体协约主管机关为之者，于其书面呈交至团体协约主管机关，或者经法院书记官记录于备忘录时，该表示视为已为之。

团体协约主管机关无管辖权，对表示的合法有效性，不具有影响力。

无管辖权的主管机关应当将表示，立即转发给有管辖权的主管机关。

第 104 条

程序规费由有关团体协约主管机关的业务规程和程序的皇帝诏令确定之。第一审程序的规费最高为 10 马克；更高审级程序的规费最高为 30 马克。

第 105 条

费用和罚金经行政强制程序收缴之。

第四节　律师费

第 106 条

律师在团体协约案件中的职业报酬由规费条例（Gebührenordnung）规定之；经联邦参议院之同意，规费条例以皇帝诏令的形式颁行之。

第五节　当事人合意

第 107 条

《民事诉讼法》有关仲裁法官程序的规定，对于以将团体协约纠纷的裁判权，赋予协约机构为内容的合同（仲裁协议），准用之。团体协约主管机关为此处的有管辖权法院。

第 108 条

有关《民事诉讼法》仲裁法官程序的规定，和本法第 99 条至 103 条的规定，对于以将团体协约强制和团体协约行政的实施权，赋予协约机构为内容的合同，准用之。

团体协约主管机关为有管辖权法院。

团体协约主管机关的裁判，施行依申请的裁定程序。

强制执行之申请由协约机构的首席负责提起。

本法第 98 条、第 100 条至第 102 条、第 104 条、第 105 条之规定，于团体协约主管机关程序，适用之。

第三章　结束规定

第 109 条

本法，亦对本法生效前所订立的团体协约，适用之，然协约当事人未能于三个月内，向团体协约主管机关表示，本法应对他们的协约适用者，不在此限。

为前款表示者，团体协约主管机关得就此颁发证书。

对于本条这种情况，本法应从向所有协约当事人交付证书起生效。

附　录

一、比利时法律草案
（最高劳动顾问委员会提案）[①]

第 1 条

所谓集体劳动团体协约（kollektivem Arbeitstarifvertrag），是指工人群体与企业主或者企业主群体之间达成的，以规制特定时期内，对于拟订立之个体合同，具有决定性意义的规则和条件为内容目的的合意。

第 2 条

协约缔约人包括：

（1）各自都为自己颁发了以他们的名义进行协商的书面委托授权的企业主和工人；

（2）在协约订立时就系承认（登记）的同业社团，或者任何其他具有法人资格的社团之成员，然自根据本法第 5 条的规定，将协约交存后三日内，又通过法庭记录的意思表示，实施退出社团或者联合体之行为者，不在此限；

（3）在协约交存后加入社团或者联合体，并共同订立协约者。

第 3 条

以下主体享有能够订立集体劳动合同（Kollektivarbeitsverträge），并承

---

① Vergl. außer dem Urtext: SozPr. XX S. 1459.

担由此而生后果之法律人格(Juristische Persönlichkeit):

(1)所有承认的同业社团;

(2)所有于工商法院书记处,交存有其符合法律规定要求的章程,以及董事和成员名册的联合体。

第4条

无论是否有任何其他不同之规定,劳动团体协约,在规定之限度内,对于所有适用于协约缔约人或者已为签署行为的社团之所属成员的劳动合同和劳动纪律,都具有决定性效力。

不同之规定,无效,且团体协约中相应之规定,对该不同之规定,有完全替代之效力。

同样,团体协约亦对所有一方当事人与第三人之间所订立的劳动合同具有适用之效力。

在这种情况下,违反团体协约的劳动合同,可无须行使终止权而随时消灭。

第5条

劳动团体协约应当以书面形式订立之。

当事人或者其受托人所签署的协约文本,应交存于协约所在地有管辖权之工商法院的书记处一份。

第6条

只有当作为协约缔约人的社团代理人,取得符合章程规定的,或者在特别情况下,由社团全体会议(Generalversammlung)所给予的代理权(Vollmacht)时,协约方能有效。然而,章程仍然可以规定,只有在取得社团全体会议同意后,协约才能获得对成员的强制力。

章程就委托授权或者同意的合法有效所需的多数票规则作出规定。

第 7 条

协约就其所要适用的协约有效期、届满的方法、终止预告期（至少两个月），协约延长的方法、变更和更新的条件，以及行业的地点和分支，作出确定性规定；有效期在任何情况下都不得超过三年。在默示更新 (stillschweigender Erneuerung) 的情况下，协约有效期延长一年。

第 8 条

作为协约缔约人的当事人双方，有义务忠实履行协约。作为协约缔约人的当事人，尤其应当采取章程所规定的一切纪律惩戒手段 (Disziplinarmittel)，以对不顺从之成员进行打击，并根据协约之规定，于违反协约情形出现时，承担责任。

第 9 条

从作为协约缔约人的社团中退出的成员，仍然须在整个协约有效期内承担协约义务。

在此情形下，社团只能从已退出的成员那里，收取往期和现有的会费，然对于因违约而生的损害赔偿请求权部分，不在此限。

任何与之相反的规定，均无效。

第 10 条

章程在内容上还必须包括社团对协约予以维系的保障声明。尤其，章程还要规定，可得向违反协约义务的成员，请求损害之填补 (Schadloshaltung)。

社团可于工商法院提出请求权追索之诉。

第 11 条

同业社团或者法律所承认的联合体，其对集体合同已同意者，对于其成员中属于集体合同成员者，所为之个体合同违约行为，不承担责任。

同业社团或者法律所承认的联合体，只能依照正式的合意内容，来保证个别合同的履行。

第 12 条

在没有其他规定的情况下，对集体合同的违约有过错之当事人，应被判承担损害赔偿之责任。然而，该损害赔偿之数额，对于作为协约缔约人之联合体的工人成员，每人最高不得超过 25 比利时法郎。

协约中有关损害赔偿数额的规定，必须对双方当事人一视同仁；若出现不同的数额，则应适用数额较高者。

任何社团都享有对过错违反其义务之成员进行追偿的权利。

第 13 条

为确保义务之履行，可向国库提供担保之。

第 14 条

同业社团或者法律所承认的联合体，可以作为原告或者被告于法院出庭，以维护他们成员的集体合同权利，而不会对他们成员采取直接行动、配合社团行动或者对协商进行干预的权利，进行限制。

第 15 条

作为协约缔约人的当事人双方，设立由双方当事人同等数目的代理人，所组成的仲裁法院；该仲裁法院应有权对协约的解释、变更或者更新进行裁判。

第 16 条

同样，前条所称仲裁法院，亦必须根据确定的程序，就可能的纠纷作出裁判。当事人双方对一致作出的决议，有服从的义务。在委员会无法达成一致同意的情况下，委员会可任命一名仲裁法官，以作出终局裁判；本案也可以应当事人双方之愿望，而被呈至工商法院。

第 17 条

每年 3 月 1 日之前，作为协约缔约人的当事人双方，应向劳动局提交一份有关过去一年因他们而订立、更新或者消灭的集体合同的完整清单，以便在《劳动评论》（Revue du Travail）上公开发表；并应随附每份协约的公证副本，工人或职员以及雇主的数目，以及有关联合委员会、仲裁法官以及工商法院的案件审理情况的报告。

二、法兰西草案
（政府草案）①

第 12 条

在成立个体–劳动合同（Einzel-Arbeitsvertrag）之前，一个或者多个雇主与一个劳动者团体或者一个劳动者群体之间，可先订立有集体劳动合同（kollektive Arbeitsverträge）；该集体劳动合同，亦可订立于他们双方当事人的代理人之间，然该代理人未能就此事获得团体规章规定的，或其他形式的特别授权者，不在此限。

前款集体合同，得就可请求适用集体合同规定之人，其相互之间的个体合同所应满足的一定条件，作出确定性的规定。

雇主可以承诺，其有义务在集体合同有效期内，将集体合同适用于特定类型的人士，或者仅适用于直接或通过代理人参加了集体合同订立的劳动者。

劳动者可以承诺，其有义务只对参加了集体合同订立的雇主遵守集

---

① GewKaufmG. XIV S. 396 ff.

体合同，或者亦在于集体合同有效期内，与特定地方区域范围内的任一雇主所订立的个体合同上，遵守集体合同。

第 13 条

有关劳动条件的集体合同以书面形式为必要。该集体合同必须交存于合同订立所在地有管辖权的劳动法院（Conseil des prud'hommes）的书记处，或者在没有此书记处存在的情形下，交存于有管辖权的和平法院（Friedensgericht）的法院文书处（Gerichtsschreiberei），以避免集体合同本身的无效。

任何人都有权对合同进行免费查阅。

在利益相关方提出申请且支付费用的情况下，利益相关方得获得公证副本。

在先提出寄存（Verwahrung）申请的当事人申请且共同承担费用的情况下，寄托得成立之。

法院文书的规费、协约通知的方法以及费用和规费征缴的方法，由特别命令规定之。

第 14 条

集体合同所订立的期限不得超过五年。

在缺乏有关合同存续期限规定的情况下，该合同应被视为订立了一年期的合同。

若集体合同未能在当事人所确定的期限内，或者在缺乏前述期限的情况下，于其合同届满前终止，则该集体合同的有效期，应按照其之前的有效期间的长短，予以延长。

第 15 条

在团体或者集体合同的规章本身没有作出明确的不同规定的情况

下，于集体合同订立时已是团体成员或已属参加集体合同的全体成员之一，或嗣后加入到团体或集体合同的雇主和劳动者，都受集体合同效力之拘束。

第 16 条

若根据前一条之规定须受集体合同拘束的劳动者与雇主之间，签订有个体劳动合同，则集体合同的规定，于该个体合同所产生之法律关系，适用之，而不论有无相互冲突之合意存在。

第 17 条

若参与个体合同的当事人双方中，只有一方受集体合同之拘束，则集体合同的规定，于该个体合同所产生之法律关系，只有在没有相互冲突之合意存在时，方能适用之。

可是，若在以上这种情形下，即便是面对没有参加集体合同的人，当事人也须受集体合同之拘束，并且尽管如此，当事人还与这些人达成了与集体合同相冲突之条件的，则该当事人可以，因其未能履行其所承担之义务，而受到民事权利上之追究。

第 18 条

若在特定的行业部门，或者特定区域中，唯有一个有关劳动条件的集体合同，并且该集体合同也已经根据本法第 13 条的规定，交存于劳动法院书记处，或者和平法院的法院文书处，则在集体合同的有效期间内，应推定，雇主和劳动者乃是将集体合同的规定作为他们之间所订立的个体合同所产生的法律关系之依据的。

第 19 条

已经参加有关劳动条件的集体合同的团体所应承担之义务，由该集体合同规定之。

第 20 条

作为当事人而加入集体合同的团体，可以主张集体合同为它或它的成员所规定的所有权利；然为它的成员主张前述权利者，须取得该成员之同意。

特别是，这些团体可以在出现不履行的情况时，提起合同履行之诉，或者损害赔偿之诉；具言之，该等诉讼不仅可针对当事人本人——与团体订立有集体合同的个人或者团体——而且也可针对不遵守集体合同规则的成员。

若集体合同是在一个团体或劳动者全体，与多个雇主之间所订立的，则这些雇主中的任何一人，以及该团体或劳动者全体中的任何一个成员，为了有利于其自身，都可于与他共同订立合同者，不遵守合同所生之义务时，向该与他共同订立合同者，提起履行之诉，或者损害赔偿之诉。

第 21 条

本章的规定，于所有可能因劳动合同而承担义务者，适用之。

三、意大利草案
（1907 年意大利高等劳动参议会提案）[①]

第 1 条

以团体协约（concordato di lavoro）为规制目的的法律，应当将团体协约理解为，一个或多个雇主与多数劳动者之间，为事先确立双方当事人之间未来劳动合同的条件，而签订的与劳动条件有关的一种合同。

---

① **Sinzheimer**, Der korporative Arbeitsnormenvertrag II S. 306 ff.

第 2 条

关于团体协约的内容，法律应限于，通过规定终止权对于废止团体协约的必要性，来确立团体协约的期限规范，且无须顾及是否有为团体协约规定有终期。在当事人没有相反约定的情况下，若团体协约未能在其终期之前的两个月内被行使终止权，则该团体协约的存续期间应再延长一年。在没有确定有终期的情况下，废止只有在终止权生效之日起两个月后方能生效。

第 3 条

劳动团体协约的主要效力在于，将团体协约的规定依法（ipso jure）转化入劳动合同之中；因而在这个意义上，只要有人希望能获得团体协约所保障的好处，那么就没有必要对违反团体协约最低工资率的劳动合同，提起无效之诉（Ungültigkeitsklage）。

第 4 条

除非当事人双方有为不同表示，雇主和劳动者有义务，在履行其与不受团体协约拘束之人所订立的劳动合同时，也遵守团体协约之规定。相反，对于违反前述义务的工人来说，则存在避免承担责任的充分理由，即能证明，其在受雇于第三人之前，并没有在系处于团体协约关系中的雇主那里找到过工作。

第 5 条

由不在登记之社团组织范围内的人士之多数所订立之团体协约，也应受到法律的保护，并且，本法第 3 条和第 4 条之规定，于前述团体协约，亦适用之；可是，该等团体协约的存续期间限于一年；其他方面则适用本法第 2 条的规定。

可是，此类团体协约应被要求以书面形式订立之，并且在其订立过程中，应有公共文官的参与：由该公共文官负责团体协约文件文本的起草，并同时对团体协约已获得所需之多数同意这一事实进行公证。所需之多数是指：出席团体协约表决大会的工人中的 2/3 多数，以及雇佣了 2/3 劳动者之雇主中的 2/3 多数。

投票必须以秘密方式举行之，并且有资格的多数人的采纳通过行为，亦使少数人产生了遵守团体协约之义务。

将订立团体协约的代理权，授予一个或多个第三人的行为，亦以上述之多数决为必要。

第 6 条

除非规章有不同之规定，在团体协约获得出席全体会议成员 2/3 多数票，且团结了半数的注册成员的情况下，该团体协约即被视为已被登记社团所采纳通过，然团体协约之采纳通过之权未授予全体会议者，不在此限。除非规章有进一步的不同规定，将订立团体协约的代理权授予给行政参议会（Verwaltungsrat），亦以同样的多数决为必要。同样的这也适用于，登记社团将订立团体协约之代理权授予给一个或多个第三人的行为。

第 7 条

登记社团所订立的团体协约，应当将个别社团成员，不得作出违反团体协约之行为，作为该成员的个人义务进行规定，当然，登记社团或者个别成员必要时，所应特别承担的其他义务，并不会因此而受到影响。

第 8 条

登记社团必须为保护集体利益和个别社团成员之个人利益，而享有诉权（Klagrecht）；在这个意义上，登记社团可以采取干涉行为，以保护个别成员与受团体协约拘束者，或者不受团体协约拘束者之间所订立的

劳动合同，

第 9 条

退出社团之成员或者因其他任何原因不再属于社团之成员，仍须受于其享有社团成员资格时，订立的团体协约之拘束，并且可作为个体，就合同遵守问题，向合同订立的另一方当事人，行使诉权。

第 10 条

登记社团设立担保基金，以履行该等社团以当事人双方合意的形式，所订立的团体协约对该等社团所规定之义务。

第 11 条

同业团体（Berufsverbände）（仅由从事同种手工业，或者同种工商业，或者相近似的手工业和工商业的人士所组成）为完成其在劳动局的登记，须满足以下程序性要求：

（1）同业团体必须以不加盖印章之纸，提交注册申请书，并附社团规章（Vereinsstatuten）两本，签署规章的发起者名录一份，以及以成立社团为目的而作出的决议副本一份；其中该发起人的签名，应经公证人、和平法官（Friedensrichter）、工商法院院长或者市长公证之。

对于决定进行注册的既有社团，须提交作出此注册决议的会议记录，并连同提交规章两本；前述决议应有与会者之签名，且该签名须如前款规定一样公证之。

（2）同业团体应当在其规章中就以下问题作出规范：一是，成员的自由加入；二是，行政参议、主席以及审计师（Rechnungsrevisoren）的任命；三是，成员的绝对多数规则；四是，成员职务的履行和期限条件；五是，通过全体会议和分会，就行政参议会的行为进行监督，以及此类大会的运作与组成方式；六是，行政参议会、主席以及大会在团体协约订立方面的权能；七是，主席在发生劳动纠纷（Arbeitsstreitigkeiten）时，于审判机关或者调解机构的判决中，作为社团代理人的权能；八是，有关社团财产管理的规范；九是，有关社团解散和清算的规定；十是，有关规章的修订和修正的规定，同时前述规定须遵守与登记相同的规制。

（3）同业团体的登记以最低的成员人数为必要。该人数须由法律确定之。若人数无法满足法定要求，则登记程序终止之。

登记事务由劳动局负责之，并由其向社团颁发有关文书。社团规章的摘要和登记文书应当在社团住所所在省的官方公报，以及劳动局公报上免费公布之。

当社团注册出现错误或者不当时，或者当社团规章在未考虑既定规范的情况下就进行了修正，又或者当发生了严重的违反规章行为，或者事务处理中的严重违规行为，且前述严重违章违规行为，已应五分之一的社团成员之请求，得到了官方之认定，则在征求劳动顾问委员会之常设委员会（Permanenzkomitees）的鉴定意见后，登记可通过部长处分令（Ministerialverfügung）而被废止。

登记社团可拥有不动产，然社团无需该不动产，以作为自身之住所地（Wohnsitz）者，不在此限。

对于由成员会费而组成的成员财产，社团可自由处分之。

第 12 条

在当事人双方之间没有相反约定的情况下，若团体协约是与某登记的劳动者联合体所订立的，则雇主有义务从该社团中雇佣必要的职工。

第 13 条

登记社团对其成员方面集体违反团体协约之行为承担责任。若劳动者方之违约行为乃系全体成员中十分之一，或者系企业所雇佣之工人中之十分之一，同时所为者，又或者在不考虑前述人数比例的情况下，所涉劳动者方之违约行为，对本应当根据团体协约标准订立的劳动合同，在其目的之实现上，造成了阻碍或者重大伤害者，则该违约行为应被视为劳动者方的集体行为。就雇主方而言，当所涉违约行为乃系由一个或者多个雇主，对所雇工人中之十分之一者所为之时，则该违约行为应被视为雇主方的集体违约行为。

登记社团可以对因怠于履行义务，而致协约在其目的之实现上，受有重大伤害的个别工人进行替换。

替换可以在所提供之工人的自由选择下实现，除非有促使其拒绝三次之必要性，且在其任命被最终采纳通过之前，还要遵守试用期制度。

第 14 条

本法第 13 条所涉之社团责任，应仅限于罚金之缴纳；具体来说，在造成停工的情况下，罚金应相当于所损失工资的十分之一，在其他情况下，则应相当于日劳动工资的十分之一，并同时应与违约者之人数或违约行为之次数，以及违约行为的持续时间相当。社团可以向为违约行为之成员，追偿前述罚金，然该社团曾下令为集体违约行为者，不在此限。

登记社团一方有权以违约者所属之社团为被告提起责任之诉（Haftpflichtklage），而在没有这类社团的情况下，则有权以个别违约者本人为被告提起责任之诉。

第 15 条

守约的当事人一方，有权要求违约的当事人一方，解消团体协约，并进行相应的损害赔偿。为此目的，由采纳通过团体协约，且雇佣了 2/3 工人之雇主中的 2/3 多数，或者——在涉及与工厂所有者所订立的团体协约（concordato di fabbrica）时——由一个雇主针对他所雇佣之工人中的 2/3 多数所为的集体违约行为，应被视作本条所称之违约。

第 16 条

由登记社团所订立的团体协约，应被允许扩张适用到那些非属该社团之成员身上，然前述团体协约未能事先获得，该团体协约适用所在地 3/4 多数的实业家或产业工人之采纳通过，或者未能得到工商法院之许可者，不在此限。

前款扩张适用在工业行业无论如何都属特例，而在农业行业则是一般情况。

第 17 条

团体协约，无论其是由登记社团订立与否，都要一律由其订立所在地的乡镇存放保管之，且在乡镇之黑板公告栏和省管区的公报上公布之，并同时送交劳动局。

嗣后的加入表示应以书面形式为之，并呈交团体协约存放保管及公布地乡镇的办公室。

只有按照前款规定所提交的加入表示，才能被考虑用于本法第 16 条所涉采纳人数是否多数的确定。

第 18 条

本法已有之所有规定，于经一个或者多个私中间人 (privater Mittelspersonen) 居中调解而达成的团体协约，亦适用之。这样的团体协约，只有因明显错误，或者中间人恶意，才能被撤销之。

在任何情况下，中间人之任命，均应被要求获得，与授予当事人之代理人，以订立团体协约的代理权，所需相同之多数票。

第 19 条

若通过解雇作为登记社团所属成员的工人，或者出于保护缔约人以外的目的，而采取抵制活动，以故意阻碍本法所赋予权利的行使，则由此成立损害赔偿请求权。

四、瑞典草案
（政府草案）[①]

第 1 条

雇主或者雇主社团，得在遵守下列或者其他法律限制性规定的情况下，与专业社团、专业团体或者其他类似的工人社团之间，订立以有关劳动合同成立所应遵守的条件，以及有关雇主与工人之间其他关系为内容的合同。

工头（Vorarbeiter）、商业助手或者其他处于类似职位者，亦被视为本法所称之工人。

第 3 条

就所涉之同业群体而言，集体合同不仅对订立时就系该同业群体之成员的雇主和工人，而且对之后加入该同业群体的雇主和工人，亦适用之。

若多个社团联合成立一个社团，则根据本法，前述多个社团之成员，亦为他们所联合成立之社团的成员。

第 4 条

即便另有其他约定，对雇主和工人所应适用的集体合同规定，于成立劳动合同，亦有其约束力。

[①] Korrespondenzblatt der Generalkommission der Gewerkschaften Deutschlands XX, Nr. 15, S. 230, 231. 德文本存在相当多的错误和不完整。为此，笔者对前述复印本中的一些有碍理解的表述进行了修改完善。

第 5 条

雇主与工人之间所订立的劳动合同中，即便只有前者系为集体合同之约束对象，该集体合同亦对此劳动合同适用之，然劳动合同有其他规定者，不在此限。

第 8 条

于集体合同存续期间，除非合同另有规定，受合同拘束的雇主和工人，不得故意采取任何停工、封锁、抵制或者其他相应之措施，以达到变更合同，对合同进行不同的解释和适用，实施本应于之后才应有效适用的集体合同规定，或者在相同的雇主和工人之间，实现一种另外的差别对待之目的；然而，此种差别对待，若系经如同合同自己所可能确定的那种中立条件下的审理之后，或者在其他情况下，系经国家和解官员所主持审理之后而发生者，则不在此限，当然，若对方当事人拒绝，或者没有在和解官员所确定的时间地点，于其面前出席并进行协商，则又另当别论；亦不得就合同之内容，采取前述之各种措施，以至于在禁止该他人自行采取措施的地方，对该他人起到帮助作用。

但是，在不与上述规定矛盾的情况下，雇主和工人在停工过程中，仍有义务遵守约定或者法定的终止预告期间：劳动合同定有特定期限者，不得因停工而受滋扰。

如果值雇主与工人之间发生冲突之际，集体合同没有阻止雇主和工人采取上述措施，而为了帮助一方当事人，而由一方采取了这些措施，那么为了使一种涉及原有冲突的规定，能够为旧合同届满后的新合同所承认，这些措施亦可以在不受到上述规定阻碍的情况下得以维持之。

第 9 条

集体合同不得禁止雇主和工人，取得本法第 1 条所规定社团的成员资格，也不得规定雇主和工人有义务，只能或者优先与前述社团的成员，订立劳动合同。与之相悖的约定，无效。

在不受前款规定阻碍的情况下，集体合同可以禁止工头，取得社团成员之资格，即便其他人仍然可以成为此社团之成员。

若雇主或者工人违反集体合同或本法第 8 条之规定，又或者社团未能履行合同所规定负担之义务，则有完全额度之损害赔偿义务之成立。若损害是由多数雇主或者工人所造成，则赔偿义务应在客观审查之后，而在他们各自身上分担之。

若本法第 1 条所称之社团，共同参与了本法第 8 条所规定之措施，且该措施有悖于前述第 8 条之规定，或者集体合同之规定，则该社团亦须对损害承担责任。若社团为违反本法第 8 条或者既有合同的停工提供了帮助，则前句规定亦适用之。但是，在后一种情况下，当存在基于特殊情况的特殊动机时，相比于完全损害赔偿义务额，赔偿义务额可在较低的程度上予以确定之。

第 12 条

当订立了集体合同的雇主，采取了有悖于本法第 8 条规定或者合同规定的措施，或者当一个订立了合同的社团，对合同所要适用者犯下了违反本法第 10 条第 2 款规定之行为且存在过错，又或者当该社团系隶属于对合同所要适用者，犯下了违反本法第 10 条第 2 款规定之行为的另一个社团之时，则于该等作为合同缔约人之雇主或者社团，合同关系应被终止之；若一方系有多个合同缔约人，则终止亦对他们有效之。但是，若终止意思表示到达之前，终止之理由已经改正者，则不得予以终止。

若在其他此处未提及的情况下，集体合同已在本质上处于被无视之状态，则法院裁定可将该集体合同予以废止之。

若一方系有多个合同缔约人，其中一个合同缔约人终止合同，或者基于其中一个合同缔约人所提起之诉，法院得以有效废止合同，则另一方有权在三周内行使合同终止之权。

以前述方式终止之合同即时废止。

五、匈牙利草案
（截取自《匈牙利工商业及工人保护法草案》）①

第 705 条

社团可以为其所属成员就其劳动关系，以及劳动关系的一般条件，订立合同或者制定有拘束力的规定，但前提是要有一份全体会议的决议，并且该全体会议应至少有全体会议一半的成员出席，同时出席的成员中也应至少有三分之二者，对所要订立的合同，或者所要制定的规定，持同意之意见。这些合同和规定不得违反法律和基于法律所发布之命令，以及社团的规章和规定。就成员劳动关系所制定之规定，以及同样就劳动关系的一般条件所订立之合同，都要就不遵守合同或者规定所会发生的后果，制定出确定性的规则。

第 706 条

当事人双方应当以书面形式起草，雇主社团与工人社团，就劳动关系一般条件所订立的合同（第 705 条），并在合同上进行合规的签署，同时应从他们签署起八日内，向合同订立所在地管辖的工商暨商人法院，以及对双方合同当事人，或对作为合同当事人所属成员的合同社员（Vertragsgenossen），享有管辖权的工商监察署（Gewerbeinspektoraten），交存合同文本各一份，或者公证副本各一份，否则合同无效。——工商法院和工商监察署有义务，允许任何人在办公时间内，就交存在其处的

---

① GewKaufmG. XIV S. 386 ff.

合同文本进行查阅，并在申请人申请的情况下，就此交付合同副本。因副本而产生的可计算之费用，由商务部长（Handelsminister）以命令的形式确定之。

第 707 条

合同应当就合同生效的时间点，以年、月、日的形式，精准确定之。若当事人因疏忽未能就此另行确定，则合同自最后一次必要之签署完成时生效。

第 708 条

合同可以作为有固定期限之合同订立之。若双方当事人未能就合同的有效存续期间作出明定，则该合同应被视为三年期之合同。

第 709 条

只要当事人双方之任何一方不终止合同，则该合同于约定或者法定的存续期间期满之后，仍然继续长期有效。对当事人双方，终止预告期间应被平等确定之，且其期间最短应有三日。若终止预告期间未能对双方当事人平等确定之，则双方当事人可以径行采用较短的终止预告期间；若合同无法就预告期间予以确定，则终止预告期间应为三十日。

因商业景气或者生产方式方面的变化，合同亦可随时于约定或者法定的存续期间届满之前被解消之，然另有其他规定者，不在此限。这种情况下的终止预告期间为三十日，然另有其他规定者，不在此限。

第 711 条

作为合同缔约人的社团可以终止合同，然该终止须以全体会议之决议为必要；且该全体会议应至少有全体会议成员中之半数出席，并且出席成员中应有半数以上者，经秘密投票，决议行使终止权。终止应以书面形式通知另一方当事人，同时，终止应按照合同交存的时间要求，向作为本法第 706 条意义上之合同交存地的工商暨商人法院院长和工商监察官（工商监察署）进行申报登记，否则终止无效。

第 712 条

除了在订立合同时就已经成为，以自己的名义或者以其成员的名义订立合同之社团的成员以外，要么作为雇主，要么作为职员，而嗣后加入同样之合同者，也都一律享有合同权利，并承担合同义务。雇主的权利继受者应被视为已经加入合同，然有相反证据者，不在此限；并且该权利继受者，须受该合同效力之拘束，具言之，其不仅须在移转和融合，而且须在出租或者企业破产申报登记时，受该合同效力之拘束；同样，加入这种工厂或者企业的职员，以及与后者相对，处于这种工厂或者企业高层的雇主，亦适用前述之规则，然工厂中做同种工作的受雇职员中至少一半的人作为一方，与雇主本身作为另一方之间，未能受以一般劳动条件为内容而订立的合同所相互拘束者，不在此限；最后，以自己的名义，或者以社团成员之名义订立有合同，或者已加入有同样之合同，而加入这种社团者，亦适用前述之规则。

第 713 条

若以一般劳动条件为内容而订立之合同的规定，与受合同相互义务拘束之人所订立之劳动合同，或者与在属于合同有效适用范围内之工厂中，确定适用于合同效力所及者的劳动纪律相违悖时，对于双方当事人的权利和义务，以一般劳动条件为内容而订立的合同之规定，具有决定性效力，然有其他约定者，不在此限。若劳动合同或者劳动纪律，相较于以一般劳动条件为内容而订立之合同，规定了更高的劳动报酬额，而在工作时间上却作出了更少的时间要求，则即便以一般劳动条件为内容而订立之合同有不同之规定，该劳动合同或者劳动纪律的相关规定，也仍然有效。

第 714 条

若一方合同当事人、一方属于合同当事人的合同社员或者任意一个嗣后加入同一当事人者，违反以一般劳动条件为内容而订立之合同，则另一方合同当事人，有权请求合同之执行，并偿付由疏忽不履行给付而生的损害，或者在请求损害赔偿的同时，解除合同关系。

第 715 条

若以一般劳动条件为内容而订立之合同所规定之内容受到了违反，且这种规定内容已然成为雇主与其职员之间，所成立的个体劳动关系之组成部分，则于个体劳动合同中受到不利益的一方，或者基于前述该方之授权，社团自己，有权请求合同的履行，以及偿付由疏忽不履行而生的损害；但是若那种为了整体利益，而被课于另一方当事人之所属成员的义务受到了违反，且该义务并非雇主与其职员之间所成立的个体劳动关系之组成部分，则社团也只有社团自己才有权请求合同的履行，以及偿付由疏忽不履行而生的损害；同样，在任何情况下，只有社团自己才有权行使解除权。违法的社团成员本身不能作为解除权的行使对象，而社团成为解除权的行使对象，也只有在该社团未能履行于其成员违约时其所应当负担，或者独立于其成员的义务其所应当承担之义务的情况下，方能成立之。社团对于根据其组成成员所订立的合同，而向该组成成员所提起的金钱请求权，承担连带（solidarisch）之责任。社团不履行合同之事实，不影响个体劳动关系中之一方，对于违法之另一方，所提起之损害赔偿请求权。若违法者对于权利上受有不利益者，所提起的基于个人劳动关系的请求权，业已履行，即便有所迟延，并且对于因迟延履行，所生之损害也已偿付，则社团之解除权亦相应消灭。本法第 711 条之规定，于本条意义上之社团在行使其所享有之权利中所为之决议、履行、通知和申报登记行为时，准用之。

第 716 条

对于以自己的名义或者以其组成成员的名义订立合同，甚或自己径行加入该合同的社团之间，以及该社团成员之间所发生的有关权利和义务，社团规章中有关的命令规定，具有决定性之效力，然超越法律规定之范围者，不在此限。

第 717 条

当事人双方可以在合同中合意约定，将合同当事人之间，或者个别合同社员之间的权利争议，交由民事诉讼法意义上设立的，并按照民事诉讼法规定行事的仲裁法院，以代本法所组织的工商暨商人法院，负责解决之。

六、瑞士工人联盟有关《联邦工业工厂工人保护法》的法律草案[①]

第 14 条

作为雇佣关系成立基础的雇佣合同，其有效须以有书面形式为必要，然其内容与任意性之联邦法相比并无不同，或者该任意性之联邦法，允许以不拘形式为内容的不同规定者，不在此限。

合同文本应一式两份，并由合同缔约人签署之。每位合同缔约人应各自获得一份合同文本。

若既有雇佣合同所遵循的不同规定，被规定于劳动纪律或者团体协约之中，则相关的书面形式之要求亦由此得以满足。

---

① **Sinzheimer**, Korporativer Arbeitsnormenvertrag II S. 323.

第 28 条

团体协约确定其订立之后所签订的雇佣合同之内容，然该团体协约未能以规定之形式而订立者（第 29 条），或者未能以规定之内容而订立者（第 31 条），又或者对于企业主不具有拘束力者，不在此限。

第 29 条

团体协约应当以书面形式订立之。团体协约应当载有订立日期和缔约人的签名，若该团体协约系在仲裁所或其他中立人士的主持下订立者，则还应当载有调解人（Vermittler）的签名。

团体协约的文本，应即时送交适用团体协约的区域地方的州政府、工人保护监察署（Arbeiterschutzinspektoraten）以及工商法院各一份。团体协约文本的接收方，应对文本进行保存和登记。团体协约的文本，应对所有人免费开放查阅。

第 30 条

州政府自根据本法第 29 条，收到文本之时起，即应当通过适当的报纸，公开团体协约订立之事实，以及受团体协约拘束之企业主的姓名。

受团体协约拘束的企业主，应当以对待劳动纪律相同的方式，将团体协约在工厂中予以公示（第 22 条），并且在订立雇佣合同时，将团体协约文本送交工人自己一份。

第 31 条

若团体协约在内容上与法律的强制性规定或者善良风俗相抵牾，则该团体协约无效。

团体协约必须包含有关工资数额的规定。团体协约必须就其本身适用效力的起点和终点，以及适用的地域范围，作出明文规定。团体协约必须设置一个团体协约主管机构，以专门负责团体协约的解释、执行监督、拘束力的扩展以及其变更或更新的有关准备工作。

当出现争议的时候，团体协约主管机构，则负责寻求仲裁所，或者当没有仲裁所时，则寻求某一对团体协约之订立知晓的州政府（第30条），以对此调解之。

第32条

团体协约中有关雇佣合同的规定，经雇佣合同的订立，而成为该雇佣合同之组成内容，并且这些规定的适用问题，则由法官负责裁判。

雇佣合同中那些与团体协约内容不同的规定，是无效的，然该雇佣合同非由受团体协约拘束之企业主所订立者，不在此限。

第33条

团体协约对于订立了团体协约，或者嗣后加入已经订立之团体协约的企业主，具有拘束力。

加入行为通过向团体协约适用范围所在地的州政府为表示的方式为之。与订立时的签名行为一样，加入行为亦属不可撤回之行为。（本法第29条）

团体协约因其有效期届满或者因订立或加入效力发生之工厂解散而丧失拘束力。

第34条

本法第28条至第33条之规定，于团体协约的变更以及增补，准用之。

七、罗森塔尔草案

罗森塔尔（Rosenthal），《团体协约的法律规制》（Die gesetzliche

Regelung des Tarifvertrags）[1]

第 1 条

团体协约是（雇主与劳动者之间）就劳动合同的订立参加人，所受拘束的劳动条件和尤其是工资条件所达成之合意。

第 2 条

团体协约可在一个或多个雇主，又或者一个或多个雇主社团（同业社团）作为一方当事人，与多个工人，或者一个或多个工人团体（同业社团）作为另一方当事人之间订立。

根据同业社团之章程，享有团体协约订立权的一人或者多人，亦有权在面对第三人时，代理同业社团或其成员为行为，这尤其体现在协约变更以及行使协约有关请求权方面。

书面代理权之提示，为代理未成立同业社团之多数人，所必要之条件。代理行为，其利益及不利益，在效力上及于在代理授权书上为签署者。

第 3 条

团体协约应以书面形式起草之，并应于订立所在地的工商法院的法院文书处交存之，而当此处无这种法院文书处时，则应交存于邻近工商法院的法院文书处。

任何人都可以查阅团体协约。任何人都有权在支付费用的情况下，请求获得团体协约之副本一份。所谓的公司团体协约（Firmentarifverträge），以及其他经协约当事人各方合意保密的团体协约，免于被查阅或提供副本之义务。

---

[1]　Tübingen 1908 (aus der Festgabe für Laband).

团体协约中应当予以保密的规定，应当在其附件中单独列明。

团体协约的内容应当被纳入劳动纪律之中。若参加团体协约的雇主所在的工作场所中，并没有劳动纪律得以发布，则团体协约应于其交存后八日内，如同劳动纪律一样，张榜公布之，并交付给每位加入雇佣关系的工人。

不履行张榜公布和交付义务的雇主，处不满300马克之罚金，若不能给付，则处以监禁之刑。

第4条

团体协约应就其所应适用的行业部门和空间领域作出明确的规定。

团体协约可得精准确定的有效存续期间最长为五年。团体协约应于订立后伊始月的第一天生效，然就生效日期另有约定者，不在此限。

若团体协约未能于约定的终止预告期间届满之前，或者，在终止预告期间的约定没有达成的情况下，未能于合同期间届满之前至少三个月被终止之，则团体协约每次都视为默示地被顺延了一年。

第5条

团体协约，于订立团体协约之雇主和工人，以及于协约订立时具有作为团体协约参加人的同业社团之成员身份的雇主和工人，适用之；然雇主和工人在团体协约订立后十四日之内，向同业社团书面表达了他们退出之意思者，不在此限。

嗣后离职的成员于团体协约的整个有效期内仍须受该团体协约之拘束。

另外，于团体协约订立后，通过明示的书面形式向协约另一方为表示，以加入前述团体协约者，受此团体协约之拘束。

嗣后加入同业社团者，经该加入行为，而受团体协约规定之拘束。

第 6 条

任何团体协约的参加人（自然人、同业社团），都享有遵守协约规定之请求权，并且在出现违反协约规定的情况时，也都享有请求赔偿所生损害之权。同业社团不仅可以为自己，而且也可以在其成员同意的情况下，为其成员，行使团体协约相关之请求权。请求权不仅可以以协约自己一方的参加人，而且也可以以协约另外一方的参加人，为行使之对象。

即便团体协约违反行为，只是同业社团成员的个人行为，该同业社团也要因此而成为请求权的行使对象。

同样的责任亦适用于违约罚的承担。

第 7 条

即便作为团体协约参加人的同业社团解散，该同业社团之财产，在该同业社团解散之后一年届满之前，仍须对所有由团体协议所产生之请求权，承担责任。

已解散同业社团之成员的团体协约权利和义务，不因解散而受到影响。

第 8 条

团体协约的规定应直接被视为，作为团体协约参加人的雇主与工人之间所订立的劳动合同之组成部分。

前款劳动合同和劳动纪律中，任何与团体协约的内容矛盾的规定，都不具有拘束力，并且应由团体协约的相应规定替代之。

第 9 条

团体协约的规定，除了适用于该团体协约的参加人以外，还适用于所有在该团体协约地域和行业适用范围内订立的劳动合同，然就该劳动合同中的劳动条件，有明确其他约定者，不在此限。

若就适用范围所在地的同一行业制定有多份团体协约，则只有在所有团体协约中，都达成一致意见的劳动条件规定，才具有适用之效力。

若团体协约参加人与非团体协约参加人之间，就另外的劳动条件达成了合意，则该团体协约参加人，对团体协约的其他参加人，负有损害赔偿之义务。

第 10 条

就团体协约相关的所有请求权，无权利能力同业社团，享有有权利能力同业社团之地位。

第 11 条

在排除普通法院管辖权的情况下，团体协约主管机构有权就有关团体协约解释，以及团体协约相关所有请求权的纠纷进行裁判。团体协约主管机构的组成，由团体协约规定之。

若团体协约未能就团体协约主管机构的组成作出规定，则由更高等级的行政机关的规章，负责组织团体协约主管机构（在其组织成立之前，由有管辖权的劳动公会负责组织之）。通过更高等级的行政机关的规章，多个乡镇亦可以共享一个团体协约主管机构。

由更高等级的行政机关所设立的团体协约主管机构的陪审裁判官，应一半从参加团体协约的雇主中选任，另一半从参加团体协约的工人中选任。

首席裁判官既不得是雇主，或者雇主之职员，也不得是工人，或者同业社团之职员。

第 12 条

当事人任何一方都可以于团体协约主管机构的裁判公布之日起十日内，针对该裁判，向作为仲裁所的本法第 3 条所规定的有管辖权的工商法院提出（在同样的组织成立之前，向有管辖权的劳动公会提出）上诉，然团体协约规定有其他上诉审机关者，不在此限。

上诉审裁判系终局裁判。

《工商法院法》第 3 章，即第 62 条以下之规定，于上诉审活动，比照适用之。

第 13 条

团体协约主管机构和上诉审机关所作出的有关团体协约纠纷的判决，具有强制执行力；然只有当上诉期间直至届满前，未有提起上诉者，团体协约主管机构的判决，方才能得到强制执行。

同样，在团体协约主管机构、工商法院或者劳动公会的主持下，所达成的和解协议，亦具有强制执行力。

《工商法院法》第 57 条之规定，于团体协约主管机构和上诉审机关，所作判决的强制执行，比照适用之。

第 14 条

团体协约主管机构亦有权，就团体协约的遵守，以及特别就劳动中介服务的情况，进行监督。

团体协约主管机构应当努力消除团体协约违反行为，并就团体协约各方参加人之间的分歧问题予以处理解决。

最迟于团体协约届满前三个月，团体协约主管机关应当就团体协约的更新或者变更，提出建议。

当出现特殊情况时，团体协约主管机构，可以将非重大的背离团体协约行为，认定为合法行为。

第 15 条

在作为团体协约订立前提条件的经济状况，出现本质变化，特别是在市场形势发生重大变动的情况下，应协约一方当事人的请求，团体协约主管机构有权，于协约有效期届满前，决定对团体协约，予以变更或者废止。出于团体协约的特别经济状况发生了本质变化，团协约主管机构也可以以同样的方式，应一方团体协约参加人的请求，决定对团体协约予以变更或者废止。就前述团体协约主管机构的决定，任何一方当事人，都可以上诉至本法第12条所规定的有管辖权的上诉审机关之处；该上诉审裁判，系终局裁判。

第 16 条

在团体协约有效期间，任何一方参加人，都不得针对其他协约当事人，采取斗争手段（罢工、闭厂、杯葛等这一类手段），并同时逃避损害赔偿之义务，亦不得因任何团体协约所未有规定的事项，而采取前述斗争手段。集体终止和集体解雇亦被视为斗争手段。向参与此类劳动斗争的其所属成员提供支持的同业社团，有义务赔偿由此劳动斗争所造成的损害。

八、施密特草案

［**罗伯特·施密特**（Robert Schmidt），《〈**帝国劳动局、工商局及工人公会法**〉**草案**》（Entwurf eines Gesetzes, betreffend Reichsarbeitsamt, Gewerbeämter und Arbeiterkammern）[1]］

团体协约

第 119c 条

若某一行业绝大部分的雇主和劳动者之间，都订立有团体协约，则

---

[1]　Sozialistische Monatshefte, 1908, S. 499.

国家和地方机关应只与承认前述团体协约合意的工商业从业者之间，发生项目招投标关系。

第 119d 条

应有关作为参加人的工人、同业的工商业从业者或者同业组织双方的申请，并经参加人投票，我们可以在工商法院仲裁所的主持下，或者经自由合意确定，而为某一乡镇或者工商局管辖区域内的工商业整体，适用团体协约。

申请应向负责组织领导投票活动的工商局提出。作为参加人的工商业从业者和工人，应可通过所在区域公开出版的报刊，知晓投票举行的时间和地点。

投票应于星期日举行之。有关投票方式的具体规定，由工商局负责颁布之。

投票的结果由参加投票的人员中的过半数票决定之；学徒（Lehrlinge）不得参加投票。对于有法律约束力的团体协约之承认，必须得到协约双方的同意。

第 119e 条

若适用团体协约的申请，系来自雇主或者工人的同业组织，则工商局必须确定，该等组织所属成员的人数，是否超过了同业工作者人数之一半。若确实超过了一半，并且从同业组织的投票情况中可推知，对团体协约持反对意见者，系所占比例微不足道的少数，则无须进行投票。在这种情况下，同业组织的同意，对本法第 119d 所规定的投票活动，具有替代效力。

第 119f 条

若参加人同意适用团体协约，则工商局应确定，从何时起，团体协约对于雇主和工人具有法律约束力，然团体协约本身对此已有规定者，不在此限。

自由合意可以团体协约的设置为标的，然必须保证相关的协约有效期不超过五年。

在团体协约一般适用的申请被拒绝的情况下，该申请可于一年届满后再次提出之，然提出申请的群体中，未有至少四分之一的同业成员作出书面申请者，不在此限。

第 119g 条

对于适用范围当遍及整个帝国的团体协约而言，则无须同意，其即可被有法律拘束力地适用于帝国的部分区域或者工商局管辖区域，然从事同业工作的所有工人中，以团体协约规定为条件进行劳动，未达到四分之三者，不在此限。

为此所必要的命令，经作为参加人的同业组织申请，由帝国劳动局负责颁布之。

相对于团体协约基本标准的地方性附加报酬，可由帝国劳动局，根据作为参加人的同业组织的书面情况报告，在顾及团体协约所应遵守的基本原则，以及地方情况（住房租金、生活资料价格水平）的条件下，予以确定之。

第 119h 条

帝国劳动局针对有关错误的投票和投票方式所提起之诉愿的裁判系为终局裁判。诉愿具有停止效力（aufschiebende Wirkung），并须在十四日内由同业组织之董事会提起之。个别参加人的诉愿，则不予考虑。

九、苏尔茨-洛特玛草案

[受瑞士格吕特利社团（Grütliverein）中央委员会委托编写完成^①]

第1条

工商业主（Gewerbeinhaber）和工人相互之间的权利义务，无论其是与工资或者其他种类的劳动条件相关，还是主要与工商业主和工人两大团体的利益相关，都可以由基于工场（工厂）或同业共同利益而成立的工人团体，与一个或者多个工商业主，或者工商业主之团体之间所成立的合同，予以规制之。同样，不同工场或者职业类型的工人，为了维护共同之利益，亦可与有关之工商业主或者他们的团体，订立前述这种集体合同。

第2条

集体劳动合同（团体协约）生效须满足以下条件：1.书面形式。2.在工商法院或者其他经州立法所确定之机关进行登记，并且在参考登记进行所在官方机构的情况下，于瑞士商务局公报（schweizerischen Handelsamtsblatt），以不说明内容的方式，公布合同订立之事实。3.若工商业主方面的参与人不仅有个人，而且还有团体，那么就需要确定一个与工商业主的影响范围相适应的，集体劳动合同效力的地域适用范围。4.明确集体劳动合同的有效期间或者终止预告期间。

第3条

任何一份集体劳动合同都应当在其所适用的工作场所中，要么成为劳动纪律内容之一部分，要么以清晰之文字，单独张贴于人们容易看见

---

① SozPr. XI S. 349 ff.

之地点。另外，任何人都有权于登记所在机关，免费查阅集体劳动合同。

第 4 条

以下主体受集体劳动合同义务之拘束：1. 合同当事人。2. 合同订立时属于作为参加人之社团成员的所有个别工商业主和工人。可是，自商务局公报公布后十四日内，通过书面形式，通知其所属社团，以及缔约相对方之代理人，以表达拒绝合同，并同时退出社团之意思的个别工商业主和工人，得由此免除集体劳动合同义务。然而，该等个别工商业主和工人，若事先明确或以参与行为的方式，表达过其同意之意思者，则不再享有前述这项权利。若团体有鉴于这种情况，不愿意承认此种拒绝行为，则该团体须于十四日内对有管辖权的法官或者仲裁法官所作之裁判提起上诉。3. 于合同订立后，加入订立合同之团体的工商业主和工人，自其加入之时起，受集体劳动合同之拘束。4. 当作为合同缔约人的工商业主组成团体，且该团体作为有组织性团体之属性，经登记于商事登记簿，或者经公法秩序承认，而被确定，则非属前述团体成员，但是其工作场所，却系位于合同所确定之地域适用范围内的工商业主，只要其雇佣或聘任了工作条件或者其他利益受集体合同所规制的工人，就受集体劳动合同之拘束，然自公布或者自嗣后的工人聘任后十四日内，向双方合同当事人之代理人，以书面形式通知表达拒绝集体合同之意思的工商业主者，不在此限。

第 5 条

对于集体劳动合同义务人而言，集体劳动合同当然自动地成为该等义务人，所订立之所有个体雇佣合同以及劳动或工厂纪律的组成部分。只有私法合意所无法废止的有关雇佣合同的法律规定，才不能由集体劳动合同所废止。集体劳动合同规定遵守之诉（Die Klage auf Innehaltung der Bestimmungen des kollektiven Arbeitsvertrags），或者损害赔偿之诉，不仅因此而享有权利的缔约相对方、其团体和个人有权提起之，而且处于违约的工商业主或者工人自己一方的，并与其有义务关系的团体和个人，也有权提起之。

第 6 条

若不受集体劳动合同义务约束的工商业主或者工人，于固定的地域适用范围内所订立的有关劳动关系的雇佣合同，按照前述集体劳动合同的观点，应属于该集体劳动合同的适用范围，则应推定，缔约人就该雇佣合同属于该集体劳动合同的适用范围，达成了默示的合意。然经严格之证明存在不同合意者，则前述推定自然丧失其效力。

第 7 条

集体劳动合同所订立的存续期间最长不得超过五年。若未能于订立有固定期限的集体劳动合同的有效期之最后一日终止之，则该集体劳动合同仍然有效，且视为默示地续订一年。终止预告期间为三个月，然另有约定者，不在此限。

第 8 条

若作为集体劳动合同当事人一方的团体解散、分立或者与其他团体合并，则该团体的集体合同权利，将移转给明示或者依照事情的本质，负责维护合同利益的团体。利益相关的工商业主或者工人，可能还会恰当地召集成立大会，以有权行使已经不存在的团体之权利。只有当另一方团体对一方团体的义务，明示表达愿意承担之意思后，该一方团体的义务，才能移转给该另一方团体。因违反集体劳动合同而针对解散团体的损害赔偿请求权，则需要保留；该损害赔偿请求权，可以与其他债权请求权（Forderungsansprüche）一样，以法律就合作社解散所规定之方法，被行使之。团体所属之个别成员的集体劳动合同权利和义务，不因该团体之解散，而受到影响。

第 9 条

集体劳动合同可于合同有效期内，经以下方法被废止或变更之：1.经合同双方当事人或者他们的权利继受者之同意而单纯废止。这里需要说明的是，这始终需要有所有合同参加团体的同意；团体为此同意之意思表示，有其所属成员之多数决，即为已足。与此相对，在多数个人为合同当事人的情况下，则该等个人之简单多数，即为已足。废止应通知登记机关，以达到集体合同从其登记簿中被删除之目的，另外还应在商务局公报就此予以公布之；因其他事由而解消者，亦有前述通知登记机关，以及商务局公报公布两者适用之必要。2.经同样的缔约人或者他们的权利继受者之间所达成的新集体劳动合同。3.经法律，例如经一部新的《工厂法》。4.或者当生产方式发生了本质变化，或者当企业利润发生了急剧且持续的升高或者降低，以至于合同条件要么会使工人，要么会使雇主，遭受极其严重之不利益，在这种条件下，经仲裁法院基于合同当事人，或者他的权利继受者单方之申请，而作出裁决，并当如本条第 1 项所规定那样的构成要件得到同样之满足，也就是说，所有构成合同当事人的团体，以及不具有团体成员身份之个人的多数，都对此表达了同意之意思表示时。

第 10 条

在个别情况下，例如使个别工人的工资低于最低工资，这类非重大的背离团体协约行为，可经由缔约人为处理此类事件而设置的委员会的简单同意，而被批准之。

十、沃尔布林草案

[**保尔·沃尔布林（Paul Woelbling），《〈团体协约法〉草案》（Entwurf eines Gesetzes über Tarifverträge）**[①]]

第 1 条

团体协约必须明确其在空间上和属人上的适用范围，并分别列明个体与全体的权利和义务。

第 2 条

团体协约中明示用于规定将来雇佣合同内容的那部分内容，于所有团体协约当事人之间所达成的雇佣合同中，具有合意的适用效力，即便有悖于劳动纪律的规定。

第 3 条

当事人不得订立违反团体协约之雇佣合同，或者违反团体协约地容忍此种违反团体协约之雇佣合同的存在。

当事人之间所达成的违反团体协约之雇佣合同，得随时终止之。

第 4 条

除了作为同业合作社员的雇主和工人，以追求他们共同的经济利益为目标，而成立的同业合作社团（同业社团）以外，成员本身也会被视为协约当事人。

第 5 条

就团体协约而言，同业公会享有与同业社团同等之地位。

[①] Archiv für Sozialwissenschaft und Sozialpolitik, Bd. 29, S. 892 ff.

第 6 条

任何同业社团，更准确地说，是作为其成员之代理人，都可以就团体协约提起诉讼。

第 7 条

只有当是同业社团所造成，或者是在受害人催告的情况下，仍未予以阻止时，该同业社团对其成员的违反团体协约行为才承担责任。

第 8 条

同业社团可以请求他的成员，履行其团体协约义务。

第 9 条

从同业社团中离开，并不能免除团体协约义务。

第 10 条

在同业社团解散的情况下，至少三年内，同业社团之财产仍须为团体协约存续期间的行为承担责任。解散视为行使团体协约终止权。

第 11 条

团体协约和其他与雇主和工人之全体，就他们相互之间的一般关系，所达成的合意，都以书面形式为必要，然前述团体协约和合意，系在仲裁所的主持下，尤其是因服从仲裁裁决而达成者，不在此限。

第 12 条

与无组织性之人员全体所达成的团体协约协定，需要每年重复取得工商法院或者商人法院的同意，方能获得其有效性。

工商法院或者商人法院的审判长，可以通过任命一位文官，以负责

确定代理人 ① 选举的合规性。该文官有权参加选举大会。

第 13 条

当事人有权并出于需要也有义务，将团体协约交存于工商法院或者商人法院处。对当事人，可通过处以不满 5000 马克的秩序罚，以使其履行前述义务。

第 14 条

无固定期间的团体协约，可以在第一年届满之时，而五年以上的有固定期间的团体协约，则可以在第五年届满之时，被终止之。终止预告期间为六个月。

终止权须经有管辖权的法院，方能有效行使之，并应通过该法院，通知对方当事人。

对于同业社团的成员而言，只有该同业社团，才有权行使终止权。

第 15 条

团体协约共同体的机关，应在工商法院或者商人法院的领导下，选举产生之，并且当该选举无法举行时，由工商法院或者商人法院，任命之。

第 16 条

一般情况下，当事人可以将雇佣合同纠纷的裁判，转交于仲裁法院处理之。

第 17 条

团体协约仲裁法院的裁判具有既判力（rechtskräftig），然在两周的不

---

① 亦即，合同当事人的代理人（Vertreter der Vertragsparteien）。

变期间（Notfrist）内向法院提起诉讼者，不在此限。

第 18 条

工商法院和商人法院，对团体协约之诉享有管辖权。诉愿标的超过2500 马克者，得上诉于高等区域法院。

第 19 条

当事人之间的行业斗争手段，只能用于促使陷于迟延的当事人为履行行为，然另有约定者，不在此限。[①]

第 20 条

如有必要，一审程序法院在听取债务人的意见之后，为执行团体协约债权，可以作出以下裁判：

1. 禁止债务人为帝国、联邦成员国（Bundesstaat）、乡镇团体（Gemeindeverband）承担供应事务，或者为他们提供劳动；

2. 在避免解散时而召集的大会，不得就针对债权人的斗争手段，进行审议或者作出决议；

3. 在无损于该债务人义务的情况下，将债务人排除出同业社团；

4. 解散同业社团，然在合理期间内，即便该同业社团有解散能力，但却能够满足可执行债权之需要者，不在此限。

第 21 条

法院可以请求警察机关予以协助，以实现对基于团体协约的作为、容忍与不作为义务履行的强制执行。

---

① 亦即，在团体协约有效期间。

第 22 条

工商法院和商人法院应委派陪审法官，参与到根据本法第 20 条的规定所作裁判的案件审理当中。

第 23 条

根据本法第 20 条规定所作之裁判，应在帝国公报上公布之。

第 24 条

同业社团的董事会，有义务参与到针对社团成员的强制执行活动中。

第 25 条

根据同业社团成员的属性，工商法院和商人法院，亦对基于团体协约而与同业社团所发生的权利纠纷享有管辖权。

社团的所在地(Sitz)对于住所地具有替代效力。

第 26 条

当事人可以就地域管辖进行约定。

第 27 条

若普通法院和特别法院，或者工商法院和商人法院同时都具有管辖权，则特别法院得排除普通法院，工商法院得排除商人法院。

若据此管辖上仍有疑问，则由共同的高等法院指定管辖法院。

第 28 条

对于选举指导、终止、交存以及同意，合同订立地的法院，更确切地说，即工商法院或者商人法院所在地的法院，就此享有管辖权。

第 29 条

工人用于订立团体协约的代理授权书得不加盖印章。

第 30 条

本法之规定，对于本法生效之前所订立之团体协约，亦适用之，然本法第 1 条之规定，不在此限。

本法第 2 条之规定，亦适用之，然有关将来雇佣合同内容之规定，不以明示为必要。

因本法生效以前所订立的团体协约，所产生的同业社团责任，应限于该同业社团财产的三分之一。

图书在版编目（CIP）数据

劳动团体协约法：法中的社会自决理念 /（德）胡戈·辛茨海默著；胡川宁译. —北京：商务印书馆，2024
（社会法名著译丛）
ISBN 978-7-100-23451-1

Ⅰ.①劳…　Ⅱ.①胡…②胡…　Ⅲ.①劳动法—研究—德国　Ⅳ.① D951.625

中国国家版本馆 CIP 数据核字（2024）第 045151 号

国家社会科学基金项目"新业态下社会保险的关系结构及其法律表达研究"
（项目编号：22XFX010）的阶段性成果

社会法名著译丛
劳动团体协约法
—— 法中的社会自决理念
〔德〕胡戈·辛茨海默　著
胡川宁　译

商 务 印 书 馆 出 版
（北京王府井大街 36 号　邮政编码 100710）
商 务 印 书 馆 发 行
北京市艺辉印刷有限公司印刷
ISBN 978-7-100-23451-1

2024 年 6 月第 1 版　　开本 880×1240　1/32
2024 年 6 月北京第 1 次印刷　印张 10　插页 1

定价：78.00 元